Besuchen Sie uns im Internet:

www.kirchenshop-online.de

Prof. Dr. Hanns-Stephan Haas (Jg. 1958) ist Theologe, Hochschullehrer und seit 2008 Vorstandsvorsitzender der Evangelischen Stiftung Alsterdorf in Hamburg. Er ist verheiratet, Vater von fünf Kindern und Autor zahlreicher Bücher.

Der Autor verzichtet auf sein Honorar. Dafür erhält die Evangelische Stiftung Alsterdorf 1 Euro für jedes verkaufte Buch.

Die Handlung und alle Akteure dieses Buches sind frei erfunden. Jegliche Ähnlichkeit mit tatsächlichen Namen und Personen sowie Ereignissen wäre rein zufällig.

ISBN 978-3-8048-4512-1

Coverfoto: Thomas Liehr, Hamburg
Reihengestaltung: Ingo Wulff, Kiel

Printed in Germany

Hanns-Stephan Haas

HANDICAP MIT TODESFOLGE

Kriminalroman

Friedrich Wittig Verlag

DER HISTORISCHE HINTERGRUND DIESES KRIMIS ist die Verstrickung der damaligen Alsterdorfer Anstalten in die nationalsozialistischen Verbrechen. Alsterdorf wurde wie viele Einrichtungen der Diakonie zum Tatort. Schon 1938 verlegte man in „vorlaufendem Gehorsam" 22 jüdische Bewohner in andere Einrichtungen und ermordete sie dort. Die traurigen Höhepunkte der Beteiligung an NS-Vernichtungsaktionen waren 1941 mit 71 Bewohnern, die der seinerzeit leitende Arzt Dr. Kreyenberg selektiert hatte, und 1943 nach den schweren Bombenangriffen auf Hamburg mit weiteren 469 Opfern.

Neben dem leitenden Arzt war auch der Direktor und leitende Pastor des „ausgezeichneten nationalsozialistischen Musterbetriebes", Friedrich Karl Lensch, tief in das Verbrechen der Tötung von Menschen mit Behinderung und deren Missbrauch zu medizinischen Forschungszwecken verwickelt. Beide wurden mit Kriegsende entlassen, aber bald rehabilitiert. Lensch wurde als Gemeindepastor eingesetzt, Kreyenberg erhielt als Entschädigung für die „unrechtmäßige" Entlassung sogar Belegbetten im Alsterdorfer Krankenhaus. Bis in die 1960er-Jahre versuchte ein Hamburger Staatsanwalt vergeblich, die Täter der sogenannten „Euthanasie" zur Rechenschaft zu ziehen. 1987 wurde die Geschichte der Alsterdorfer Anstalten in der Publikation „Auf dieser schiefen Ebene gibt es kein Halten" aufgearbeitet, 2013 die Nachkriegsgeschichte (vgl. letzte Seite).

So sehr die historischen Hintergründe wie überhaupt die NS-Politik im Umgang mit Menschen mit Behinderung in diesem Roman eine Rolle spielen, sind die erwähnten Personen in ihren Motiven und Äußerungen frei konstruiert. Das gilt auch für die fingierten Briefe aus der NS- und Nachkriegszeit, die keine reale Vorlage haben. Real ist allerdings das erwähnte Altarbild, das als Ausdruck einer menschenverachtenden Denkweise noch heute die Stiftung beschäftigt.

PROLOG

Andreas starrte auf die Fliesen seiner kleinen Kochnische. Wer um Himmels willen brachte einen Fliesenspiegel so dilettantisch an? Links begannen die nikotingelben Kacheln bündig mit einer vollen Fliese. Am anderen, rechten Ende mündeten sie in Drittelgröße in einer schiefen Kante. Die Hängeschränke schlossen in einer unpräzisen Linie zwischen vier und sechs Millimetern oberhalb der Fuge ab. Die Steckdosen waren nicht mittig in einer Kachel oder über einem Fugenkreuz platziert. Vor allem aber störte ihn der Wasseranschluss, der weder auf Höhe der anderen Anschlüsse noch in sonst irgendeiner erkennbaren Ordnung im linken unteren Quadranten einer Fliese aus der Wand ragte.

Der Vermieter hatte den verhunzten Fliesenspiegel mit keinem Wort erwähnt. „Es ist alles in Ordnung und in sehr gutem Zustand", hatte er nur gesagt. Andreas hatte gelernt, zu solchen Äußerungen zu schweigen. Und das, obwohl an diesen Fliesen rein gar nichts in Ordnung war.

Er hatte die Wohnung trotzdem genommen. Sie lag nur wenige Gehminuten von seiner Arbeit entfernt. Oder genauer von seinen *Arbeiten*. Menschen mit „mehreren Vermittlungshemmnissen" hatten anscheinend auch Anspruch auf mehrere Arbeitsstellen. Vormittags Hol- und Bringedienste innerhalb der Stiftung, Eindecken und Aufräumen der Konferenzräume, nachmittags Systemadministrator zur Probe bei Akquinet. Die Probe hatten sie schnell ausgesetzt, als Andreas das erste Mal Vorschläge gemacht hatte, wie man Daten schneller und fehlerfreier durch kleine Makros migrieren konnte. Selbst der Chef hatte ihm über die Schulter geschaut, als er die ersten Programme geschrieben hatte. Jetzt kam er jeden Werktag um 14.00 Uhr. Man ließ ihn in Ruhe. Er hatte seinen eigenen Schreibtisch, an dem er die Aufgaben vorfand, die er in freier Einteilung abarbeiten konnte.

Die Tätigkeit am Vormittag war ihm lange Zeit deutlich schwerer gefallen. Zwar machte es ihm nichts aus, die Tagespost an der Poststelle abzuholen und sie in den unterschiedlichen Abteilungen abzuliefern. Auch dass er Akten manchmal übers ganze Gelände schleppen musste, störte ihn nicht. Er war gerne draußen. Nicht nur jetzt im Frühjahr, wo jeder Tag an den alten Bäumen des Geländes eine winzige Veränderung vornahm. Aber zu seinem Job gehörte nun mal auch, dass er Post und Akten persönlich abgeben musste. Anklopfen, Hineingehen, „Guten Morgen" sagen, die Post übergeben ... Bis hierhin war alles gut. Doch nach irgendeinem Gesetz glaubten die zahllosen Sekretärinnen, Sachbearbeiter und sogar manche Führungskräfte, dass ihr darauf folgendes „Danke" erst dann gültig wäre, wenn sie ihm zusätzlich eine Frage stellten: „Heute haben Sie aber schwer zu tragen, was?" – „Bei der Hitze müssen Sie bestimmt furchtbar schwitzen? – Möchten Sie ein Glas Wasser?" – „Kommen Sie nicht gerade aus der Buchhaltung? Haben Sie gesehen, ob die Kollegin schon da ist?"

Zum Glück spielte es – fast – keine Rolle, was er antwortete. Am einfachsten war es, wenn er den Gesichtsausdruck des Gegenübers einfach nachahmte, „Ja gerne" oder „Einen schönen Tag noch und bis morgen" sagte. Je stärker er sich an die Routinen hielt, desto strikter konnte Andreas seinen Zeitplan einhalten. Und wenn dieser dennoch aus den Fugen zu geraten drohte, leitete er mit einer von einem Lächeln begleiteten Entschuldigung die Flucht ein. So war es Andreas mit der Zeit gelungen, auch seinen Vormittagen eine feste Struktur zu geben. 8.30 Uhr Poststelle, 9.00 Uhr Krankenhaus, 9.15 Uhr Schule (keinesfalls später, denn dann begann die Pause und der ganze Schulhof füllte sich mit Kindern ...). Nach nur zwei Wochen war er so weit gewesen, dass er seine Aufträge mit einer Fehlertoleranz von weniger als drei Minuten ausführen konnte.

Allein die Donnerstage bildeten eine betrübliche Ausnahme. Unter der Woche sammelte Andreas die Akten und Unterlagen, die ins Archiv mussten. Eigentlich sollte er sie mindestens zweimal die Woche hinunterbringen. Aber er mied das Archiv. Nicht weil es unten im Keller lag. Nein, wegen Dr. Raith. Andreas dachte nie darüber nach, ob er jemand mochte. Aber er verstand diesen Archivar einfach nicht. Und noch weniger wusste er, was Dr. Raith von ihm wollte.

Schon ihre erste Begegnung war überaus sonderbar verlaufen. Er hatte mit sechs roten Leitz-Ordnern unter dem Arm an die schwere Eisentür des Archivs geklopft.

„Seit wann wird hier angeklopft?“, ertönte von drinnen eine merkwürdig hohe Männerstimme.

„Das weiß ich nicht. Aber es wurde mir aufgetragen, vor dem Eintreten anzuklopfen.“, erwiderte Andreas, wobei er versuchte, höflich und zugleich bestimmt zu klingen.

„Na, dann kommen Sie mal rein, Dr. Knigge.“

„Mein Name ist Andreas Auris, ohne Dr.“, antworte Andreas und betrat den schummrig beleuchteten Raum.

„Dafür, dass Sie nicht promoviert sind, sind Sie aber ganz schön schlagfertig.“ Raith zeigte auf den Aktenstapel unter Andreas' Arm: „Bringen Sie mir neue Strafarbeiten?“

Andreas wusste nicht, was er antworten sollte. Er fühlte sich nur zunehmend beklommener und begann zu schwitzen. „Wohin kann ich die Akten legen?“

„Das sehen Sie doch. Hier ist nirgendwo Platz.“

„Dann lege ich sie auf den Boden.“

„Super Idee. Damit der Reinigungsdienst ein weiteres Alibi hat, den Boden nicht gründlich zu putzen.“ Dr. Raith musterte ihn eine Zeit lang intensiv und lächelte dann auf völlig undurchschaubare Art. „Na, kommen Sie, ich mache Ihnen Platz.“ Er stand auf und stapelte in einem billigen Metallregal einige ungeordnet wirkende Blätterhaufen aufeinander. „Schauen Sie, hier haben wir einen speziellen Platz für Ihre schönen roten Ordner. Rot auf Military Grün – das hat doch echte Tiefensymbolik für Akten aus der Psychiatrie, oder?“

Andreas hörte das Lachen noch, als er die Tür schon wieder hinter sich zugemacht hatte. Acht Minuten hatte ihn die sonderbare Begegnung gekostet. Vier Minuten mehr, als er eingeplant hatte. Er würde schneller gehen müssen, wenn er sein übliches Tagespensum in der geplanten Taktung noch schaffen wollte.

Als er am Abend wieder in seiner Wohnung war, verlegte Andreas seinen Essplatz von der kleinen Kochnische ins Wohnzimmer. Er stellte seinen Schreibtisch um, sodass sein Stuhl nun mit dem Rücken zur Küche stand. Er ertrug den Anblick der Fliesen einfach nicht mehr.

1. Unerträglich, dieser Bansierski, dachte er. Puterroter Kopf, pekige Brille, an der er immer wieder herumfingerte. Nicht am Gestell, nein, er fasste ständig an den unteren Rand der Gläser. Sein schütteres, eher gelbes als weißes Haar war sorgfältig über die Glatze gekämmt. Bansierskis ohnehin zu kleiner Körper wirkte unförmig und gedrungen. Wenn seine Körperfülle wenigstens seiner Stimme den nötigen Resonanzkörper gegeben hätte. Der Tontechniker schien Mühe zu haben, sie so auszusteuern, dass sie nicht dauernd überkippte. Es war die Stimme eines Kastrierten, der sein Schicksal bejammerte.

„Sie haben es immer verstanden, alles ganz anders aussehen zu lassen. Sie mordeten nicht, sondern behaupteten, nur heilen zu wollen. Sie betrieben keine Selektion, sondern gaben vor, denen zu helfen, die noch eine Chance hatten. Sie bezeichneten sich nicht als Nazis, sondern wollten nur 'Schlimmeres' verhindern. Was immer sie taten, sie fühlten sich im Recht und sahen zu, dass sie für sich selbst auch zu ihrem Recht kamen. Ich habe dafür gekämpft, die Schandtaten dieser Männer aufzudecken und diese Verbrecher ihrer gerechten Strafe zuzuführen. Und ich werde dafür kämpfen bis zu meinem letzten Atemzug."

Bansierski ereiferte sich so sehr, dass ihm Speicheltröpfchen aus dem Mund flogen und seine Gesichtsfarbe von puterrot zu dunkelrot wechselte. Wenn er so weitermachte, war zu befürchten, dass sich sein Racheplan von selbst erledigte.

Dafür hatte er sich jedoch deutlich zu viel Mühe gegeben. Es war nicht ganz leicht gewesen, Zugang zum Festsaal zu erhalten. In den Wochen zuvor hatte er mehrfach von der Eingangshalle des Rathauses aus die Abläufe beim Einlass beobachtet. Die – überwiegend männlichen – Gäste zeigten den beiden Angestellten ihre offizielle, edel gedruckte Einladung mit dem geprägten Hamburger Wappen. Kurzer Abgleich auf einer Liste, Lächeln, und dann war man drin. Für die jewei-

ligen Ehefrauen entfiel die Kontrolle komplett. Erfreut stellte er fest, dass die Begleitung gelegentlich auch aus einem weiteren Mann bestand. Hier lag seine Chance.

Ein kurzer Check ergab: Bansierskis Lebenslauf zeigte keine studentische Verbindung, keine Präsidentschaft in irgendeinem Verein, aber er war bei den Rotariern. Also besorgte er sich das „Rotary Wissen", das Verzeichnis der Rotarier und einige Ausgaben der Clubzeitschrift. Im Internet fand er überdies noch einige Hinweise über den Club Binnenalster und seinen amtierenden Präsidenten Dr. Markus Sievernich. Der würde sicher auch eingeladen sein. Und zwar wie üblich „mit Begleitung". Die meisten Ehefrauen geplagter Präsidenten waren diese Veranstaltungen mehr als leid und zogen ihren Bridgeclub einem langweiligen Rathausempfang vor. Statt ihrer sprang dann ein rotarischer Freund oder sonst wer ein. Wenn er ganz knapp vor Beginn der Veranstaltung erschien, konnte er als verspäteter Begleiter Sievernichs auftreten oder sich auf der Liste eine andere Identität auszuleihen. So könnte es klappen.

Es lief, wie erwartet. Er kam fünf Minuten vor Beginn der Feierlichkeit, schälte seinen Boss-Anzug aus dem Wintermantel, tauschte den Mantel an der Garderobe gegen eine Messingmarke und nahm die halbe Treppe bis zur Kontrolle. Er wählte den linken der beiden Männer, der unsicherer zu sein schien. Vor sich hatte er nur einen älteren Herrn, der seine Einladung zeigte und sich als „Breithaupt" vorstellte.

„Dr. Breithaupt", sagte der junge Mann, dessen Namensschild ihn als Sven Graber auswies, und kreuzte den Namen auf der Liste an. „Herzlich willkommen!"

Ohne eine Pause entstehen zu lassen, fragte er: „Ist Dr. Sievernich schon eingetroffen? Ich habe mich ein wenig verspätet und ihn draußen nicht mehr gesehen."

Graber blätterte auf die dritte Seite. Offensichtlich sagte ihm der Name Sievernich nichts. In der Spalte „Begleitung" war kein Kreuz zu erkennen. Das klappte ja wunderbar. „Ja, Dr. Sievernich ist bereits da."

„Dr. Sievernich hatte mich als seine Begleitung angemeldet. Wir sind beide rotarische Freunde von Dr. Bansierski."

„Darf ich dann Ihren Namen notieren?"

„Dirk Kassing."

Mit kindlicher Handschrift schrieb Graber in die Spalte „Begleitung" den Namen „Dirk Kassing", zögerte kurz und fragte dann: „Mit Titel?" Auf das kurze Kopfschütteln hin fügte er hinzu: „Wenn Sie sich beeilen, Herr Kassing, treffen Sie Dr. Sievernich noch vor dem offiziellen Beginn."

So einfach und selbstverständlich bewegte man sich also in den Hamburger Kreisen, zu denen ihm Menschen wie Bansierski für immer den Zugang versperrt hatten. Und nun saß er unter dem Rednerpult und musste dessen ideologische Luftblasen ertragen.

Endlich. Bansierskis viel zu lange Rede fand ihren Schlusspunkt und alle erhoben sich pflichtschuldigst und zollten ihm minutenlang Beifall. Das Blitzgewitter der Fotografen setzte ein, das den feierlichen Akt der Verleihung begleitete. Nun noch ein Stück dieser schrecklichen Klezmer-Musik. Dieses armselige Klarinetten-Gejammer war ja wohl unvermeidlich bei solchen Anlässen. Das Stück trug den Titel „Niggun" und klang auch so. Eine Beleidigung für die Ohren.

Schließlich ebbte auch der Beifall für die Musiker ab. Bansierski stand auf. Er nahm die Umarmung seiner Frau entgegen, das Lächeln des Bürgerschaftspräsidenten und besonders gerne das Glas Rotwein, das ihm gereicht wurde. Der Schluck, den er nahm, war für den Anlass unpassend groß, aber das schien niemand zu beachten. Der Oberstaatsanwalt stellte das Glas auf einem Tisch ab, den man offensichtlich für die Ablage seiner Geschenke vorbereitet hatte. Vor ihm bildete sich bereits eine längere Schlange von Gratulanten; andere Gäste machten sich erst mal in Richtung der Schnittchen auf und fingen die Bedienungen mit den Weingläsern ab. Als eine Servicekraft an ihm vorbeikam, wählte er wie Bansierski Rotwein. Er stellte sich allein an einen Tisch im hinteren Teil des Saals, von dem aus er das Geschehen gut im Blick hatte, und nippte an seinem Wein.

Nachdem er sein Glas zu einem Drittel geleert hatte, nahm er unauffällig eine Ampulle aus der Visitenkartentasche seines Jacketts und goss die hellrot eingefärbte Flüssigkeit in sein Glas.

Auf die Mixtur war er richtig stolz. Er hatte sich für eine Mischung aus Phenylephrin und ganz schwach dosierten Benzodiazepinen entschieden. Das Phenylephrin würde den Blutdruck binnen Minuten nach oben treiben. Und die Benzodiazepine, bewährte, gute Valiumabkömmlinge, wirkten leicht enthemmend und würden, wenn schon nicht für ein Grundgefühl der Euphorie, so doch für eine gewissen Angstlosigkeit sorgen.

Die Mischung war so angesetzt, dass sie bei einem Patienten mit Bluthochdruck innerhalb weniger Minuten zum Infarkt führte. Nach dem Gespräch mit Bansierski musste er also rasch in der Menge verschwinden.

Zunächst gratulierten die besonders wichtigen Menschen. Die meisten machten es kurz, einige lachten zu laut oder sahen sich suchend um, ob die Presse auch wirklich ihr Erscheinen registriert hatte. Er konnte erkennen, dass Bansierski immer wieder zum Glas griff, ganz gleich, ob einer der Gratulanten mit ihm anstoßen wollte oder nicht. Nur die Frauen in der Reihe kamen nie mit einem Glas in der Hand auf den Oberstaatsanwalt zu. Deshalb beschloss er, sich seinen Platz in der Schlange hinter einigen Damen zu suchen.

Bansierski war bereits sichtlich ermüdet. Er nahm weiter große Schlucke aus seinem Glas und man tuschelte bereits. Seine Liebe zum Rotwein schien allgemein bekannt zu sein. Zu allem Überfluss zog er jetzt auch noch ein fleckiges

Taschentuch aus der Hosentasche und wischte sich damit über den Mund.

Bei der Vorstellung, gleich mit Bansierski das Glas tauschen zu müssen, ekelte er sich schon jetzt.

Er warf einen letzten prüfenden Blick auf Bansierskis Weinglas. Verdammt, es war gerade nachgeschenkt worden und voll bis zum Rand.

Und dann war er an der Reihe. „Sie werden sich wahrscheinlich nicht mehr an mich erinnern", begann er und stellte sein eigenes Glas unmittelbar neben das des Oberstaatsanwalts. Bansierskis Augen waren glasig und uninteressiert und ließen keine Reaktion erkennen. „Dirk Kassing ist mein Name. Ich war früher in Ihrem Seminar in Freiburg. Als Oberassistent sind Sie für mich unvergessen und ich habe sehr bedauert, dass Sie sich damals nicht für die Universitätslaufbahn entschieden haben. Die Schärfe Ihres Intellekts, die Klarheit Ihrer Sprache und dazu Ihr unglaubliches Engagement! Sie haben einen ungeheuren Einfluss auf mein Leben gehabt. Und ich hatte nie die Gelegenheit, mich bei Ihnen zu revanchieren."

Es war immer wieder verblüffend, wie sehr manche Menschen nach Anerkennung lechzten. Keine noch so absurde Übertreibung weckte in ihnen nur den geringsten Verdacht.

„Ja, Freiburg, das waren noch Zeiten!", schnarrte Bansierski erfreut. „Und in der Tat, wenn ich Sie so ansehe, meine ich, mich tatsächlich an Sie zu erinnern. Sie haben sich recht häufig gemeldet und, wenn mir der Sprung in die Jugend gelingt, mit sehr klugen Fragen. Aber eine Brille trugen Sie damals noch nicht, oder?"

„Nein, Dr. Bansierski, damals konnte ich noch alles mit bloßem Auge erkennen, auch die hübschen Studentinnen, die nicht nur aus juristischem Interesse Ihr Seminar besuchten. Aber so ist es eben. Mit einer Brille fängt es an und dann geht es schnurstracks auf den Tod zu."

Bansierskis aufgesetztes Lachen war nicht frei von Irritation.

„War nur ein kleiner Scherz, Dr. Bansierski. Lassen Sie uns auf das Leben trinken! Der Wein ist zwar nicht so gut wie der Spätburgunder in Freiburg, aber er tut seine Wirkung."

Mit einer kleinen Drehung nahm er die beiden Gläser in je eine Hand und hoffte, dass Bansierski den Tausch nicht bemerkt hatte. „Zu Studentenzeiten hätten wir gesagt: 'Auf ex!' Aber darauf sollten wir an Ihrem Ehrentag lieber verzichten."

„Keineswegs, werter Kollege. Zu den wenigen Dingen, die im Alter nicht zwingend nachlassen, gehört die Trinkfestigkeit. Also: Zum Wohl und danke für die schöne Erinnerung an gute Zeiten!"

Bansierski führte das Glas an seine Lippen und trank es in einem Zug aus. Trotz allem Ekel musste er nun dasselbe tun. Er schloss die Augen und kippte den Wein mit Todesverachtung hinunter. Vermutlich würde der Alkohol die meisten der Bakterien abtöten.

„Nun will ich Sie aber nicht länger aufhalten", sagte er dann betont munter. „Hinter mir warten noch jede Menge andere Gratulanten. Und falls wir uns nicht mehr sehen: Leben Sie wohl!"

Er drehte sich um und schlenderte betont langsam in den hinteren Teil des Saals zurück. Ein Fischbrötchen wäre jetzt gut! Aal, dachte er mit einem Schmunzeln. Der Fisch, der sich vom Aas anderer Fische ernährte. Genau wie Bansierski. Er nahm sich ein kleines Lachsbrötchen von einem Häppchenteller und stellte sich wieder an einen der Bistrotische.

Nun musste er nur noch abwarten. Tatsächlich wurde Bansierskis Stimme immer lauter und sein Lachen immer überschäumender. Seine Frau ersetzte das Wein- durch ein Wasserglas. Trotz der Entfernung war zu erkennen, dass Bansierskis Gesicht merklich blasser wurde.

Endlich! Bansierski stöhnte auf und griff sich ans Herz. Seine Korpulenz verhinderte, dass der Sturz allzu hart wurde. Frakturen würden ihm wohl erspart bleiben.

„Intelligenz", so hatte er einmal gelesen, „ist die Fähigkeit, sich in ungewohnten Situationen zurechtzufinden." Wenn man danach ging, konnte der durchschnittliche Intelligenzquotient der Versammlung nicht weit über der Raumtemperatur liegen. Der Bürgerschaftspräsident fuchtelte verzweifelt mit den Armen in der Luft herum, brachte jedoch kein Wort heraus. Bansierskis Frau begann haltlos zu schluchzen, stand aber ebenso tatenlos neben ihrem am Boden liegenden Mann. Ein paar Gäste versuchten es mit halbherzigen Wiederbelebungsversuchen, während andere sich verhielten, als wären sie Statisten in einer Seifenoper.

Nur einer der Saaldiener schien bei klarem Verstand zu sein. Er trat ans Mikrofon und brüllte: „Wir haben einen Notfall. Ist ein Arzt unter den Anwesenden?"

Mit großen Schritten eilte ein älterer Herr auf den Pulk zu, der sich um Bansierski gebildet hatte. Man machte ihm Platz. Er kniete sich neben den reglosen Oberstaatsanwalt, versuchte ihn anzusprechen und seinen Puls zu fühlen.

Schließlich schüttelte er den Kopf. „Zu spät. Ich kann nichts mehr für ihn tun."

2.

„Wegen der blöden Ausstellung komme ich nicht mal dazu, die Zeitung zu zerknittern. Vom Lesen ganz abgesehen."

Genervt schmiss Ulf das *Hamburger Abendblatt* vor Doro auf den Wohnzimmertisch. Was liebevolle Begrüßungen betraf, war sie wirklich nicht besonders verwöhnt. Andererseits erwartete Ulf aber auch nicht, dass sie alles stehen und liegen ließ, wenn er kam. Immerhin.

„Wenn du Hunger hast: In der Küche ist selbstgebackenes

Brot und vom Markt in Lüneburg habe ich deinen Lieblingskäse mitgebracht. Ich lese inzwischen die Zeitung für dich und berichte dir das Wichtigste. Was meinst du?"

Wortlos verschwand Ulf in der Küche.

Doro nahm die Zeitung in der Hand und machte es sich in dem alten Ledersessel bequem. Ihre Lesegewohnheiten entsprachen ganz dem Motto des Blattes: „Mit der Heimat im Herzen die Welt umfassen". Im Zweifelsfall ging im *Abendblatt* die Heimatverbundenheit immer zu Lasten des Weltwissens. Entsprechend brauchte Doro keine zehn Minuten für die allgemeinen politischen Informationen. Dafür konnte sie umso länger in den Niederungen der Stadt wühlen – wenn man das richtige Heimatgefühl im Herzen hatte.

Gerade als sie mit dem Weltgeschehen durch war, kam Ulf mit einem großen Holzbrett zurück ins Wohnzimmer. Neben zwei Doppeldeckern, wie er seine geliebten Klappstullen nannte, standen eine Rotweinflasche und zwei Kristallgläser darauf. Nur die Gravur auf den Gläsern ließ noch erahnen, dass sie einmal bessere Zeiten gesehen hatten. Lange Jahre in der Spülmaschine hatten das Kristall in Milchglas verwandelt. Ulf goss ihre Gläser wie immer zu voll und ließ sich dann aufs Sofa fallen. Selbst unter seiner locker herabhängenden Kleidung konnte man erkennen, dass er kein Gramm Fett angesetzt hatte. Mit großem Genuss stopfte er sich den ersten Doppeldecker in den Mund.

Doro ließ die Zeitung sinken und schüttelte die dunklen Locken. Es war nie eine Freude gewesen, Ulf beim Essen zuzuschauen. Und mit den Jahren wurde es nicht besser. Er hing mehr über dem Essen, als dass er saß. Aber das lange Zusammenleben hatten sie gelehrt, sich nicht mehr an den falschen Stellen zu verschleißen. Ohne darüber je zu sprechen, wussten sie trotz allem, was sie aneinander hatten.

„Wie läuft es denn mit der Ausstellung?", fragte sie vorsichtig.

Ulf schnaubte verärgert. „Unser lieber Chef möchte die glorreiche Geschichte des bedeutendsten Sozialunternehmens Deutschlands so dargestellt wissen, dass auch der letzte Depp kapiert, wie unglaublich großartig wir sind. Egal ob behindert oder krank, wir haben für alle was. Wir sind die Spitze der Bewegung. Deshalb hat Nossen jetzt als Titel 'Innovation aus Tradition' vorgeschlagen. Wenn du das googelst, findest du über dreitausend Treffer. Der Mann sprudelt vor Kreativität. Und um das Fass vollzumachen, hat er mir noch angeboten, dass mich dieser Andreas Auris unterstützen soll. 'Ein intelligenter Mensch, Dr. Raith', hat er gesagt, 'der passt zu Ihnen!'"

Doro wusste alles über Ulfs Dauerkonflikt mit Nossen. Wobei es eigentlich egal war. Ulf hatte nie einen Vorgesetzten akzeptieren können. Und über diesen Andreas hatte er sich auch schon ein paarmal ausgelassen. Aus irgendeinem Grund hatte Ulf sich total auf ihn eingeschossen. „Absolut zwanghaft, dieser Typ. Wenn der Ablageplatz für seine Akten nicht frei ist, dann springt er vor mir herum wie Rumpelstilzchen und redet irgendwelchen Unsinn. Ich bin Archivar und nicht Therapeut auf Zuruf." Doro kannte Ulf gut genug, um zu wissen, dass es keinen Zweck hatte, mit ihm darüber zu reden.

„Ulf, dass du kein Fan von Nossen bist, ist ja allgemein bekannt. Aber er hat doch recht. Alsterdorf hat mittlerweile einen guten Ruf. Mit ihm oder ohne ihn."

„Darum geht es doch gar nicht. Mich stört diese affige Selbstbeweihräucherung. Und noch mehr stört mich, wenn man dafür die Geschichte einspannt: Das ist alles so dermaßen schwarz-weiß: Ja, leider gab es da ein paar Ausreißer, die Zeit des Nationalsozialismus und die menschenunwürdige Unterbringung in großen Wachsälen nach dem Krieg. Aber jetzt ist alles ist *gaaanz großartig*. Keinerlei Grauschattierungen – vor allem, wenn es um die Gegenwart geht. Das ist Geschichtsglättung, aber keine seriöse Aufarbeitung."

Doro sah Ulf an und unterdrückte ein Lächeln. Sie waren nun schon so lange zusammen, mehr als dreißig Jahre. Nach dem, was sie miteinander erlebt und seit Laras Verschwinden erlitten hatten, gab es kaum mehr Raum für Überraschungen. Aber noch immer genoss sie es, wie herrlich Ulf sich aufregen konnte. Vor allem, wenn er etwas verlogen fand.

„Weißt du, was er heute noch zu mir gesagt hat?“, ereiferte Ulf sich weiter. „‘Herr Dr. Raith, ich kann nichts dafür, dass Sie zu lange in die marxistische Schule gegangen sind. Ich weiß, für Sie bestimmt das Sein das Bewusstsein. Aber, mein Lieber, das hat sich geändert. Heute bestimmt Design das Bewusstsein.’ Dann hat er sich über seinen eigenen Witz halb totgelacht und hinzugefügt: ‘Wissen Sie was, ich lasse Ihnen bei Ihren Geschichtsbuddeleien freie Hand und im Gegenzug liefern Sie mir eine schöne Ausstellung.’“

„Denk doch bei der Ausstellungs-Konzeption einfach nicht mehr an Nossen und seine Selbstdarstellungswünsche, sondern an die Menschen, die bei euch leben“, schlug Doro vor. „Zeig ihre Wirklichkeit, damals und heute. Ohne Schminke und ohne Ideologie.“

„Schon kapiert, mein liebes heimisches Korrektiv, ich soll nicht immer auf meine ideologischen Prinzipien bestehen“, murmelte Ulf und biss in sein Brot, als ob er sich selbst mundtot machen wollte. Er schaute durchs Fenster hinaus in den Garten. Wie ein riesiger Kandelaber trug die alte Kastanie ihre Blütenkerzen. Für wenige Tage würden sie noch rot eingefärbt sein. „Wahrscheinlich hast du recht. Klar ist es gut, dass niemand mehr weggesperrt wird. Dass jeder wohnt und lebt, wo er will. Dass die Leute nicht irgendwelche Eierkartons zusammensetzen …“

Ulf schaute wieder aus dem Fenster. „Übrigens wusstest du, dass auf dem Alsterdorfer Markt eine Kastanie von fast gleicher Größe steht? Aber die Blüte ist schon ein paar Tage weiter.“

Immer noch mochte Doro den verlorenen Blick, den Ulf hatte, wenn er plötzlich unvermittelt aus dem Fenster sah. Aber seine Augen waren mit den Jahren wässrig geworden.

„Ulf, lass es dir von Nossen am besten schriftlich geben: den Auftrag für die Ausstellung und deine Freistellung für die historische Aufarbeitung. Dann kannst du dich mal wieder nach Herzenslust im Archiv vergraben."

Ulf sah Doro kopfschüttelnd an: „Doro, du enttäuschst mich. So viel gute Tipps, aber heute ganz ohne Shakespeare-Zitat?"

Sie nahm ihr Weinglas in die Hand und drehte es in gekonnter Pose Ulf zu: „Okay, das kann ich natürlich nicht auf mir sitzen lassen. Hier das ultimative Zitat zu dir, mir und deinem großen Chef: *Be not afraid of greatness. Some are born great, some achieve greatness, and others have greatness thrust upon them.*"

Prustend verteilte Ulf die letzten Brotkrümelchen über den Tisch. „Jetzt bekomme ich fast Mitleid mit Nossen. *Greatness thrust upon him.* Einfach großartig. Doro, du bist einfach unübertroffen."

Er kicherte vergnügt in sich hinein.

„Freut mich, dass ich dich so aufmuntern konnte", sagte Doro lächelnd. „Und mich würde es sehr aufmuntern, wenn du jetzt in die Küche gehen, einen Lappen holen und den Tisch von den Spuren deiner Essenskultur befreien würdest."

Ulf erhob sich und verschwand gehorsam in der Küche.

Doro griff wieder nach der Zeitung und überflog den Lokalteil. Erneute Einbruchserie in Harvestehude. Innensenator Roland Schill gewinnt Luigi Colani, um die neue Polizeiunform zu entwerfen – also insgesamt nichts Neues.
Dann blieben ihre Augen an einem Artikel hängen:

Hamburg verliert einen Kämpfer für die Gerechtigkeit

Tragisches Herzversagen anlässlich des Senatsempfangs

Der gestrige Senatsempfang anlässlich der Verleihung der Bürgermeister-Stolten-Medaille endete in einer Tragödie. Dr. Günther Bansierski, dem diese höchste Auszeichnung der Stadt verliehen wurde, erlitt bei dem anschließenden Empfang eine Herzattacke. Ein anwesender Arzt konnte nur noch den Tod des Oberstaatsanwalts feststellten. Die Feierstunde im Rathaus wurde sofort abgebrochen. Bürgerschaftspräsident Meiners zeigte sich tief bestürzt: „Es sollte eine Feier zu Ehren Günther Bansierskis werden, der sich in seiner Amtszeit unermüdlich und mit allem Nachdruck für die Aufklärung nationalsozialistischer Verbrechen in Hamburg eingesetzt hat. Nun bleibt uns nur die Trauer. Der Tod dieses großen Kämpfers wider das Vergessen ist ein schwerer Verlust für unsere Stadt. Unser ganzes Mitgefühl gilt jetzt den Angehörigen."

Betroffen stand Doro auf. Mit der aufgeschlagenen Zeitung in der Hand ging sie in die Küche. Statt einen Lappen zu holen, schmierte Ulf sich gerade neue Brote. „Hast du das gelesen, das mit Bansierski?", fragte sie tonlos.

„Meinst du das von seiner Ehrung? Das hat er uns im Auschwitz-Komitee erzählt. Er hat lange gezögert, ob er die Ehrung annehmen sollte. Er meinte spöttisch, die Stadt hätte wahrlich selbst eine Ehrung verdient, weil sie die eigene Naziverganenheit so lange unter Verschluss gehalten hat. Er hat ..."

„Bansierski ist tot", unterbrach Doro ihn. „Er hat gestern bei der Medaillen-Verleihung einen Herzinfarkt erlitten."

„Was?" Ulf nahm ihr die Zeitung aus der Hand, fuhr sich hastig mit der Hand übers Gesicht und überflog den Artikel. „Das gibt's doch nicht. Bansierski. Ausgerechnet Bansierski." Er legte das butterverschmierte Messer auf den Küchentresen und zuckte hilflos mit den Schultern. Mitleidig sah Doro ihn an. Sicher würde er auch jetzt nicht weinen. Aber in seinen Augen glitzerte es verdächtig.

Ulf lehnte sich an den Kühlschrank: „Ich fasse es einfach nicht. Bansierski war äußerlich nicht gerade ein Sympathieträger, aber ein absolut feiner Mensch. Und mit Ungerechtigkeit kann er einfach nicht leben.“ Ulf stockte. „Mit Ungerechtigkeit konnte er nicht leben“, korrigierte er sich und blickte dabei angestrengt zu Boden.

Vorsichtig nahm Doro ihn in die Arme. Sie waren fast gleich groß. Sein uralter Norwegerpulli kratzte an ihrer Wange und sie roch seinen vertrauten Geruch. Es kam ihr vor, als sei Ulf noch magerer als früher. Sie konnte sich nicht erinnern, wann sie das letzte Mal solch inniges Gefühl der Zuneigung verspürt hatte.

FÜNF JAHRE SPÄTER

3. „Und wo gehen wir jetzt hin?“ Susann war noch immer ziemlich aufgekratzt. Das unternehmungslustige Funkeln in ihren Augen betonte ihre klassische Schönheit ganz besonders.

„Am liebsten zu dir, meine Süße! Aber was machen wir dann mit Ulf?“, fragte Jens und begleitete seine Frage mit einem gekonnten Augenaufschlag. „Aber ich glaube, der wollte sowieso gerade nach Hause radeln.“

Susann lächelte. Für solche Repliken liebte sie ihn. Stockschwul und dann gekonnter Chauvinismus. Hanseatischer Humor vom Feinsten. Jens war eine echte Bereicherung in ihrem Leben.

Auch Ulf versuchte ein Grinsen, was jedoch ein wenig schief geriet. Es erstaunte sie immer wieder, aber Ulfs Verhalten ihr gegenüber war trotz ihrer gemeinsamen Arbeit an ihrem Buchprojekt nach wie vor widersprüchlich und oft wirkte er fast unsicher. Manchmal schien er nicht zu wissen, wohin er blicken sollte, wenn er mit ihr sprach. Dann aber konnte er lang und breit Zusammenhänge erklären, war schlagfertig und gewandt in seinen Formulierungen. Neben seinem Sprachwitz hatte sie während der vergangenen Monate vor allem sein unglaubliches historisches Wissen schätzen gelernt.

„Also, ich finde, wir haben allen Grund zu feiern, nur ist bei mir zu Hause leider nicht aufgeräumt. Das fällt also aus", sagte Susann und zwinkerte Jens zu. „Ich könnte aber was zu essen vertragen und außerdem finde ich, wir sollten uns einen ordentlichen Prosecco auf Firmenkosten gönnen. Oder doch lieber einen Champagner auf eure Rechnung?"

„Na, dann bleibt uns auf die Schnelle wohl nur unser geliebtes *Kesselhaus*", warf Ulf ein. „Ich schlage einen Spumante vor, bevorzugt aus den Trevisaner Voralpen, Südlage, und dazu eine Currywurst."

Susann kommentierte Ulfs Vorschlag mit einem wenig enthusiastischen Nicken. Das Essen im *Kesselhaus* war gut, aber der Prosecco eine mittlere Katastrophe. Und sie hatte sich zumindest so viel Heimatstadt-Patriotismus erhalten, dass sie sich weigerte, außerhalb Berlins Currywurst zu essen.

„Tut mir leid, Ulf, aber daraus wird nichts", ergriff Jens das Wort. „Ich habe uns zur Feier des Tages einen Tisch im *Café Paris* reserviert. Immer nur *Kesselhaus* ist auf Dauer einfach zu öde. Allerdings klappt das nur, wenn wir in zehn Minuten in die U-Bahn steigen."

Eine halbe Stunde später saßen Dr. Susann Mertén, Dr. Ulf Raith und Jens Nord im trubeligen *Café Paris* in unmittelbarer Nähe des Rathauses. In einem Kühler stand eine Flasche gerade noch bezahlbaren Crémants und alle drei hatten einen

– äußerst überschaubaren – Teller mit Krustentieren vor sich stehen.

„Und was hat euch am meisten beeindruckt? Die Anwesenheit des *Eppendorfer Boten* oder die Abwesenheit des Vorstands? Die fünf verkauften Exemplare oder die siebenundzwanzig Bitten um Zusendung eines handsignierten Freiexemplars?"

Susann sah ihre Co-Autoren aufmunternd an. Ihre ganze Erscheinung fügte sich in das stilvolle Ambiente ein, als wäre es allein für sie geschaffen worden. Auch wenn sie es liebte, ihre Kleidung und ihr Aussehen zu variieren, so hatte sie sich während der Arbeit an dem gemeinsamen Buch stilmäßig an den Goldenen Zwanzigern orientiert. Ein stiller Protest gegen die Zeit, mit der sie sich in ihrem Buch beschäftigten. Zu einem richtigen Bubi-Kopf oder dem Eton-Stil hatte ihr allerdings der Mut gefehlt. Außerdem hatte sie von ihren hugenottischen Vorfahren eine starke Naturkrause geerbt. Aber eine Kurzhaarfrisur war es doch geworden, mit geraden Linien. Heute hatte sie zu dem besonderen Anlass ein enganliegendes Jerseykleid ausgesucht und mit einem dazu passenden Jackie-Cool-Blazer kombiniert.

Ulfs Blick verweilte kurz auf ihrem Körper und richtete sich dann auf das Deckengemälde mit seinen zwei wohlgeformten Frauenkörpern. Aus dem Augenwinkel sah Susann, wie Jens sich ein Lächeln verkniff.

„Darf ich dich kurz aus deinen Männerfantasien aufwecken und an den Anlass unserer kleinen Feier erinnern, Ulf?", fragt er in leicht spöttischem Ton.

Ulf zuckte erschrocken zusammen.

„Also ich finde, wenn man bedenkt, wie sperrig das Thema ist", fuhr Jens fort, „hatten wir eine Superresonanz bei der Präsentation. Über sechzig Gäste. Und mit dem *Abendblatt* hatte ich persönlich nicht gerechnet. Was Peter den Großen betrifft: Auf den können wir getrost verzichten. Entweder hätte er die ganze Zeit seine 'fachlich hochgeschätzte persönliche Mitarbeiterin Dr. Susann Mertén' mit den Augen verschlungen oder sich und uns mit seinen Äußerungen zum Nationalsozialismus blamiert."

Über ihren Vorstandsvorsitzenden hatten sie alle drei die gleiche Meinung. Er war vor allem eitel, und groß war er nur vom Körperwuchs her. Seit elf Jahren stand Peter Nossen jetzt schon an der Spitze der Stiftung. Bei seinem Amtsantritt war die Stiftung Alsterdorf bereits mehr als pleite gewesen und vor 11 Jahren war er an ihre Spitze gelangt. Damals war die Stiftung schon jenseits der Pleite gewesen, und er hatte eine Scheidung an der Backe. Als er sich in der Öffentlichkeit zu sehr um eine Erzieherin aus seinem Kindergarten gekümmert hatte, war es eng geworden für den Herrn Propst. Daraufhin hatte sich Propst Nossen auf den Job beworben, der in der kirchlichen Szene allgemein als Schleudersitz galt.

Zum Glück hatte man sich bei der Wahl des kaufmännischen Vorstands mehr Mühe gegeben, und so hatte sich die Stiftung zwischenzeitlich ganz gut erholt.

Nicht erholen würde sie sich allerdings von den ständigen sprachlichen Entgleisungen ihres obersten Chefs. Am schlimmsten waren dessen Äußerungen zur Aufarbeitung der Anstaltsgeschichte während der Zeit des Nationalsozialismus. Er hatte darauf bestanden, dass der Buchpräsentation eine Pressekonferenz vorausgehen sollte, in der er höchstpersönlich die Bedeutung der Publikation erklären würde. So war es dann gekommen, und tatsächlich waren neben der lokalen Presse auch zwei freie Journalisten dagewesen, die für überregionale Zeitungen schrieben. Bei einigen von Nossens Sätzen war es Susann kalt den Rücken heruntergelaufen: „Mit der Aufarbeitung der Nazizeit haben wir in der Evangelischen Stiftung Alsterdorf den Schalter endgültig umgelegt von der Anstalt auf ein humanes Dienstleistungsunternehmen."

Der Mann war einfach nur peinlich: *Den Schalter umge-*

legt. War das zu fassen? Nach einem abgeschlossenen Hochschulstudium klang das wirklich nicht. Zum Glück war diese Äußerung ausnahmsweise mal nicht in der Zeitung zitiert worden.

„Ganz im Ernst, am eindrucksvollsten fand ich heute unsere Zeitzeugen", griff Ulf die Unterhaltung wieder auf. „Ich habe noch nie eine solche Stille erlebt wie die, als Albrecht von dem Abtransport der 'Insassen' mit den grauen Bussen erzählt hat. Mehrfach schon habe ich ihn von den Deportationen reden hören und jedes Mal überrascht er mich mit neuen Details. Wusstet ihr, dass die Deportierten selbst noch 'Befiehl du deine Wege' angestimmt haben? Was für eine unglaubliche Szene! Auf dem Weg in die Vernichtungslager, mit diesem Lied auf den Lippen … Aber um ehrlich zu sein: Von uns dreien warst du in der Diskussion inhaltlich am stärksten, Susann." Ulf senkte verschämt den Blick, als wenn er etwas Verbotenes gesagt hätte.

Susann merkte, wie ihr die Röte ins Gesicht stieg. Zu albern! Um etwas Zeit zu gewinnen, wischte sie sich mit der Stoffserviette umständlich den Mund ab. Ein kleiner Themenwechsel war jetzt genau das Richtige. „Sagt mal: Wer war eigentlich der merkwürdige Typ, der nach deinen Quellen über Kahlenbaum gefragt hat? Ich konnte ihn nicht richtig sehen, weil er sich die ganze Zeit an der Säule herumdrückte."

„Stimmt, der war komisch. Aber besonders gut im Blick hatte ich den auch nicht", sagte Jens nachdenklich. „Das Einzige, was ich wahrgenommen habe, war, dass er total edel gekleidet war. Schien ihm gut zu stehen, so weit ich das auf die Entfernung sehen konnte."

„Jetzt keine Schnappatmung, Jens, oder müssen wir Reto erzählen, dass du dich wieder neu orientierst?"

Susann wusste, dass sie wahrscheinlich die Einzige war, die sich solche Bemerkungen Jens gegenüber erlauben konnte. Nach dem Tod seines langjährigen Partners vor über sechs Jahren hatte er sich vor vierzehn Monaten endlich wieder in eine Beziehung gestürzt. Er hieß Reto, war ein Schweizer Extremsportler, und das Ganze war leider recht anstrengend. Reto war nicht nur zehn Jahre jünger als Jens und gut gebaut, sondern trug sein Fleisch als Model für die Business-Kollektion von *Strellson* auch teuer zu Markte. Seitdem Jens mit Reto zusammen war, hatte er nicht nur mindestens fünf Kilo seines überflüssigen Fettes in Muskelfasern umgewandelt, er war jetzt auch ein wandelndes Lexikon für Schweizer Männermode. Was manchmal etwas nervig war. Jetzt aber schüttelte er energisch die akkurat frisierten braunen Haare.

„Worin bestand eigentlich sein Interesse?“, hakte Susann nach. „Ist er nicht nachher noch auf dich zugekommen, Ulf?“

„Stimmt. Er hat mich draußen abgefangen.“, antwortete der und rieb sich nachdenklich das Kinn. „Ich glaube, er war wirklich interessiert an den Funden, die ich gemacht habe. Er wollte wissen, ob mit weiteren Enthüllungen zu rechnen sei und ob ich Näheres zu den Motiven der damaligen Anstaltsleitung hätte herausfinden können. Ich sagte ihm, dass es mir um die Sicht der Opfer gegangen wäre und ich die Täter nicht noch posthum ehren wollte, indem ich ihre differenzierten Motive herausarbeite. Erst wirkte er irgendwie wütend. Aber dann hat er mich nur angelächelt und gesagt: ‘Na, für das Erläutern der Motive haben wir ja Ihre charmante Kollegin, die werte Frau Psychologin.’ Gleich danach hat er das Thema gewechselt und gefragt, ob er richtig gesehen habe, dass ich mit dem Fahrrad gekommen sei, mit der *beeindruckenden* Wendlandflagge. Wir kamen ins Gespräch über das Fahrradfahren, das auch sein Hobby zu sein scheint, und über Urlaub in Schweden. Plötzlich kam er mir wie ausgewechselt vor.“

„Seine Ausdrucksweise bei den Fragen, die er gestellt hat, war jedenfalls auffällig“, sinnierte Susann. „Er klang so gestelzt, als hätte er zu viel Thomas Mann gelesen.“

„Zu viel Thomas Mann gelesen", schmunzelte Ulf. „Du bist wirklich eine waschechte Charlottenburger Bildungsbürgerin. Aber wenn ihr euch jetzt nur noch mit dem geheimnisvollen Fremden im Maßanzug beschäftigen wollt, statt das Erscheinen unseres Buches zu feiern, dann fahre ich gleich in mein Archiv zurück."

„Nein, nein, keine vorgeschobenen Ausflüchte, du Eremit. Du bleibst schön hier", sagten Jens und Susann im Chor. „Wühlen für Wahrheit und Gerechtigkeit kannst du morgen wieder. Denn du hast recht: Heute wird gefeiert!"

KNAPP DREI MONATE SPÄTER

4. *„Die Toskana Schwedens", sagte Gunnar immer, „nur eben neunzig Sonnentage weniger. Aber dafür auch bloß zwei Monate Touristen im Jahr. Und die sind eh nur auf der Durchfahrt nach Småland."*

Wahrscheinlich legte man sich notgedrungen diese Art von Humor zu, wenn man hier aufgewachsen war. Die wenigen Hügel zwischen Lund und dem Ringsjö waren die einzige Abwechslung in der Tristesse einer Landschaft, die es sonst locker mit der Ödnis Nordfrieslands aufnehmen konnte. Nur war eben das Wetter noch schlechter und der Winter noch länger.

Die Toskana Schwedens – er konnte über seinen Nachbarn Gunnar wirklich nur lachen. Nicht mal Alleen gab es hier. Und die Straßen führten nicht von Florenz nach Siena oder von Certaldo nach San Gimignano, sondern von Höör nach Hörby oder von Eslöv nach Örtofta. Keine italienische Küche, keine alten Weingüter oder eine stimmungsvolle Piazza. Stattdessen schwedische Eintönigkeit. Ortschaften, deren Höhepunkte die ICA Butik und die Imbissbude gleich neben der Tankstelle waren. Gott, wie er diese Gegend manchmal hasste.

Gunnar hatte ihn für verrückt erklärt, als er sich für seine tägliche Strecke zur Arbeit den Saab 9-7X gekauft hatte, das Modell, das sie in Schweden nur anerkennend den „Elchfänger" nannten. 300 PS, 8 Zylinder, in nicht mal sechs Sekunden von 0 auf 100 km/h und natürlich mit Allrad. Er hatte ihn aus den USA reimportieren müssen. Ein „Geländepanzer" – das war nicht durchsetzbar in dem Land, in dem bescheidenes Understatement alles war und auf fast jedem Mülleimer „Halte Schweden sauber!" prangte.

Er wusste selbst, dass man in Schonen kein solches Auto brauchte, aber er liebte das Motorengeräusch, die Straßenlage der bald zweieinhalb Tonnen, das Dahingleiten im fast geräuschfreien Innenraum. Wenn er in seinem Auto saß, hatte er den Eindruck, als zöge die öde Landschaft wie in einem Film am ihm vorbei. Er war nur der Betrachter, das hier hatte nichts mit ihm zu tun. Und wenn ihm danach war, konnte er das Kino einfach verlassen.

Einen Vorteil allerdings bot die reizarme Gegend. Man konnte stellenweise sehr weit sehen. Er meinte, es eben schon aus dem Augenwinkel entdeckt zu haben. Eine orangefarbene Sonne auf grünem Grund. Was für ein willkommener „Zufall"! Zufrieden schnalzte er mit der Zunge. Die Flagge des Wendlands – mitten in dem Land, das so stolz auf seine eigene Fahnenkultur war. Er erinnerte sich daran, wie der Archivar ihm in seiner langatmigen Art die Geschichte dieser Flagge erklärt hatte. Dass sie bald dreißig Jahre alt sei, ein Symbol für Lebenslust und Widerstand. Die Hasenscharte des Archivars hatte über dessen Lippe gethront wie ein Ausrufezeichen. Das entstellte Gesicht hatte ihn ebenso in Bann gezogen, wie ihn der süßliche Schweißgeruch abgestoßen hatte. Symbol für Widerstand und Lebensfreude – das einzige Symbol seines Widerstands hatte die Natur dem Archivar als Narbe mitgegeben. Lebenslust hatte der wahrscheinlich nur, wenn er sich beim Radfahren in Schweiß auflöste.

Wie so viele andere Details jenes Abends vor nicht einmal drei Monaten in Hamburg war auch dieses Gespräch in seinem Gedächtnis wie festgebrannt. Kurz bevor sie sich verabschiedeten, hatte er den Archivar noch gefragt: „Vielleicht treffen wir uns ja mal auf einer Fahrradtour? Wo geht es denn als Nächstes hin?" Und der Archivar hatte ihm erzählt, dass er hoffe, bald schon in Schweden wieder mehr auf den Sattel zu kommen. „Demnächst bin ich für ein oder zwei Wochen im Haus meiner Schwester in Skåne", hatte er gesagt und versucht, den besonderen Diphthong des Dialekts zu imitieren. Aber es klang nur lächerlich. „Ich nutze die Universitätsbibliothek in Lund und genieße die herrliche Fahrt zurück an den See. Ansonsten sind keine besonderen Touren geplant. Also eher unwahrscheinlich, dass wir uns treffen." Dann hatte er sich mit einem lockeren „Hej då" auf den Sattel geschwungen. Als versuchte er krampfhaft zu verbergen, dass er biologisch längst älter war als die fünfundfünfzig Jahre, die er alt sein mochte.

Tja, wie sagte man in Deutschland so schön: „Man sieht sich immer zweimal im Leben." Allem Anschein nach war dieser Moment nun gekommen. Eine Sekunde lang bedauerte er, dass er nicht mehr Zeit gehabt hatte, Raiths Tod akribischer zu planen. Dennoch war er recht zufrieden. Fast war es ihm, als spüre er das anerkennde Lächeln seines Vaters.

5.

Die Rechtsmedizin lag in der Sölvegatan. Damit war dann allerdings schon das Beste über seine Arbeit gesagt. Denn an seinem Job konnte Leif Malström eigentlich nur noch den Weg genießen: vom Klostergarten aus, vorbei an der ehrwürdigen Kathedrale mit ihren imposanten Türmen bis hin zur Universität. Die Stadt stand in ewigem Wettstreit mit Sigtuna in der Nähe von Stockholm um den Rang als älteste Stadt Schwedens. Aber wie auch immer dieser Streit ausgehen würde, für ihn war Lund die schönste Stadt. Die zahlreichen Parks, die Kopfsteinpflasterstraßen der Altstadt. Nur wenige hundert Meter voneinander entfernt reihte sich Sehenswürdigkeit an Sehenswürdigkeit. Kein Wunder, dass sich nicht nur die Schweden, sondern auch die Dänen einmal von hier aus hatten regieren lassen.

Malström ging jeden Morgen seines nun über 20-jährigen Berufslebens die vier Kilometer zu Fuß durch diese Stadt, die den Vergleich mit Oxford oder Cambridge nicht scheuen musste. Sogar was den Regen anbelangte, konnte sie es mit den englischen Geistesstätten aufnehmen. An den Regen konnte man sich gewöhnen, nicht aber an die Leichen, die ihm nach Betreten seines Instituts präsentiert wurden.

Manchmal versuchte er sich zu erinnern, warum er Anatomie studiert hatte. Idiotischerweise hatte er gedacht, auch so seinen Beitrag zur Erforschung des Lebens liefern zu können. Geblieben war jedoch nur die sinnlose Suche nach irgendwelchen Todesursachen, für die sich meistens ohnehin niemand wirklich interessierte.

Wenn er darauf wenigstens einen entspannten Arbeitsalltag hätte aufbauen können, denn eilig hatten es die Menschen, die auf seinem Tisch landeten, wahrlich nicht mehr. Aber es war ihm schon häufiger passiert, dass eine polizeiliche Ermittlung oder schlimmer noch ein Versicherungsanspruch sein Gutachten zum Streitfall der Experten machte. Und wenn er irgendetwas nicht leiden konnte, dann eines medizinischen Fehlers überführt zu werden.

Was ihm heute von der Distriktspolizei in Höör vorbeigebracht worden war, bekam allerdings auch er nicht jeden Tag zu sehen. Schon bei der ersten rein äußerlichen Begutachtung stellte er gleich mehrere Todesursachen fest. Beim Thema „Schädelfraktur“ konnte er zur Mehrzahl greifen. Frakturen würden ohnehin den roten Faden seines Gutachtens bilden.

Er zog sich Kittel und Handschuhe an und setzte sich sein

Headset auf. Wenigstens das war ein deutlicher Fortschritt. Kein Diktafon mehr, von dem man nicht wusste, wie man es mit Fingern bedienen sollte, die gerade noch in Innereien gewühlt hatten.

Malström tastete die Wirbelsäule ab und spürte ein Querschnittssyndrom unterhalb des dritten Halswirbels. „Achten Sie darauf, ob Sie das Syndrom unter- oder oberhalb des dritten Wirbels entdecken. Im ersten Fall ist das Überleben möglich." Er erinnerte sich an die Worte seines Professors für Rechtsmedizin. In diesem Fall spielte es keine Rolle mehr, ob der Tote in dieser Hinsicht mit einer Querschnittslähmung hätte davonkommen können. Allein die klaffende Wunde im Lendenbereich zeigte deutlich, dass es aller Wahrscheinlichkeit nach zu einem Leberabriss gekommen war. Aber auch ohne diesen hätten die Wunden den Mann mehrfach verbluten lassen. Medizinisch anspruchsvoll war hier nur die Frage, welche Ursache in welcher Reihenfolge den Tod herbeigeführt hatte.

Angewidert von seiner eigenen Berufswahl zog Malström die Handschuhe wieder aus und legte ein sauberes Laken über den Körper. Die sanfte Formgebung im Stoff war vermutlich der beste Anblick, den der Tote noch jemals abgeben würde.

Er ging zu seinem penibel aufgeräumten Schreibtisch und zog aus der Klarsichthülle das Anschreiben mit der Nummer der Polizeidienststelle in Höör.

„Bengt Larsson, Polizei Höör", hörte er die Stimme eines übermüdet wirkenden, älteren Mannes.

Wenigstens ein alter Bekannter. Das konnte die Arbeit erleichtern. „Hallo Bengt, Leif hier. Hast du mir den Toten zur Obduktion geschickt?"

„Ja. Bist du etwa schon fertig?", fragte Bengt mit einem unterdrückten Gähnen.

„Nein. Aber ich wollte nur wissen, seit wann ihr Wolkenkratzer in Höör habt?"

„Wenn du möchtest, kann ich dir gern eine Stadtführung organisieren, falls du Höör mal richtig kennenlernen willst. Vielleicht entdeckst du dabei sogar ein Hochhaus."

„Schöne Idee, Bengt, aber im Ernst. Selbst wenn du jemanden von der Zinne des Lunder Oberservatoriums runterschubst, dürfte er unten besser erhalten ankommen als euer Toter!"

„Der Fall ist in der Tat ziemlich heftig. Wir haben die Leiche direkt unterhalb der Anhöhe zum Ringsjö gefunden. Das dazugehörige Fahrrad lag auf einem Acker auf der einen Seite der Straße. Und der Tote auf einem Feld auf der anderen. Eine Blut- und Hirnspur lässt vermuten, dass er auf die Straße geschleudert wurde und anschließend auf das Feld gerollt ist. Aber das Auffälligste ist das Fehlen jeglicher Brems- oder Schleuderspuren. Und natürlich: keinerlei Zeugen."

„Also vermutet ihr, was ich vermute?", fragte Malström und betrachtete seine Fingernägel. Sie mussten dringend geschnitten werden.

„Klar, eine andere Möglichkeit bleibt ja kaum. Da muss jemand ordentlich getankt haben, vielleicht hat er nicht mal bemerkt, dass er auf der Straße jemanden vor sich hatte. Vermutlich schläft der Unfallfahrer jetzt noch seinen Rausch aus."

„Wisst ihr schon was über den Toten? Hatte er Papiere bei sich? Oder gibt es eine Vermisstenanzeige, die passt?"

„Nein, er hatte keine Identitätskarte dabei. Und gemeldet hat sich auch noch niemand. Aber das Fahrrad oder das, was davon übrig ist, hatte einen Aufkleber mit einer Nummer und einem deutschen Text: 'Hände weg. Dieses Fahrrad ist registriert.' Wir gehen gerade anhand der Nummer und mithilfe der deutschen Kollegen der Spur nach. Außerdem haben wir eine Fahrradfahne gefunden. Ziemlich viel Grün drauf und auch da ein Text auf Deutsch: 'Gorleben soll leben.' Keiner von uns konnte sich einen Reim darauf machen, da haben wir den Satz einfach bei Google eingegeben. Es handelt sich um ein Nest in der Nähe von Hamburg."

„Und da will wahrscheinlich keiner mehr leben. Genauso wenig wie bei euch in der Provinz“, sagte Malström und imitierte dabei den Akzent der Stockholmer. „Ausnahmsweise kann ich die Deutschen gut verstehen.“

Bengt lachte kurz auf. „Da könntest du den Nagel auf den Kopf getroffen haben. Gorleben scheint ein Lager für Atommüll zu sein. Sie haben es dort gleich hinter der Grenze zur DDR in alte Salzstöcke gekippt, dann das Ganze ‘Zwischenlager’ getauft und gehofft, dass es niemand weiter stört. Aber das Gegenteil scheint der Fall gewesen zu sein. Ich habe mir die Bilder angesehen. Da geht bei Demonstrationen die Post richtig ab. Nichts mit beschaulicher Provinz.“

„Atommüll im Salzstockwerk. Das klingt nach reichlich Gefahrenpotenzial“, sagte Malström und fuhr sich durch die Haare. „Im Augenblick interessiert mich allerdings mehr die Gefährdung, die von der Autopsie für meinen Feierabend ausgeht. Bevor ich alle seine Todesursachen in die richtige Reihenfolge gebracht habe, hat auch der letzte Pub in Lund zu. Wie schnell brauchst du das Gutachten?“

„Na, um festzustellen, dass es sich um Tod infolge eines Unfalls handelt, hätten wir dich nicht so lange zum Studieren schicken müssen“, bemerkte Bengt spöttisch. „Aber da ich weiß, wie viel dir an einem pünktlichen Feierabend liegt, mache ich dir folgenden Vorschlag: Ich hab eine Einladung im *Stäket* bei dir gut. Und du nimmst dir jetzt brav deine Tabelle mit dem komplizierten englischen Namen und zählst die wesentlichen schweren, tödlichen Verletzungen auf. Von mir aus setz noch drunter, dass wir dich wegen des Verdachts auf ein ausländisches Unfallopfer um eine schnelle Ersteinschätzung gebeten haben. Die üblichen anderen Routinen kann ich dir aber leider nicht ersparen.“

Malström verstand sofort, was Bengt meinte: Blut- und Magenanalyse. Damit niemand dem armen Deutschen eine Mitschuld am Unfall aufgrund von Alkohol oder Drogen andichten konnte. Er seufzte. „Einverstanden. Den Bericht maile ich dir im Entwurf heute Abend zu. Und dann werde ich für uns zwei schon mal vorab testen, was die Karte im *Stäket* zu bieten hat. Sie sollen einen hervorragenden überbackenen Ziegenkäse mit frischen Preiselbeeren haben."

Nachdem sie aufgelegt hatten, nahm Malström sich die *Abbreviated Injury Scale* vor. In Spalte 4 und 5 standen die wesentlichen Unfallfolgen nach Schwere aufgelistet. Es erschien ihm als guter Kompromiss: Er würde heute pünktlich Feierabend machen. Und er würde dem Deutschen die letzte Ehre erweisen, indem er ihm die wahrscheinlichsten überlebensbedrohlichen und tödlichen Verletzungen in seinem Gutachten attestierte.

6.

„Bengt Larsson, Reichspolizei Höör, spreche ich mit Dorothea Raith?"

Der schwedische Akzent war so offensichtlich, dass Doro fast lächeln musste. „Ja, hier ist Dorothea Raith." Sie versuchte jede Aufregung aus ihrer Stimme zu nehmen. Aber noch während sie antwortete, ging sie im Zeitraffer die verschiedenen möglichen Szenarien durch: War Ulf etwas passiert? War in das Haus seiner Schwester eingebrochen worden? Hatte er getrunken und war auffällig geworden? Hatte er sich bei seinen Recherchen nicht an die gültigen Spielregeln gehalten? Bald dreißig Jahre verheiratet, und immer noch wusste sie nicht wirklich, wer ihr Mann war.

„Frau Raith, können Sie der schwedischen Polizei helfen und zu uns reisen? Ich würde Sie sehr darum bitten."

Doro konnte förmlich vor sich sehen, wie der Mann am anderen Ende die Fragen von einem Blatt ablas. „Warum denn? Was ist denn geschehen? Geht es um meinen Mann?"

Die Fragenflut setzte der Sprachbegabung des schwedischen Polizisten eine jähe Grenze und er fragte, ob er Englisch sprechen könne. Dann erklärte er ihr den Grund seines Anrufs.

Wie war es bloß möglich, dass sie in diesem Augenblick noch denken konnte, wie unglaublich gut die Skandinavier Englisch sprachen? Als wenn das irgendeine Rolle spielte. Nur einen einzigen Fehler hatte sie bemerkt. Sie, die studierte Lehrerin für Englisch und Geschichte, auch wenn sie nur während des Referendariats in der Schule gearbeitet hatte. Ihre akademische Karriere hatte sie dann vor allem auf Wartelisten zugebracht. Begleitet von ein paar Aushilfsjobs, bis schließlich Lara gekommen war. Aber auch ohne große Praxis, ihr Englisch war immer noch gut. Nein, es hieß nicht „lipgap", sondern „harelip". Wie im Deutschen „Hasenscharte", nicht „Lippenspalt".

Aber verstanden hatte sie auch so. Und wegen der Hasenscharte gab es keinen Zweifel. Es war Ulf, den sie gefunden hatten. Er war von einem Auto angefahren worden und vermutlich sofort tot gewesen. Papiere hatte er nicht bei sich. Der Fahrer war abgehauen. Über seine Fahrradregistrierung und die Wendlandfahne waren sie schließlich weitergekommen und auf sie gestoßen.

Doro sagte zu, dass sie zur Identifikation nach Lund kommen würde. Aber sie wusste, dass es Ulf war. Fahrradfahrer mit langen Haaren, Wendlandfahne und Hasenscharte – da blieb kein Spielraum für Hoffnung.

Wie betäubt legte sie den Hörer auf und starrte dann blicklos auf Ulfs zerschlissene Regenjacke, die an der Garderobe hing.

Hirnschlag während einer wichtigen Recherche, Herzschlag bei einer Demonstration, vielleicht sogar Leberinfarkt nach einer durchzechten Nacht – alles hätte sie sich vorstellen können. Aber ein banaler Unfall mit Fahrerflucht?

Warum war Ulf nicht wenigstens im Sterben etwas Bedeutsames passiert?

Aber so war sein ganzes Leben gewesen. Große Gedanken und kleine Ereignisse. Aus dem Revolutionsführer war ein Birkenstocksozialist geworden. Aus dem akademischen Historiker ein Archivar mit halber Stelle in der Stiftung Alsterdorf. Aus dem ökologischen Vorkämpfer ein Mitglied der bäuerlichen Notgemeinschaft im Wendland. Immer wenn das Leben einmal eine gute Rolle ausgeschrieben hatte, war die Besetzung an Ulf vorbeigegangen. Und jetzt reduzierte sich seine Identität in der Schilderung des schwedischen Polizisten auf drei Fakten: Unfallopfer, Wendlandfahne und Hasenscharte. Allein die Wendlandfahne hatte er sich selbst ausgesucht.

„Ich würde dich gerne feudal entjungfern, holde Dorothea", hatte Ulf gesagt, als sie sich das zweite Mal nach dem Seminar trafen. Ihre Eltern hatten sie nach Dorothea Erxleben benannt, der ersten Akademikerin, die promoviert hatte. Das war 1754 gewesen. Das Adelsgeschlecht, aus dem Doro stammte, war noch älter. Sie hatte es genauso gehasst wie ihren gestelzten Vornamen und die ganze Last der Erwartungen, mit denen sie aufwuchs.

Ulf war ganz und gar nicht ihr Typ gewesen, wahrscheinlich war er niemands Typ. Vielleicht hatte ihn gerade das so interessant gemacht für sie. Er war ein Typ gegen alle Erwartungen. Und er hatte Witz und Humor in der besten sarkastisch-britischen Form.

„Bei mir ist die Dialektik sogar so weit gegangen, dass sie mir Kiefer und Gaumen gespalten hat. Bei mir kannst du lernen, was ein echtes Lippenbekenntnis ist."

Später waren ihr solche Sprüche oft auf die Nerven gegangen. Damals hatte sie ihn deshalb einfach nur geliebt. Und eigentlich war es so geblieben. Er hatte seine Überzeugungen nie verraten und ihr die Treue gehalten.

So hatten sie sich gut miteinander eingerichtet. Jeder verfolgte seine Interessen. Ulf vergrub sich in irgendwelchen alten Akten. Er erzählte nichts von seinen Nachforschungen. Das hatte er nie gemacht. Teil seines Perfektionismus. Von seiner Doktorarbeit hatte sie nichts erfahren, bis er ihr das erste gebundene Exemplar geschenkt hatte. Ulf hielt es nicht aus, mit etwas herauszukommen, das nicht absolut sicher war. In den letzten Jahren hatte er angefangen, mit sich selbst zu reden, wenn er arbeitete. Sie hatte sich ein Spiel daraus gemacht, aus den Wortfetzen einen Zusammenhang zu kreieren.

Sie selbst hätte ihm gerne manchmal von ihrer Arbeit erzählt: „Lesensmittel". Als sie ins Wendland gezogen waren, hatte sie in der alten Buchhandlung am Markt angefangen. Nur mit einem Tag vor Ort, aber inzwischen war sie in einer Lüneburger Buchhandlung allein verantwortlich für die Kinder- und Jugendbuchabteilung.

„Warum gerade Kinderbücher?", hatte Ulf sie damals verständnislos gefragt. „Wie hältst du das aus? Ich muss die Augen schließen, wenn ich ein Kind sehe."

Sie verstand ihn nur zu gut. Aber ihr war es eben anders gegangen. Sie wollte die Welt einfach mit Laras Augen sehen. Im Lesen hielt sie die Verbindung zu ihrer Tochter. Sie las wie eine 7-Jährige, eine 8-Jährige, eine 9-Jährige. Sie ging durch die Jahre einer Kindheit und Jugend, die nicht gelebt werden konnten.

Nach der gemeinsamen Trauertherapie hatten sie kaum mehr über Lara gesprochen. Genau das Gegenteil von dem, was der Therapeut ihnen geraten hatte. Aber sie konnten einfach nicht. Jeder war in seine Arbeit geflüchtet. Sie in die Bücher und Ulf in die Akten. Das Haus im Wendland war ihr einziger gemeinsamer Fluchtpunkt geworden. Weg aus Hamburg, aus der Wohnung, aus allem, was sie an das Leben mit Lara erinnerte.

Als sie ihr Erbe für den alten Resthof in Diahren einsetzte, hatte ihre Mutter nur gesagt: „Das klingt wie eine Magenkrankheit." Ihnen hatte die Entscheidung das Weiterleben ermöglicht.

Nun war Ulf tot. Der Schmerz traf sie mit voller Wucht, ihre Knie zitterten und sie griff Halt suchend nach dem Türrahmen. Immerhin war Ulf achtundfünfzig geworden, nicht sieben. Und diesmal würde sie zumindest Abschied nehmen können. Sie würde wissen, wo er begraben lag, und einen Ort zum Trauern haben.

Mit unsicheren Schritten ging Doro Richtung Tür. Es war besser, wenn sie jetzt nicht allein war.

7.

Wer hält sich schon selbst vor dem Spiegel aus. Eigentlich müssten Spiegel regelmäßig an der Diskrepanz zwischen Wunsch und Wirklichkeit zerbrechen. Im Alter wurde das nicht besser. Doro sah mit Besorgnis, wie sich die weichen Züge ihres Vaters in ihrem Gesicht durchsetzten. Warum hatte sie nicht die strenge Schönheit ihrer Mutter geerbt? Die war zwar nicht adelig, hatte aber so ausgesehen. Am meisten störte Doro ihr Doppelkinn. Als sie den Ansatz das erste Mal wahrgenommen hatte, verstand sie Menschen, die zum Schönheitschirurgen gingen.

Im Grunde hatten ihr die letzten Wochen körperlich gut getan. Sie war dünner geworden. Hatte mindestens fünf Kilo abgenommen. Die Reise nach Lund, die Überführung, die Beerdigung. Alles, was zu erledigen war. An Essen hatte sie oft nicht gedacht, bis sie auf dem obersten Absatz ihrer Eingangstreppe den alten Henkelmann ihrer Nachbarin gefunden hatte. Solche Nachbarn gab es nur im Wendland, da war sich Doro sicher.

Die fünf Kilo weniger waren ok, wenn nur nicht dieser Truthahnhals wäre. Doro war fast erleichtert, als das Telefon klingelte. Es war ein Uraltteil, Analogtechnik. Wenn es nach Ulf gegangen wäre, hätte es am liebsten noch die alte Wählscheibe haben sollen.

„Dorothea Raith."

„Liebe Frau Raith, hier spricht Peter Nossen. Ich wollte schon die ganze Zeit bei Ihnen angerufen haben. Es tat mir so leid, dass ich nicht zur Beerdigung Ihres Mannes kommen konnte. Aber Sie haben sicher Verständnis. Ich habe es einfach zeitlich nicht geschafft. Umso wichtiger war es mir, Ihnen persönlich meine tiefe Anteilnahme auszusprechen."

Doro atmete tief durch. Ulfs verhasster Chef. Seine Anteilnahme war so tief, dass er über drei Wochen gebraucht hatte, um sie wiederzufinden. Kein Wort glaubte sie ihm. Er wollte irgendetwas. Sie schwieg.

„Ach, Sie wissen gar nicht, wie wir Ihren Mann hier immer noch vermissen", säuselte Nossen. „Ich gestehe, im vollen Umfang ist mir erst nach seinem tragischen Unfall deutlich geworden, wie wichtig er für unsere Stiftung war."

Aha, dachte Doro, jetzt kommen wir dem wahren Grund des Anrufs näher. Sie schwieg weiter.

„Es wird Sie sicher freuen, dass sich fast täglich Menschen nach Ihrem Mann erkundigen. Also eigentlich …" Er schien sich auf die vergebliche Suche nach den rechten Worten zu begeben. „Es sind vor allem Menschen, die sich nach dem wichtigen Buch Ihres Mannes über das Schicksal ihrer Angehörigen in den dreißiger und vierziger Jahren erkundigen."

„Verständlich", warf Doro wortkarg ein. Einen bissigen Kommentar zu den dreißiger und vierziger Jahren verkniff sie sich. Als wenn es sich dabei um eine Dekade wie die Goldenen Zwanziger handelte oder die Wilden Sechziger.

„Wir haben mit Rücksicht auf den Tod Ihres Gatten das Archiv erst einmal geschlossen. Aber nun mehren sich die ungeduldigen Anfragen. Unter ihnen sogar ein enger Freund eines Stiftungsratsmitglieds."

„Warum öffnen Sie dann das Archiv nicht wieder?"

„Daran haben wir auch schon gedacht. Wir wollten daraus sogar ein interessantes Beschäftigungsangebot machen, in dem Ehrenamtliche und Klienten die Arbeit Ihres Gatten weiterführen sollten. Allerdings haben wir gemerkt, dass Ihr Mann sein ganz eigenes System gehabt hat, in dem sich keiner so leicht zurechtfindet."

Jetzt musste Doro doch ein Lächeln unterdrücken. Unter dem „ganz eigenen System" ihres Mannes konnte sie sich etwas vorstellen. Und sie sah fast vor sich, wie Nossens Plan, die Stelle des Archivars durch eine kostensparende Lösung zu ersetzen, kläglich gescheitert war. „Und wie, denken Sie, kann ich Ihnen da behilflich sein?", fragte sie mit möglichst neutraler Stimme.

„Nun", Nossen räusperte sich ungeduldig, „die Idee stammt eigentlich von Jens Nord. Er war gestern bei mir und meinte, wenn irgendjemand das System Ihres Mannes verstehen könnte, dann wären Sie das. Selbstverständlich weiß ich, dass Sie nicht Archivwissenschaften studiert haben."

Das hat Ulf auch nicht, dachte Doro. Hätte ihn auch gar nicht interessiert. Ihn interessierte Geschichte, von Archivwissenschaft hatte er immer nur als Hilfswissenschaft gesprochen. Aber was spielte das jetzt noch für eine Rolle? Interessanter war, dass Jens dahinter stand. Er war nicht nur Ulfs Freund gewesen, sondern auch einer der wenigen, der Ulf immer wieder im Wendland besucht hatte. Den sie mochte. Was führte Jens im Schilde?

„Im Gespräch mit Herrn Nord ist mir dann die Idee gekommen, ob wir Sie nicht gewinnen könnten, das Archiv vorübergehend zu leiten. Sozusagen zur Überbrückung. Herr Nord meinte zu wissen, dass Sie nur stundenweise in einer Buchhandlung arbeiten. Deshalb rechnete ich mir gewisse Chancen aus. Denn wenn Sie bei uns anfangen würden, wären Sie Ihrem Mann in seinem Wirken vielleicht noch einmal ganz nah. Und selbstverständlich soll sich das Ganze auch finanziell für Sie lohnen. Natürlich nicht auf dem Gehaltsniveau eines ausgebildeten Archivwissenschaftlers, aber sicher kommen wir hier zueinander."

Vermutlich hielt Nossen sich für einen begnadeten Verhandlungsführer. Vielleicht war er es sogar, weil jedes vernünftige Gegenüber ein vitales Interesse haben musste, das Gespräch mit ihm baldmöglichst zum Ende zu bringen. Egal zu welchem Preis. „Ich schlage vor, Herr Nossen, ich denke bis Ende der Woche darüber nach und melde mich dann bei Ihnen", sagte Doro knapp. „Vielleicht verbinde ich das mit einem Besuch in der Stiftung."

„Das ist eine gute Idee, Frau Raith. Aber es reicht, wenn Sie Ihre Entscheidung dem Vorstandssekretariat mitteilen. Dann kann der Vertrag vorbereitet und mir zur Unterschrift vorgelegt werden. Natürlich nur, wenn Sie sich dafür entscheiden. Was ich wirklich sehr begrüßen würde. Und noch einmal: Mein aufrichtiges Beileid."

Sollte er ihr „Vielen Dank für Ihre aufrichtige Anteilnahme" noch vor dem Auflegen gehört haben, so würde er den Unterton nicht verstanden haben.

Als Doro eingehängt hatte, ging sie zurück ins Badezimmer vor den Spiegel. Auch so eine kleine Macke von ihr. Immer noch einmal dorthin zurückkehren, wo sie etwas nicht zu Ende gebracht hatte. Sie sah in den Spiegel und auf den Ansatz ihres Doppelkinns. Was hatte Ulf gesagt, als sie ihm von ihrem Doppelkinn vorgejammert hatte? „Ich kann kein Doppelkinn erkennen. Ich sehe nur deine Augen."

Manchmal war er so großartig gewesen. Sie sah, wie ihre fast schwarzen Augen von den aufsteigenden Tränen zu glänzen begannen. Aber sie wollte nicht weinen. Nicht jetzt.

Doro trat die gewohnte Flucht an, stieg die alte Bauerntreppe hinauf in die große Diele, in der ihre Bücher standen. Sie ging zu der alten Shakespeare-Ausgabe, die ihr Vater ihr zum Studium geschenkt hatte. War das wirklich schon dreißig Jahre her? Doro suchte nach der Stelle mit dem Doppelkinn. Ihr fotografisches Gedächtnis ließ sie nicht im Stich und sie übersetzte laut – wie damals im Seminar:

„Hast du nicht ein feuchtes Auge, eine trockene Hand, eine gelbe Wange, einen weißen Bart, ein dünner werdendes Bein, einen fetter werdenden Bauch? Ist nicht deine Stimme gebrochen, dein Atem kurz, dein Kinn doppelt, dein Witz einfach und jedes Teil an dir von Altertum verdammt."

Sie hatten im Seminar um die richtige Übersetzung gerungen, besonders um die letzten Worte: „... every part about you blasted with antiquity."

Irgendwann hatte der langhaarige Student neben ihr geflüstert: „Verdammt, lass uns jetzt abhauen, bevor wir ganz von Schimmel überzogen sind."

An diesem Abend waren sie zum ersten Mal zusammen ausgegangen.

8. *Er war schon immer selbstkritisch gewesen. Vielleicht manchmal sogar zu streng gegen sich. Aber so war er erzogen worden. Der Wahlspruch seines Vaters lautete: „Härte gegen andere rechtfertigt sich nur durch größere Härte gegen sich selbst."*

Gut, dass Vater die Veröffentlichung dieses diffamierenden Buches nicht mehr mitbekommen hatte. Nur die Ankündigung vor drei Jahren, dass eine interne Expertenkommission die Geschichte der Alsterdorfer Anstalten unter dem Hakenkreuz aufarbeiten wollte. Sein Vater hatte den Kopf geschüttelt: „Gut, dass deine Mutter das nicht mehr miterleben muss." Und nach längerem Schweigen: „Hört das denn nie auf?"

Vaters Blick hatte sich im Terrarium verloren. Genauer gesagt war es ein Riparium, die Nachahmung einer Uferlandschaft auf kleinstem Raum. Er hatte es mit sechzehn selbst gebaut und seinem Vater geschenkt. Nichts sonst hatte er mitnehmen wollen, als er in die Seniorenresidenz gezogen war.

„Doch, Vater", hatte er damals geantwortet, „das hört auf. Verlass dich drauf."

Vielleicht hatte ihn dieses Versprechen so unter Druck gesetzt. Es musste endlich etwas passieren. Ihre Familie war viel zu lange der Täterschaft bezichtigt worden und in Wirklichkeit nur Opfer gewesen. Damit musste jetzt Schluss sein.

Er war eigentlich noch mitten in der Planung gewesen, was den Mord am Archivar anbelangte. Das Haus am Ringsjö, direkt an der Durchfahrtsstraße, das sich Raiths Schwester gekauft hatte. So blöd konnten auch nur Deutsche sein, hier eine Immobilie zu erwerben. Der See gehörte zu den dreckigsten in ganz Schweden und die Straße war im Sommer eine Zumutung. Er hatte angefangen, die Verhaltensmuster von Raith während dessen Aufenthalt zu analysieren.

Aber dann war alles anders gekommen. Das Fahrrad war einfach vor ihm aufgetaucht, als er gerade auf dem Rückweg von der Arbeit war. Freiwild sozusagen. Da hatte er der Versuchung nicht widerstehen können. Kurzfristige Entschlossenheit statt langfristiger Planung. Er wusste, das konnte riskant sein. Aber er hatte sich dem Reiz nicht entziehen können. Es hatte ja auch geklappt. Den Zeitungsberichten zufolge war Raith sofort tot gewesen und wie erwartet hatte die Polizei mitgeteilt, es habe sich wahrscheinlich um einen Fall von Trunkenheit am Steuer mit anschließender Fahrerflucht gehandelt. Das übliche Gewäsch für die Touristen war auch dabei: Man werde alles Erdenkliche tun, um den Fall aufzuklären und den Schuldigen zu bestrafen. Es sei aber in diesem Fall nicht ganz einfach, da man nicht einmal Bremsspuren gefunden habe.

Er hatte Glück gehabt, die spontan ausgeführte Tat hatte sein gesamtes Vorhaben nicht gefährdet. Doch er würde ein solches Vorgehen nicht noch einmal riskieren. Es widersprach seinem Credo der langfristigen, gründlichen Vorbereitung.

Er ließ seine Arbeit in der Gemeinschaftspraxis für zwei Monate ruhen. Seinen beiden Kollegen sagte er, er habe sich entschlossen, das Haus seiner Erbtante in Hamburg zu ver-

kaufen. Keiner fragte nach. Neugierde war keine schwedische Eigenschaft.

Das mit dem Haus stimmte. Es war ihr letzter Anker in Hamburg. Manchmal hatte er davon geträumt zurückzukehren. Aber sein Vater hatte recht. Sie hatten ihre alte Heimat endgültig verloren. Es war kein Ausgleich für ihn, dass er als reicher Mann nach Schweden zurückkehren würde. Für den Verlust von Heimat und Zukunft konnte man nicht entschädigt werden.

9.

Immer wieder hatte Susann denselben Traum. Sie stand unten an der verschlossenen Tür. Mehr und mehr Menschen rannten die steinerne Treppe herunter. Sie schrien: „Machen Sie doch endlich auf!“ Die Rauchschwaden drangen immer weiter nach unten vor.

Die Leute brüllten lauter und lauter: „Geben Sie endlich den Code ein!“ Sie kannte die Menschen nicht. Aber sie kannte den Code. Zweimal F, dann T und schließlich S. Das Türcode-Gerät war eine alte Schreibmaschine, Typ Adler Universal. Auf dem Modell hatte ihr Vater immer geschrieben.

Susann musste nur die Buchstaben eingeben. Aber sie konnte nicht. Immer wenn sie den Zeigefinger auf das F legte, schien sich eine magnetische Spannung aufzubauen. Sie konnte den Finger nicht auf die richtige Taste bekommen. So sehr sie sich auch anstrengte. Der Rauch wurde noch dichter. Die Leute schrien hysterisch. Dann wurde es plötzlich ganz ruhig und sie hörte die Stimme ihrer Schwester: „Willst du sie auch alle umbringen?“

Immer an dieser Stelle wachte Susann auf. Es spielte keine Rolle, ob es damals ihr Kinderzimmer in Charlottenburg war oder jetzt ihre Wohnung in der Schanze. Abfolge und Umstände waren immer gleich. Nie war sie nassgeschwitzt, aber noch Minuten später raste ihr Herz. Wie oft hatte sie diesen Traum schon erzählt? Erst der Ärztin, zu der ihre Mutter sie geschickt hatte, weil sie mit fünfzehn immer noch keine Regel hatte. Und dann in der Analyse, die Teil ihres Studiums war. Guten Freundinnen hatte sie davon erzählen müssen, die ihren Albtraum auf gemeinsamen Reisen miterlebt hatten. Der einzige Mann, dem sie davon erzählt hatte, war Jens. Vor einem Jahr, als sie überlegt hatte, Mirjam zu sich zu holen.

Mirjam hätte das nie gesagt. Sie wusste, dass Susann niemals jemanden hätte umbringen können. Am wenigsten ihre über alles geliebte Zwillingsschwester. Wie oft hatte Susann sich gewünscht, es wäre umgekehrt gewesen: Sie wäre der Donator gewesen und Mirjam der Rezipient. Vertauschte Rollen. Mirjam wäre heute eine weltweit gefeierte Sängerin und sie, Susann, säße im Rollstuhl. Im Rollstuhl, aber ohne Schuldgefühle.

Das war das Hinterhältige an Schuldgefühlen. Man konnte sie für unbegründet erklären, man konnte sie zu therapieren versuchen. Aber sie blieben einfach. Bei ihr jedenfalls. Und sie nagten.

FFTS – diese vier Buchstaben waren wie das Urteil über Mirjam und sie. Fetofetales Transfusionsyndrom. Zwillinge, die sich eine Plazenta teilen. Eineiige Zwillinge. Konnten zwei Menschen sich näher sein als eineiige Zwillinge mit einer fast identischen Erbinformation? Ja, sie konnten. Wenn sie von Anfang an alles miteinander teilten. Nicht nur den Mutterleib, in dem sie gleichzeitig wuchsen. Nicht nur die eine Eizelle, nicht nur das eine Spermium. Mirjam und sie waren der seltene Fall monochorialer Zwillinge: Sie teilten sich auch noch den Mutterkuchen.

Klang romantisch. War es aber nicht. Denn angesichts der einen Plazenta hörte die Gleichheit auf. Die eine bekam mehr, die andere weniger. Da die Plazenta aber nicht nur der begrenzte Nahrungsvorrat werdender Menschen ist, sondern zugleich die Blutkreisläufe beider Föten indirekt verbindet, kann es zum Blutfluss von einem Fötus zum anderen kommen. Der eine wird Geber und der andere Nehmer. Damit war die eigentliche medizinische Sachlage beschrieben.

Als Mirjam und sie geboren wurden, wusste man noch nicht viel über das FFTS. Sie waren beide zu früh gekommen, am 1. September 1971, aber das war nicht ungewöhnlich bei Zwillingen. Die Signale des Überlebenskampfes, der sich im Bauch ihrer Mutter abgespielt hatte, hatte diese nur als Hinweis auf die Lebendigkeit der beiden gewertet. Mirjam war als Zweite gekommen. Sie zeigte wenig Körperreaktion und hatte mit der Saugglocke geholt werden müssen. Die Hebamme stellte fest, dass Mirjam vier Zentimeter kleiner war als Susann. Aber was spielte das für eine Rolle? Beide lebten und waren gesund.

Mirjam hatte gegeben und sie hatte genommen. Sie beide lebten, Mirjam behindert und sie nicht. Und keine Therapie dieser Welt hatte Susann bisher nehmen können, was sie belastete. Nur auf Kosten der Schwester überhaupt so leben zu können, wie sie lebte.

Mirjam war immer kleiner geblieben. Wenn man sie in ihrem Rollstuhl sah, konnte man sie noch heute für ein kleines Kind halten. Sie hatte das gleiche schöne Gesicht, um das Susann viele beneideten. Aber die frühen Anfälle hatten einen tiefen Ernst in ihre Züge gegraben. Auch ihr Verstand war langsamer geblieben und das Lernen war ihr schwer gefallen.

Singen dagegen hatte sie nie lernen müssen. Ihr Vater erzählte immer wieder gern die Geschichte, wie er, als die beiden gerade drei Jahre alt waren, ihnen zum Einschlafen die *Mondscheinsonate* vorgespielt hatte. Kaum hatte er die Finger von den Tasten genommen, sang Mirjam die gesamte Sonate nach, ohne Fehler, mit klarer Stimme. Der Vater hatte die Tränen nicht zurückhalten können.

Mirjam war ein Phänomen. Sie hatte immer mehr gegeben als genommen. Von Anfang an. Und nun würde sie bald nach Hamburg ziehen. Susann hoffte so sehr, dass sie ihr hier endlich etwas zurückgeben konnte.

10. Shakespeare zu lesen war sicher kein Fehler gewesen. Aber die ganze Flasche Wein schon. Vor allem diese Flasche. Ulf war bei ihnen für den Weineinkauf zuständig gewesen. Sein ausgesprochener Ehrgeiz bestand darin, „budgetneutral zu saufen", wie er sagte. Da er die Menge mit den Jahren ordentlich gesteigert hatte, war er im Einkauf immer billiger geworden. Er war der Überzeugung gewesen, dass die Qualität darunter nicht gelitten hatte, doch der hämmernde Schmerz in ihrem Kopf belehrte Doro eines Besseren. Es würde Stunden dauern, bis das Ziehen in den Schläfen wieder verschwunden war.

Eigentlich ideal, um gleich heute ins Archiv zu fahren. Durch das alte Scheunentor blickte sie auf den gemeinsamen Innenhof. Der alte Saab 90 stand da. Cabrio, weiß, mit roten Ledersitzen.

„Das war noch Kapitalismus, der Spaß macht", hatte Thomas gesagt, der ihn in die Hofgemeinschaft eingebracht hatte. Er war einer der Computerpioniere gewesen und hatte früher ein Schweinegeld verdient. „Den hab ich mir von meinem ersten Bonus gekauft. Also fahrt mir den nicht kaputt, ihr Ökobanausen."

Der Saab fuhr immer noch, hatte jetzt ein stolzes „H" rechts vom Kennzeichen. Direkt neben dem Aufkleber mit dem Castor-Kreuz. Thomas war schon seit drei Jahren tot. Sie teilten sich jetzt den Wagen, jeder tankte ihn, wie es gerade so hinkam. Montags hatte Else den Wagen für sich reserviert, um in ihr Goldschmiedeatelier nach Lüchow zu fahren. Donnerstags nutzte Doro ihn für ihre Fahrten in die Lüneburger Buchhandlung. Heute war Mittwoch.

Der Schlüssel lag immer beim alten Backofen. Wenn Ulf ihn nicht wieder in seiner Hosentasche vergessen hatte. Aber das war jetzt vorbei. Doro nahm den Autoschlüssel und öffnete das Verdeck. Sie richtete den Blick gen Himmel. Anderthalb Stunden würde sich das Wetter wohl noch halten. Der

Fahrtwind würde ihren Kopfschmerz vertreiben und sie daran hindern, weiter nachzudenken.

Jetzt war es zehn. Wenn er heute einen normalen Arbeitstag hatte, würde sie Jens in seinem Büro antreffen. Vielleicht war sogar ein gemeinsames Mittagessen drin. Danach könnte sie sich im Sekretariat von Nossen den Archivschlüssel holen.

Die Fahrt dauerte länger als geplant. Sie hatte nicht an die Rübenernte gedacht. Nervige Traktoren mit schwerer Last alle paar hundert Meter. Für riskante Überholmanöver war der alte Saab nicht mehr geeignet.

Als sie endlich von der Alsterdorfer Straße zur Schule einbog, war es schon zwölf. Aber immerhin noch rechtzeitig genug, um nicht mit den parkplatzsuchenden Eltern konkurrieren zu müssen, die zum besonderen Schutz ihrer Kinder am liebsten mit tonnenschweren SUVs vorfuhren. Doro nahm einen der illegalen Parkplätze beim Koops-Haus, dem Schandplatz der Stiftung. Beton der achtziger Jahre in Sternform gegossen über vier Stockwerke. Anstalt vom Feinsten.

Als sie auf die Schule zuging, sah sie zwischen den beiden Gebäuden Jens neben einer Schülerin im Rollstuhl. Er hatte sich gebückt, um mit ihr auf Augenhöhe zu sein. Typisch Jens.

„Doro, wie schön!“, rief er freudig, nachdem er sie entdeckt hatte. „Ich bin gleich bei dir.“

Kurze Zeit später kam er auf sie zu und nahm sie fest in den Arm: „Bist du vom Fleisch gefallen! An dir ist ja nichts mehr dran. Du bist hiermit zum Essen eingeladen. Kein Widerspruch. *Davids Café* oder *Bei Sakis* unten auf der Alsterdorfer?“

Doro wusste, dass Ulf, Jens und Susann sich meistens in *Davids Café* getroffen hatten. Es lag direkt neben dem Krankenhaus, war nicht so teuer wie das *Kesselhaus*, vor allem aber arbeiteten dort Menschen mit Behinderung: Statt antrainierter Kundenfreundlichkeit herrschte dort eher natürliche Herzlichkeit.

„Vor mir aus gern *Davids Café,* auf Griechisch habe ich keine große Lust."

Als Jens das lichte Café mit seiner spartanischen Möblierung als Erster betrat, lief ihm die Mitarbeiterin mit offenem Lächeln entgegen und zeigte auf einen Tisch im Wintergarten.

„Habt ihr immer hier gesessen?", fragte Doro.

„Ja, es war Ulfs Lieblingsplatz", sagte Jens und warf seine schwarze Lederjacke über einen Stuhl. „Er mochte den Blick auf die Kastanie. Hat er dir nie davon erzählt?"

Doro merkte, wie ihr die Tränen kamen. Der Anblick war bewegend. Ein spitzer alter Zaunpfahl, wahrscheinlich Teil der alten Anstaltsgrenze, der von einer inzwischen vielleicht vierzig Jahre alten Kastanie fast komplett umwachsen war.

„Ulf hat nie gesagt, was dieser Baum für ihn bedeutete", sagte Jens.

„Und ihr wart klug genug, ihn nicht danach zu fragen", sprach Doro leise, fast nur zu sich selbst.

Jens antwortete mit seinem Lächeln, für das Doro schon immer das richtige Adjektiv gesucht hatte. „Gütig", hatte sie manchmal gedacht. Schade, dass dieses Wort kaum mehr in Gebrauch war. Jens war nicht eigentlich schön. Er hatte einen zu breiten Schädel und eine recht prominente Nase. Aber wenn er lächelte, war er einfach zum Liebhaben.

„Danke für deinen Brief, Jens."

Jens hatte ihr direkt nach Ulfs Tod geschrieben. Er hatte Worte gefunden, die eine Brücke bildeten zwischen dem Verlust des Freundes und dem Verlust des Lebenspartners. Der Brief war kurz gewesen, aber er hatte Doro unglaublichen Trost gespendet.

Schon wieder traten ihr Tränen in die Augen. „Gibt es etwas, was du besonders empfehlen kannst?", fragte sie rasch, um sich wieder zu fassen.

Jens schaute sie aufmunternd an. „Eigentlich hast du hier nur die Auswahl zwischen Tagesgericht und Tagesgericht.

Die anderen Gerichte stehen nur da, falls jemand der Empfehlung des Kochs nicht traut. Und dafür gibt es keinen Grund."

Doro entschied sich für den Pannfisch.

„Eine gute Wahl", kommentierte Jens. „Übrigens, die Senfsauce wird hier selbst hergestellt. Und wie immer, du Neuwendländerin, kein Fischkopf in den Resten."

Das Essen kam schnell. Es waren Riesenportionen und das nicht nur wegen der Bratkartoffelmenge.

„Doro", sagte Jens zwischen zwei Bissen, „ich hoffe, du bist mir nicht böse, dass ich dich für Ulfs Job ins Spiel gebracht habe."

Doro sah ihn fragend an.

„Ich habe Nossen den Floh ins Ohr gesetzt, dich anzurufen. Und ich wusste, du würdest seinem unwiderstehlichen Charme erliegen. Nein, im Ernst. Ich fände es gut, wenn du das Archiv übernehmen würdest. Aber du solltest auch Nein sagen können. Deshalb habe ich dich nicht persönlich gefragt. Ich dachte, du könntest dich dann vielleicht zu sehr genötigt fühlen."

Doro nickte. „Und warum liegt dir daran, dass ich im Archiv arbeite?"

„Du kennst ja die Entstehungsgeschichte von „Nie wieder". Wir sind durch die Witwe von Bansierski in den Besitz beträchtlicher Aktenmengen gekommen. Bansierski hat, als er damals den Prozess gegen Rante und Kahlenbaum anstrengte, umfassend recherchiert. Allein die Prozessakten füllen fast einen Meter Regal. Lange Zeit haben wir geglaubt, dass das alles war. Aber vor zwei Jahren ist Frau Bansierski hier mit einem alten VW-Bus vorgefahren und hat noch einmal fünf große Umzugskartons mit weiterem Material bei Ulf abgegeben. Eigentlich waren wir zu dem Zeitpunkt schon durch mit der Aufarbeitung der Quellen."

Doro erinnerte sich an eine zermürbende Auseinandersetzung mit Nossen, weil Ulf außerhalb des Budgets mehrere Regalmeter bestellen wollte.

„Erst hat Ulf der Lieferung keine besondere Bedeutung beigemessen“, fuhr Jens fort „Aber dann hat er entdeckt, dass Bansierski bis zu seinem Tod noch weiterrecherchiert hat. Die Einstellung des Verfahrens gegen Rante und Kahlenbaum scheint ihn sogar noch zäher gemacht zu haben. Unser Bild von den Alsterdorfer Anstalten in der Zeit des Nationalsozialismus wurde dadurch wesentlich detaillierter. Ulf meinte aber, dass wir nichts grundsätzlich zu ändern brauchten. Wir haben 'Nie wieder' ja aus Perspektive der Opfer geschrieben und uns strikt auf die Zeit bis Kriegsende beschränkt. Wir hätten uns sonst hoffnungslos übernommen. Aber ich bin sicher, dass es in den Kartons noch einiges zu entdecken gibt, was die Zeit nach 1945 betrifft.“

„Jens, du kannst doch nicht im Ernst meinen, dass ich diese Geschichte aufarbeiten soll. Nossen hat am Telefon sehr deutlich durchblicken lassen, dass er nichts weiter sucht als eine billige Hilfskraft, die Ulfs Chaos ordnet.“

„Ich weiß. Aber genau das ist der Grund, weshalb ich darauf gekommen bin. Nossens Verhältnis zur Wahrheit reduziert sich auf preiswertes Marketing. Und eben deshalb fürchten Susann und ich, dass er die Akten wieder an Bansierskis Witwe zurückschickt oder, schlimmer noch, direkt vernichtet. Die Ordner unterliegen keinerlei Aufbewahrungspflicht. Sie wurden damals ohne jede Auflage angenommen. Frau Bansierski wusste das Material bei Ulf in guten Händen. Wir brauchen einfach ein wenig Zeit, damit die ganze Arbeit von Bansierski nicht umsonst war.“

„Dass ich jemals die Dumpingalternative zu Ulf werden würde, hätte ich mir nicht träumen lassen“, sagte Doro seufzend. „Aber ich verspreche dir, ich schaue mir das Archiv nachher an, gehe dann gründlich in mich und überlege es mir. Ehrlich gesagt weiß ich nicht, ob ich es aushalte, dort zu arbeiten.“

„Lass dir noch etwas Zeit, Doro, ich verstehe dich sehr gut. Aber glaub mir. Du bist die Idealkandidatin. Du kennst Ulfs Arbeitsweise. Du bist selber Historikerin. Und du bist Nossens Sparmodell. Er wird dich ungestört arbeiten lassen. Und …“ Jens zögerte einen Moment. „… du bist die Einzige, deretwegen ich noch mal Ulfs altes Reich betreten würde.“

Jens’ Blick richtete sich auf die Tischplatte. Als er seine Armbanduhr betrachtete, wurde er plötzlich hektisch. „Schande, ich muss los! In fünf Minuten ist Konferenz. Sei mir bitte nicht böse, ja?“ Er küsste sie kurz auf die Wange und eilte dann zum Ausgang.

Jens konnte man einfach nicht böse sein, mit oder ohne Lächeln. Wenige Minuten später stellte die Bedienung einen doppelten Espresso macchiato auf den Tisch, den Jens ihr noch im Hinausgehen bestellt haben musste. Welcher Mann merkte sich schon, wie andere ihren Kaffee tranken? Sie sah auf die Kastanie, die den Kampf gegen den rostigen Eisenpfeil zu gewinnen schien.

Dass Ulf keine Deutung dieses Bildes ertragen hatte, konnte sie gut verstehen.

11.

Aus intensiven Trainingszeiten hatte er die Angewohnheit beibehalten. Er schmeckte zwar etwas bitter wie viele Wurzelteesorten. Aber Löwenzahnwurzeltee war das Beste, was man zur Vorbeugung gegen Gelenkentzündungen tun konnte. Außerdem war die Zubereitung äußerst einfach: zwei, drei Wurzeln über Nacht in frischem Quellwasser ansetzen. Am Morgen kurz aufkochen, zehn Minuten ziehen lassen und filtern. Fertig.

Er nahm einen kräftigen Schluck aus einer Tontasse und genoss den herben Geschmack, während er überlegte, was er bereits über Jens Nord wusste: Nord war zehn Jahre jünger als er selbst und stammte aus einfachen Verhältnissen in Schles-

wig. Er hatte in Tübingen und Hamburg studiert und war schon seit 1991 an der Bugenhagen-Schule. Die bisherigen Informationen hatte er auf der Internetseite der Stiftung gefunden. Dort hatte er auch von der großen Vision gelesen, die Nord als Direktor leitete: eine Schule, in der alle Schüler zu ihrem Recht auf Entfaltung kämen, in der Kinder mit und ohne Behinderung zusammen lernen könnten, in der die Verschiedenartigkeit der Menschen als Reichtum angesehen würde.

Darauf war Jens Nord allerdings auch angewiesen. Denn Nord war schwul. Er schien damit sehr offen umzugehen. Erstaunlich, dass er diese Tatsache nicht gleich als ersten Satz auf die Homepage der Schule gestellt hatte. Schon wieder so ein Bekenner!

Er selbst fand Homosexualität ekelerregend. Sie war schlicht widernatürlich. Klar kannte er auch die pseudobiologischen Verteidigungslinien. Mal waren es Löwen, Katzen, Schimpansen oder Bonobo-Affen, bei denen Homosexualität angeblich gang und gäbe war. Mal wurden Delfine als Sympathieträger vorgeschoben, die angeblich mehrheitlich in gleichgeschlechtlichen Partnerschaften lebten. Und irgendwo fand sich immer ein Buschvolk, bei dem die Homosexualität der Normalfall war, den man nur zu Zeugungsabsichten kurzfristig aussetzte.

Seriös waren diese Forschungen nicht. Im Regelfall berücksichtigten sie nicht, dass Tiere nur dann Homosexualität praktizierten, wenn ihnen geeignete gegengeschlechtliche Sexualpartner nicht oder nicht ausreichend zur Verfügung standen.

Wenn man die gleichen Ressourcen, die man in die Verteidigung der Homosexualität und ihrer Natürlichkeit, in die Korrektur einer Fehlentwicklung gesteckt hätte, würde die gesellschaftliche Diskussion heute anders aussehen.

Glücklicherweise gab es eine natürliche Selbstkorrektur der Homosexualität: Aids. Die totale Schwächung des Organismus, sodass der simpelste Angriff von Viren oder Bakte-

rien zur tödlichen Bedrohung wurde. Eigentlich eine Krankheit mit einer eindeutigen Botschaft. Homosexualität schwächt den Organismus tödlich. Das Bedauerliche war nur, dass dieser Zusammenhang nicht mehr zwingend war. Man hatte zwischenzeitlich gelernt, das HI-Virus so zu zähmen, dass der Ausbruch verhindert oder zumindest extrem verlangsamt werden konnte. Zu absurden Kosten.

Vermutlich gab es nicht viele, die über die Ambivalenz medizinischen Fortschritts mehr nachgedacht hatten als er. Medizin konnte heilen und Leben retten. Medizin konnte aber auch biologisch natürliche Abläufe sinnlos stören. Seine eigene Meinung war mit den Jahren immer klarer geworden: Medizin sollte der Gesundheit dienen. Individuell wie gesellschaftlich. Gesundheit aber war nicht einfach eine körperliche Messgröße. Sie war ein Ideal, auf das sich eine Gesellschaft verständigen musste. Wenn man mit Hochleistungsmedizin einen Patienten ohne jede Aussicht auf Genesung im Wachkoma hielt, war das nichts anderes als Geldverschwendung. Wenn man einen Schwulen so behandelte, dass das HI-Virus nicht zum Ausbruch kam, damit er als Schwuler besser weiterleben konnte, dann diente man nicht der Gesundheit. Die natürliche biologische Entwicklung von der Infektion zum Ausbruch war gesund, weil sie der eigentlichen Krankheit ein Ende setzte.

Jens Nord stellte seine Homosexualität als Spielart menschlicher Vielfalt dar. Und Vielfalt war ein Wert an sich. Die Botschaft war simpel und schien sich in ihrer Banalität immer mehr auszubreiten. Wahrer wurde sie aber durch ihre Ausbreitung nicht.

Er würde eine andere Botschaft dagegensetzen: Schwul sein ist krank. Schwul sein schwächt, bis der Tod als Erlösung erscheint.

12.

Doro wusste selbst nicht, warum ihr der Weg so schwerfiel. Im Sekretariat von Nossen hatte sie ohne Umschweife den Transponder für das Archiv bekommen. Durch die halb offen stehende Tür hatte sie Nossen am Telefon brüllen hören.

„Herr Nossen übt gerade sein Direktionsrecht aus“, hatte die auffällig junge, attraktive Sekretärin mit leichtem Lächeln gesagt, als sich Doro vorgestellt hatte. Doro quittierte das mit respektvollem Nicken. Offensichtlich saß die junge Frau doch nicht allein wegen ihres gewinnenden Äußeren an diesem Schreibtisch. Sie hatte ihr angeboten, sie zum Archiv zu begleiten; Doro aber hatte dankend abgelehnt.

Sie war den Weg über den Parkplatz gegangen, vorbei an dem seelenlosen Rechenzentrumsbau. Das Archiv war im Karl-Witte-Haus untergebracht. Untergebracht war ein Euphemismus. Eher konnte man es eingekerkert oder weggesperrt nennen. Im Keller folgte Doro den Wegweisern durch die verschlungenen Gänge, vorbei an den zum Teil nassen Wänden, bis sie vor der schweren Eisentür stand.

Sie atmete noch einmal tief durch. Beim zweimaligen Piepen des Schlosses konnte sie den Edelmetallkolben drehen, der im Gegensatz zur abgestandenen Luft und den billigen Leuchtkörpern stand.

Sie fand den mit Weichplastik überzogenen Lichtschalter links von der Tür. Feuchtraumschalter nannte man so was wohl. Sie merkte, wie der Zorn in ihr aufstieg, dass man Ulf das all die Jahre zugemutet hatte. Es passte so gar nicht zu ihm, dass er dagegen nicht revoltiert hatte.

„Wenn ich den Arbeitsschutz einschalte“, hatte er gesagt und mit den Schultern gezuckt, „dann gibt es für Nossen endlich einen Grund, das Archiv bis auf Weiteres zu schließen. Und dann? Außerdem zieht das viele Papier die Feuchtigkeit aus dem Raum, ist also alles halb so wild.“

Im grellen Licht der Neonlampen sah Doro, dass sich in

den Jahren, seit sie nicht hier gewesen war, kaum etwas verändert hatte. Der Raum hinter dem breiten Durchbruch wurde von einem engen Regalsystem beherrscht. Der Hauptraum, in dessen Tür sie jetzt stand, war durch ein altes, grüngrau gestrichenes Eisenregal unterteilt, das vermutlich noch der Gründer der Anstalten höchstpersönlich angebracht hatte.

Doro war sich ganz sicher. Hinter dem Regal links würde Ulfs Schreibtisch stehen, auf der anderen Seite das braune Ledersofa, das ihm Kollegen aus der Stiftung einmal aus einer Erbschaftsräumung gesichert hatten. Ulf hatte manchmal dort geschlafen. Meistens, wenn er beim Arbeiten die Zeit vergessen hatte, und manchmal auch, wenn sie Streit gehabt hatten.

Besonders nachdem Lara verschwunden war, war er oft in der Stiftung geblieben. Sie hatten es einfach nicht ertragen, sich zu sehen. In den letzten Jahren hatte Ulf kaum noch auf dem Sofa geschlafen.

Doro macht ein paar Schritte und wunderte sich, dass sie auf dem Beton-Estrich ihre eigenen Schritte nicht hören konnte. Aber es war ja alles voll mit Büchern. Es zog sie hin zum alten Schreibtisch an der Wand zu ihrer Linken.
Schreibtisch war zu viel gesagt. Eher war es ein Tisch undefinierbaren Alters. Gerade so groß, dass in der Breite neben Unterlagenstapel noch eine aufgeschlagene Akte passte und ein kleiner Notizzettel.

Sie griff nach dem schwarzen Stiftschalter am Lampenschirm. Er saß nicht mehr ganz fest. Es war die alte Lampe, die Ulf noch aus seiner Schülerzeit herübergerettet hatte. In verblasstem Orange mit der doppelten Federhalterung, die schon vor fünfzig Jahren geknarrt hatte. Als Doro sie bei ihrem Umzug endgültig hatte wegwerfen wollen, hatte er gesagt: „Ich nehm sie mit in meine Dunkelkammer. Sie passt zu meinen Zeitreisen."

Als das gelbe Licht seinen Schein über den Schreibtisch goss, sah sie das Bild. Sie hatte keine Ahnung, wo Ulf es hergenommen hatte. Er hatte es rahmen lassen, auch das hatte sie nicht gewusst. Doro hatte das Gefühl, dass Lara sie direkt ansah mit ihren ernsten dunklen Augen. Das Foto füllte den Rahmen nicht. Darunter hatte Ulf mit seiner zierlichen Handschrift etwas auf das Passepartout geschrieben.

Langsam las sie: *Natürlich hatte der Schmerz, den diese Unschuldigen erdulden mussten, nie aufgehört, ihnen als das zu erscheinen, was er in der Tat war, nämlich ein Skandal.*

Das Wort *Skandal* war unterstrichen. Doro erkannte die Worte. Camus. *Die Pest.* Die Szene, in der Dr. Rieux das langsame Sterben eines Kindes machtlos mitansehen muss. An deren Ende er sich entschließt, dass er ohne allen Glauben und ohne jede Hoffnung kämpfen wird, solange Kinder noch leiden müssen.

Sonderbar, diesmal erreichten die Tränen ihre Augen nicht. Aber sie hatte einen Entschluss gefasst.

Sie würde das Archiv übernehmen.

13.

„Satans Trojaner Pferd! Jetzt schicken diese verfluchten Russen nicht mehr ihre verdammten U-Boote in unsere Schären, sondern ihre Teufelsspione direkt in unsere Arbeitszimmer.“

Gab es irgendeine Sprache, in der man beim Fluchen so intensiv auf den Teufel zu sprechen kam wie im Schwedischen? Und Anders war ein Meister seines Fachs. Satan schaffte es in fast jeden zweiten Satz. Alternativ standen dann noch jede Menge Fäkalien zur Verfügung. Mit hochrotem Kopf rutschte er auf dem unbequemen Stuhl hin und her. Von den Nachbartischen sahen immer wieder andere Mitarbeiter des Instituts amüsiert zu ihnen herüber.

Anders sprach das breiteste Schonisch in ganz Lund. In seinem Mund verwandelte sich die klare schwedische Satzmelodie in eine Aneinanderreihung von Rachenlauten.

„Aber warum beschäftigt dich das ganze Computerelend überhaupt?“, wollte Anders jetzt wissen. Er nahm einen großen Schluck aus seiner Bierflasche. „Suchst du Tipps für hübsche Seiten im Netz und weißt nicht recht, wie du die aufrufen kannst, ohne Besuch von einem kleinen Bullenschweinchen zu bekommen?“ Er sah ihn herausfordernd an.

Am liebsten wäre er aufgestanden und gegangen. Derber Humor ohne jeden Versuch von Tiefgang war wie schlechte Musik. Er beleidigte das Gehör und das hinter dem Gehörgang liegende Gehirn. Sofern eins dahinter lag. Was man bei Anders manchmal bezweifeln musste. Andererseits war Anders ein echter EDV-Crack. Er hatte den Aufbau der ganzen Instituts-IT gesteuert und ein leistungsfähiges Netzwerk geschaffen, das Grundlage für die gigantischen Erfolge war, die in den letzten zwanzig Jahren in der Hirnforschung in Lund gelungen waren. Umso mehr hatte es Anders gewurmt, dass das Institut vor zwei Jahren gehackt worden war und kein Mensch wusste, wohin ihre damaligen Forschungserkenntnisse ausgewandert waren.

„Keine Sorge, Anders, die hübschen Seiten kannst du ganz allein für dich behalten. Ich frage dich im Auftrag der schwedischen Ärztevereinigung. Wir machen uns Sorgen, ob die Sicherung unserer Patientendaten den neuen europäischen Sicherheitsstandards entspricht. Wie verhindern wir, dass irgendjemand einen unserer Mitgliedsärzte anzapft und vertrauliche Informationen runterlädt? Denn wir wollen nicht, dass deine Krankenakte morgen in einer russischen Studie über sexuelle Abnormitäten in Nordeuropa zitiert wird.“

Hoffentlich hatte er sich mit diesem Satz glaubwürdig genug auf Anders’ Niveau begeben, sodass er bald mit den notwendigen Informationen abziehen konnte.

„Da kannst du ganz beruhigt sein. Bei mir findet man nichts. Ist alles gut geschützt. Denn ich bin ein großer Fan davon, mich im Internet beglücken zu lassen. Keine lästigen

Verpflichtungen, keine Geschlechtskrankheiten. Meine Krankenakte kannst du jederzeit weltweit posten. Aber in der Tat: Euch popeligen Landärzten all eure einschläfernden Sprechstundenerlebnisse virtuell abzuluchsen dürfte keine besondere Herausforderung sein. Wenn du mir versprichst, mir von deinem nächsten Hamburg-Besuch einen Kasten Bier mitzubringen, kriegst du jetzt eine Spezialvorlesung für Medizinerhirne. Und als Anzahlung kannst du mir noch ein Bier von der Theke holen. Meins ist leider schon leer."

Er erhob sich wortlos und ging zur Kantinenkasse, bei der das Lättöl stand. Leichtbier, dachte er, wie lange würde es wohl noch dauern, bis die Schweden für erwachsen genug befunden würden, vernünftiges Bier zu trinken. Aber ihm konnte es nur recht sein. So blieb ihm zumindest erspart, dass Anders auch noch zu lallen anfing.

„Danke, mein Bester." Anders hob die Flasche an die Lippen und stellte sie nach einem kräftigen Zug zurück auf sein Tablett. „Ah, mit etwas Fantasie schmeckt man sogar den Hopfen. Aber nun zu deiner Frage: Also, Computer schützt man wie Jungfrauen. Man lässt ihn einfach nicht rein."

Anders lachte dröhnend über seinen eigenen Witz. Es schien ihm egal zu sein, dass sein Gegenüber nicht mitlachte. „Und wie verhindert man, dass er reinkommt?", machte er unbeirrt weiter mit seinem geschmacklosen Vergleich. „Durch einen breiten, stacheligen Keuschheitsgürtel. Wir Profis nennen das 'Firewall'. Und jetzt willst du sicher wissen, wie man die Jungfrau dazu bringt, dass sie den Gürtel doch ablegt? Indem man ganz unschuldig tut. Keine bösen Absichten. Reine Gedanken. Und erst wenn man drin ist, legt man richtig los. Bis hierhin alles klar?"

Er nickte, ihm blieb nichts anderes übrig. Er musste da durch. „Das trojanische Pferd knackt also den Keuschheitsgürtel?"

„Nicht so hastig. Sonst kommst du vorzeitig. Erst einmal

geht es darum, dass du deinem Objekt der Begierde irgendetwas Harmloses anbietest, was es interessieren könnte. Irgendeinen Liebesbrief, nennen wir es mal Mail, mit einem wunderschönen Anhang. Die betörte Braut öffnet das Präsent, bemerkt nicht, was gleichzeitig in sie eindringt, und ab sofort ist die Jungfrau in ihrem Innersten nie mehr allein."

Zufrieden mit seiner großartigen Erklärung lehnte sich Anders in seinem Stuhl zurück.

„Und die Firewall nützt dann gar nichts mehr?"

„Wenn die die Struktur nicht rechtzeitig erkennt, ist der Trojaner drin, ohne dass er weitere Spuren hinterlässt. Jede Tastatureingabe wird eins zu eins an den Absender des Trojaners weitergeleitet. Passwörter, private Korrespondenz, was auch immer – alles wird weitergegeben. Auf diese Weise haben sich die Russen vor zwei Jahren alle Infos von unseren Rechnern geholt, die unsere Hirnforscher gerade frisch eingetippt hatten. Sie haben uns für sich arbeiten lassen und wir haben es nicht gemerkt."

„Wieso sprichst du eigentlich immer von Russen, Anders? Ich dachte, du als überzeugter Gewerkschaftler siehst in ihnen deine Gesinnungsgenossen."

„Pah, Gesinnungsgenossen. Aber du hast schon recht, es hätten auch Chinesen, Isländer oder Inder sein können. Trojaner werden überall entwickelt. Doch in unserem Fall waren es garantiert die Russen. Die im Übrigen ein veritables Geschäft daraus gemacht haben. Du kannst heute mühelos Trojaner jeder Güteklasse kaufen. Welche für 200 Dollar, die leicht mal in einer Firewall hängen bleiben, und richtige Top-Programme für 5000, die überall unerkannt durchmarschieren."

„Aber wenn der Trojaner erst einmal enttarnt wurde, lässt sich die Spur dann nicht mühelos zurückverfolgen?"

„Tja, wie soll ich es sagen" – Anders zwinkerte ihm vielsagend zu –, „auch die kräftigste Ejakulation zieht keine Alimente nach sich, wenn man den Vater nicht finden kann. Das Pro-

blem ist nicht der Trojaner, sondern die E-Mail. Die lässt sich immer bis zu einer ip-Adresse nachverfolgen. Doch wenn man einfach in ein Internetcafé am Stortorget geht und sich da eine E-Mail-Adresse anlegt, kann man jede Jungfrau ohne Reue anonym schwängern. Sollte je einer sich die Mühe machen, die E-Mail auf die ip des Internetcafés zurückzuverfolgen, wird sich niemand mehr daran erinnern können, wer an jenem Tag zur fraglichen Zeit am Rechner Nummer 4 gesessen hat."

Jetzt wurde es langsam interessant. Er beugte sich vor. „Und es ist wirklich so, dass man einen Trojaner einfach so im Netz kaufen kann? Ein ungeduldiger Erbe könnte sich also einen Trojaner besorgen, sich Zugang zu meinem Rechner verschaffen und bei nächster Gelegenheit mitlesen, wenn ich die Krankenakte seines krebskranken Vaters mit Verlaufsprognose und der Berechnung erster palliativer Maßnahmen versehe?"

Anders nickte. „Das wäre keine große Sache. Du kannst ja mal einen Test machen." Er feuchtete die Miene seines Kugelschreibers mit der Zunge an und schrieb auf die Empfehlung für das Gericht des Tages eine Internet-Adresse. „Probier die mal aus. Die hab ich damals im Zusammenhang mit dem Hackerangriff recherchiert. Vielleicht funktioniert sie sogar noch."

Ein Stuhl wurde quietschend über den Linoleumboden gezogen. Verärgert wandte Anders den Kopf in Richtung der Geräuschquelle. Sein Gesicht hellte sich auf, als er die junge Frau erblickte, deren lange schwarze Haare in perfektem Kontrast zu ihrem kurzen Rock standen. Seine Augen taxierten die üppige Oberweite und die langen Beine. Dann schnalzte er leise mit der Zunge. „Ich bin definitiv für eine offene Einwanderungspolitik und eine selbstbestimmte Freizügigkeit der weiblichen Instituts-Mitarbeiter. Dann klappt das mit der Integration von ganz allein."

Was für eine glückliche Fügung: Anders schien jedes Interesse an der Unterhaltung mit ihm verloren zu haben. Und er wusste jetzt, was er wissen wollte. „Anders, mein Lieber", sagte er und erhob sich langsam. „Die Ärztekammer ist dir definitiv einen Kasten Bier schuldig. Soll ich ihn dir im Büro vorbeibringen?"

„Nein, bloß nicht. Dann muss ich hinterher noch teilen. Bring ihn in mein Sommerhaus. Am besten, du bringst gleich zwei mit, dann können wir den einen gemeinsam leeren."

Anders lachte meckernd und er lächelte pflichtschuldig zurück. Schon jetzt hoffte er inbrünstig, Anders nicht anzutreffen, wenn er den Kasten ablieferte. Mehr als einmal im Jahr hielt man diesen digitalen Idioten nicht aus.

14.

Die Vertragsverhandlungen mit Nossen waren genau so grauenvoll gewesen, wie Doro es befürchtet hatte. Sie war als wissenschaftliche Hilfskraft eingruppiert worden. An zwei Tagen, jeweils dienstags und donnerstags, hatte sie Präsenzzeit, zudem frei abzusprechende Zeiten für Rechercheanfragen von Seiten des Vorstands. Gesamtumfang eine halbe Stelle. Netto 1.200 Euro. Wenn sie der Stiftung monatlich noch 36 Euro spendete, dann tat sie Ulfs Arbeit genau für die Hälfte des Geldes. Mit Lisa, ihrer Chefin in der Buchhandlung, hatte sie sich schnell geeinigt. Das Kinderbuchgeschäft zog eh erst wieder zu Weihnachten an. Und die Bestellungen konnte sie auch zu Hause vorbereiten.

An ihrem ersten Arbeitstag hatten Jens und Susann ihr einen umwerfenden Empfang bereitet. Um fünf nach neun hatte es an der Tür geklopft. Jens war mit einer kleinen Espressomaschine hereingekommen und einer selbst zusammengestellten Mischung Pads. „Ehrlich gesagt, Doro, ich kannte deine Lieblingssorte nicht. Deshalb habe ich die von Susann und mir genommen. Damit wir einen Grund mehr haben, dich regelmäßig zu besuchen."

Susann hatte eine Reihe von Nachtschattengewächsen für

sie gekauft. Darüber hatte sie eine kleine LED-Lichterkette gespannt. „Die Alstergärtner meinten, das könnte funktionieren. Und wenn du selbst mal Bedarf an Tageslicht hast: Hier ist der Schlüssel zu meinem Büro. Du kannst jederzeit vorbeikommen. Für dich steht meine Tür immer offen."

Doro kannte Susann nicht besonders gut, aber sie hatte sie genau wie Jens auf Anhieb gemocht. Während der finalen Korrekturphase von „Nie wieder" war Susann mit riesigen Einkaufstüten im Arm bei ihnen zu Hause erschienen. „Wenn wir schon bei euch einfallen, dann lass mich wenigstens für uns alle kochen."

Das Essen war erstklassig gewesen und ihre Küche so sauber wie nie zuvor. Nicht dass Doro den Wert eines Menschen an so was festmachen würde. Es war nur ein Beispiel dafür, wie umsichtig und rücksichtsvoll Susann war. Sie wusste, Ulf hatte vor allem die überaus attraktive Frau in ihr gesehen. Doro dachte eher, dass sie vielleicht einmal eine solche Tochter gehabt hätten. Beides war gleichermaßen unrealistisch. Aber vielleicht konnte Susann mit der Zeit so etwas wie eine gute, jüngere Freundin werden.

Auch an ihrem zweiten Arbeitstag in der Stiftung kamen Susann und Jens sie am frühen Vormittag in ihrem Kellerverlies besuchen. „Du hast dich ja schon sichtlich eingelebt", lobte Jens sie und bürstete mit der Hand einen Fussel von seinem rehbraunen Cordjackett. „Irgendwie sieht alles schon ganz anders aus. Es geht doch nichts über weibliche Gestaltungskraft!"

Bevor Jens richtig in Schwung kam, unterbrach ihn das Klingeln von Susanns Handy. Sie sah auf das Display und drückte sofort auf das grüne Hörerzeichen. „Nein, Mirjam, du störst überhaupt nicht", sagte sie etwas hektisch. „Ich bin nur gerade unten im Keller und der Empfang ist schlecht. Ich geh mal eben mit dir vor die Tür." Mit einem kurzen Handzeichen verließ Susann das Archiv.

Doro sah Jens fragend an: „Habe ich da eben vielleicht einen ersten Einblick in Susanns Beziehungsleben bekommen?"

„Na, da bist du aber total auf dem Holzweg." Jens grinste. „Mirjam ist Susanns Zwillingsschwester. Sie hat seit ihrer Geburt eine seltene Behinderung und sitzt im Rollstuhl. Sie stehen sich sehr nahe. Susann lässt alles stehen und liegen, wenn es um ihre Schwester geht. Besonders jetzt, wo sie bald nach Hamburg ziehen wird. Susann ist eben auch als Schwester echt preußisch veranlagt. Da liegen Pflicht und Liebe dicht beieinander."

Doro verkniff sich ihre Anschlussfrage, denn die Tür ging auf und Susann kam zurück. Sie strahlte wieder ihre alte Gelassenheit aus. „Na, Doro, hast du Jens erklären können, wie man innerhalb von zwei Tagen eine männliche Arbeitsstätte völlig umkrempeln kann? Lass mich raten. Die Zauberworte heißen: Aufräumen. Saubermachen. Ordnung."

Jens nahm Haltung an: „Achtung! Aufpassen! Dr. Susann Mertén hält eine Vorlesung über die preußischen Tugenden und ihre Relevanz in der postsäkularen Gesellschaft."

„Na ja, Susann hat schon recht", sagte Doro lächelnd. „Vor allem habe ich Platz geschaffen und mir eine Übersicht, was hier alles gelagert wird." Mit der linken Hand wies sie auf einige Kartons mit der Aufschrift: *Neues oder Altes. Umzug nur mit Baltes:* „Das sind übrigens die fünf Umzugskartons von Bansierski."

Vier der Kartons waren geöffnet, der fünfte geschlossen.

„Meinst du, Ulf hat die vier Kartons schon durchgearbeitet?", fragte Susann und strich mit den Fingern über die Granatkugel ihres schlichten Colliers.

Doro nickte ihr zu. „Ich vermute, er wird seinen Grund gehabt haben, warum er gerade diesen Karton hat stehenlassen. Wahrscheinlich hielt er ihn im Hinblick auf euer Buchprojekt für weniger wichtig."

Sie ging hinüber zu den Kartons. „Ich habe vorhin schon

mal reingeschaut. Die Kisten enthalten im Inhaltsfeld ziemlich genaue Auflistungen. Ulf hat sie in historischer Reihenfolge hingestellt. Der vierte Karton umfasst zum Beispiel die Zeit bis zwei Jahre nach dem Prozess gegen Rante und Kahlenbaum. Der letzte Karton ist deutlich später datiert. *1998 – Fundstücke Familie Bernsdorf.* Sagt euch der Name was?"

Susann und Jens sahen sich achselzuckend an. „Bei mir löst der Name nichts aus", schüttelte Susann den Kopf.

„Bei mir klingelt auch nichts", warf Jens ein. „Nur was die Jahreszahl betrifft, hab ich eine Assoziation. Das war das Jahr, in dem die Stiftung fast pleitegegangen wäre. Aber ich wüsste nicht, was das mit Bansierski zu tun haben könnte."

„Ihr beiden", sagte Doro angesichts der erwartungsvollen Gesichter vor ihr, „ich mache euch jetzt folgenden Vorschlag: Ich versuche erst mal, Ordnung zu schaffen. Sollten irgendwelche Besucher kommen, die Einsicht in Unterlagen haben wollen, möchte ich nicht völlig ahnungslos dastehen. Ab nächste Woche werde ich dann für euch in den ominösen fünften Karton gucken. Und sobald ich auf etwas Interessantes stoße, sage ich euch Bescheid."

15.

Punkt Viertel nach elf klopfte Andreas dreimal an die Eisentür und trat sofort ein. Susann hatte ihm erzählt, dass die Frau von Dr. Raith jetzt im Archiv arbeitete. Hoffentlich war sie erträglicher als er. Rein statistisch gesehen gab es keine Wahrscheinlichkeit, dass sich Ehepartner glichen. Andererseits musste es aber irgendwelche Passungen geben, die sie zur Partnerwahl veranlasst hatten.

Andreas trug die drei Ordner, die er bei sich hatte, zu einem Regal, dessen mittlere zwei Böden frei waren, und legte sie dort so ab, dass die Beschriftung auf dem Rücken gut zu sehen war. „Guten Morgen! Susann hat gesagt, dass die Ordner jetzt eingeordnet werden können."

Die Frau von Dr. Raith erhob sich augenblicklich und stand dann untätig in der Mitte des Raumes. Sie schien sich über ihre Arbeitsabläufe nicht im Klaren zu sein. Andreas schätzte ihren BMI auf 27 bei einer Körpergröße von ungefähr 1,70 Meter. Mit ihrem leichten Übergewicht hatte sie also ein um 17 Prozent höheres Sterberisiko als Menschen mit Normalgewicht. Ihr Haar war dunkelbraun mit vereinzelten weißen Strähnen und fiel in wirren Locken um ihren Kopf. Er mochte stark gewelltes Haar nicht besonders. Wie es schien, konnte es nie ordentlich aussehen.

„Guten Tag, Sie müssen Herr Auris sein", begrüßte die Frau ihn. „Susann hat mir von Ihnen erzählt. Schön, Sie persönlich kennenzulernen."

Das waren diese Gesprächseröffnungen, mit denen er nicht viel anfangen konnte. Dieses Durcheinander an Annahmen, Informationen und Gefühlsäußerungen. Was sollte er darauf antworten? Andreas beschloss, ihr freundlich zuzunicken. Das war meistens nicht verkehrt.

Sie kam näher und gab ihm die Hand. Ihr Händedruck war kräftig, die Hand klein und fest. Am Ringfinger trug sie zwei goldene Ringe, von denen der untere zu locker saß und nur vom oberen am Finger gehalten wurde. „Kommen Sie jetzt immer donnerstags?"

Hatte man sie denn nicht über die routinemäßigen Abläufe informiert? Ihre Einarbeitung war anscheinend nicht besonders gründlich gewesen. „Ja, das habe ich eigentlich vor", erwiderte Andreas höflich. „Wenn ich nicht aufgehalten werde, bin ich um elf Uhr fünfzehn bei Ihnen." Zur inneren Beruhigung ließ er die Hand in die ausgebeulte Tasche seines Breitcordjacketts gleiten. Dort befand sich sein Schlüsselbund. Elf Schlüssel und zwei Transponder. Der eine für die Stiftung, der andere für Akquinet. Die beiden Transponder unterschieden sich geringfügig hinsichtlich der Elastizität des Sensors, daher konnte er sie inzwischen sogar durch bloßes Tasten identifizieren.

Frau Raith räusperte sich. „Bitte entschuldigen Sie, ich habe ganz vergessen, mich Ihnen vorzustellen. Ich bin Dorothea Raith. Aber alle nennen mich Doro."

Andreas wusste, dass das nicht stimmen konnte. „Auch der Vorstand? Das kann ich mir nicht vorstellen. Er spricht nur einige junge Frauen mit Du an. Und die Behinderten."

„Nein, da haben Sie wohl recht", sagte Frau Raith mit einem Lächeln. „Dr. Nossen siezt mich. Aber ich fände es schön, wenn Sie mich 'Doro' nennen würden."

Ihr Angebot wirkte ehrlich. Aber manchmal war es besser, wenn man sich rückversicherte: „Haben Sie auch einen Doktortitel wie Herr Dr. Raith?", fragte Andreas. „Ihm war sein Titel wichtig."

Wieder lächelte sie. „Nein, ich habe keinen Titel. Also: Doro und du – ist das okay? Und darf ich Sie umgekehrt auch duzen?"

Andreas musste nicht auf die Uhr sehen, um zu wissen, dass er seine Zeit für das Archiv bereits überschritten hatte. Doch zumindest war ihm die Frau von Dr. Raith keineswegs so unangenehm wie ihr Mann. „Ja, ich denke, das geht. Ich heiße Andreas. Eine Frage noch, bevor ich losmuss. Herr Dr. Raith war nicht immer im Archiv, wenn ich gekommen bin, wollte jedoch nicht, dass ich die Ordner vor der Tür ablege. Ich habe ihn dann auf dem Marktplatz gesucht, wo er an einem der Tische saß und einen Kaffee getrunken hat. Soll ich bei dir genauso verfahren?"

Erstaunlich, wie leicht ihm das Du über die Lippen ging.

„Andreas, ich werde da sein, wenn du kommst. Ansonsten hinterlasse ich eine Nachricht bei Susann. Du kannst die Ordner dann bei ihr lassen und ich hole sie mir selbst."

Andreas nickte. Diese Absprache war angenehm klar. Aber nun musste er wirklich weiter. Er versuchte ein Lächeln: „Ich verabschiede mich jetzt, Doro, denn als Nächstes muss ich die Post verteilen: erst beim Vorstand, dann in der Buchhaltung, der

Öffentlichkeitsarbeit und bei Alsterarbeit. Anschließend wird sie in den einzelnen Abteilungen weiterverteilt. Ab 13 Uhr arbeite ich bei Akquinet am Rechner, und zwar bis 15 Uhr."

„Dann haben wir ja ungefähr zur gleichen Zeit Feierabend", bemerkte Doro. „Vielleicht sehen wir uns anschließend noch auf dem Markt beim Einkauf oder so."

Andreas schüttelte ungeduldig den Kopf. Begriff sie denn nicht, dass er jetzt wirklich weitermusste? „Das glaube ich kaum", stieß er hastig hervor und ging schon Richtung Tür. „Meine Einkaufstage sind Dienstag und Freitag. Außerdem: Oft denke ich auf dem Weg nach Hause noch über verschiedene Fragestellungen nach, die mit meiner Arbeit bei Akquinet zusammenhängen. Dann bemerke ich niemanden um mich herum. Aber das ist nicht unhöflich gemeint. Also, bis kommenden Donnerstag, Doro."

Er zog die schwere Eisentür auf und trat hinaus in den Gang. Das war für den Anfang recht reibungslos gelaufen, fand er.

16.

Anders hatte recht. Die alte Adresse stimmte zwar nicht mehr, aber die neue zu finden dauerte keine Stunde. Er wählte die Luxusfassung für 5.000 Dollar. Drei Minuten nach Eingang des Geldes jagten die Russen den Trojaner durchs Netz.

Seine Mail an Jens Nord kostete ihn dagegen mehrere Tage. Sollte er sich auf eine der Stellenausschreibungen der Bugenhagenschule melden? Oder eine Behördenmail fingieren, die er an den Schulleiter sendete? Oder vielleicht besser noch: Konnte er sich nicht mit einer Beschwerde an Nord wenden, die mit dem Verweis „vertraulich" versehen hoffentlich direkt auf dessen Rechner landen würde?

Die Idee kam ihm bei der Durchsicht des Web-Auftritts. Offensichtlich war die Schule besonders stolz, zu einem Netz-

werk von Schulen zu gehören, die sich für die Spitze der modernen Pädagogik hielten. „Blick in die Zukunft", so lautete der vielversprechende Name. Nord hatte die Bugenhagenschule offenbar höchstpersönlich in diese Arbeitsgemeinschaft hineingebracht. Auf der Homepage wurde er mit folgendem Ausspruch zitiert:

„Wir verstehen uns als Teil einer Gemeinschaft von Schulen, die neue Wege gehen wollen, um Kindern und Jugendlichen die Bildung anzubieten, die sie zur Entfaltung ihrer Persönlichkeit brauchen. Deutschlandweit haben sich einige reformpädagogische Schulen zusammengeschlossen, um voneinander zu lernen. Wir sind stolz darauf, zu diesem Kreis zu gehören."

Da schien Eitelkeit mit im Spiel zu sein, und das war gut so. Das roch nach Chefsache. Und welcher Chef würde es sich nehmen lassen, wenn er eine exklusive Einladung zu einer erweiterten Kooperation mit Schweden erhielt? Schweden war das Musterland der Gleichmacherei und konnte auf eine über dreißigjährige Erfolgsgeschichte der Aufhebung aller Intelligenzunterschiede zurückblicken.

Als er sich durch die Seiten der schwedischen Bekennerschulen klickte, stieß er auf das gleiche selbstgefällige Gesülze wie bei der Hamburger Bugenhagenschule. Mal rühmte man sich, wie viele Kinder mit Down-Syndrom einen Schulabschluss gemacht hatten. Dann berichtete man davon, wie man aus gewalttätigen Ausländerkindern friedliche Staatsbürger gemacht hatte.

Am besten gefiel ihm die Granström-Schule in Stockholm – vor allem, weil sie jährlich eine Konferenz unter dem missionarischen Motto „Pedagogik utan gränser" ausrichtete. „Pädagogik ohne Grenzen" sollte sich in diesem Jahr dem Thema „geistige Behinderung" widmen.

Bestimmt wartete man in diesen Kreisen auf einen neuen Jünger aus Hamburg.

Mit stillem Vergnügen hatte er die Mail an Nord formuliert:

Hej, Jens Nord,
bei einem Besuch in Deutschland bin ich auf eures Netzwerk „Blick in die Zukunft“ aufmerksam geworden. Ich hatte den Eindruck, dass ihr die gleichen reformpädagogische Konzepte verfolgt wie wir in unserer „Pädagogik ohne Grenzen“. Deshalb würde ich Sie gerne einladen zu einem Tag von unserer diesjährigen Konferenz. In der Anlage sehen Sie, dass die Beiträge zur Situation in Europa am zweiten Tag auf Englisch gehalten werden. Ich würde mich über Ihre Teilnahme sehr freuen. Es könnte der Beginn einer interessanten Partnerschaft sein.
Grüße

Peter Johansson

N.B. Ich bin zwar Deutschlehrer, bitte aber, allfällige Fehler zu entschuldigen.

Er fand die wenigen Fehler klar entschuldbar. Ebenso verzeihlich wie die ausgeliehene Identität des Peter Johansson, dessen Namen er im Organigramm der Schule als Fachleiter Deutsch gefunden hatte. Er schickte die Mail am folgenden Freitag um 15.00 Uhr von einem Internetcafé in Malmö ab. In Malmö war er fast nie. Die Wahrscheinlichkeit, dass ihn hier jemand wiedererkennen würde, war gleich null. Die Zeit wählte er in der Hoffnung, dass der Herr Schulleiter nach Schulschluss vielleicht seine Mails an seinen privaten Account weiterleiten würde. Dann wäre er direkt an der Quelle und müsste sich nicht lange auf die Suche nach der privaten Mailadresse begeben.

Ganz so viel Glück hatte er leider nicht. Nord öffnete die fingierte Mail um 18.27 Uhr, allerdings über seinen Schulaccount. Seitdem erhielt er ein permanentes Skript aller Tastatureingaben von Nord. Der Trojaner tat zuverlässig seinen Dienst. Um 21.42 Uhr schaltete Nord den Rechner aus.

Zu dem Zeitpunkt hatte der fleißige Schulleiter neunzehn –

leider uninteressante – Mails geschrieben und ein Konzeptpapier zur „räumlichen Ausstattung als Bedingung der Binnendifferenzierung“ verfasst. Das Konzeptpapier unterschied sich von der Güte der Mails nur darin, dass es zudem noch unverständlich war.

Doch Jens Nord verstehen zu wollen war mitnichten sein Anspruch. Er ging in seinen kleinen Garten und holte sich eine frische Wurzel vom „Hundkäx“. Kein Mensch wusste genau, woher dieser lächerliche Name kam: „Hundekeks“. In Deutschland nannte man die Pflanze nüchterner „Wiesen-Kerbel“. Dafür wusste in seiner alten Heimat kaum jemand, dass die Wurzel hervorragend schmeckte. Beim schwedischen Militär wurde einem der Hundkäx als eins von vierzehn in der Wildnis verfügbaren Lebensmitteln nahegebracht. Das Beste aber war der Geschmack. Wenn man die Wurzel exakt achtzehn Minuten abkochte, schmeckte sie fast wie Pastinake. Und auch der Tee war hervorragend.

17.

Ihre ersten Arbeitstage als wissenschaftliche Hilfskraft waren gar nicht so schlecht gewesen. Doro hatte mittlerweile das Grundprinzip durchblickt, nach dem die Bewohnerakten angelegt waren. Überdies hatte Ulf drei Hefte geführt, aus denen das Meiste hervorging. Es waren alte karierte DIN-A5-Schulhefte, von denen sie noch einen ganzen Stapel unbenutzter in einem Regal gefunden hatte. In einem Heft hatte Ulf die Besucher aufgelistet und die Akten, die sie sich angeschaut hatten. Er hatte die Ausweisnummer aufgeschrieben und den obligatorischen Haken dahinter gesetzt, dass sie sich als Angehörige hatten legitimieren können.

Doro hatte sich entschlossen, Ulfs System zunächst weiterzuführen. Heute hatte sie dazu erstmals Gelegenheit gehabt. Eine Frau um die Siebzig hatte um Einsicht in die Akte ihrer älteren Schwester gebeten, die, wie sie sagte, 1941 in die Anstalt eingeliefert worden wäre. Sie hatte eine Zeit lang an dem kleinen Besuchertisch über der Akte gesessen, still vor sich hin geweint und ihr schließlich im Hinausgehen zugerufen: „Ich kann jetzt nicht mehr. Vielleicht komme ich ein andermal wieder." Es war ein komisches Gefühl, als sie den Namen der Frau unter den letzten Eintrag von Ulf setzte. Was für eine sonderbare Nähe!

Im zweiten Heft hatte Ulf die Lieferungen von Akten festgehalten. Kranken- und Klienten-Akten, die aus den neu gegründeten Gesellschaften der Stiftung zur Aufbewahrung abgegeben worden waren. Ulf hatte eine Spalte eingefügt, in der er den Zustand der Akten kommentiert hatte.

Das letzte Schulheft hatte er mit „Pflichtenheft" überschrieben. Es enthielt, ohne strenge Systematik, die Aufträge, die Ulf bekommen oder die er sich selbst gegeben hatte.

Bis zum Nachmittag widerstand Doro der Versuchung, den fünften Karton zu öffnen. Kurz vor vier machte sie sich schließlich einen Espresso und wählte als Pad „Golden Selection". Vielleicht hatte das einen guten Einfluss auf den anstehenden Fund. Mit dem letzten Schluck im Mund stand sie auf und öffnete den Karton. Er war nur zur Hälfte gefüllt. Obenauf fand Doro eine Inhaltsbeschreibung von Bansierski. Dahinter geheftet war ein weiteres Blatt, aus dem ersichtlich wurde, wie er in den Besitz der Unterlagen gelangt war. Alles war in stenografischem Stil gehalten:

Inhaltsfeststellung

- *Kartei mit 435 Namen von Hilfsschülern aus Barmbek. Namen gegengeprüft. Keine Übereinstimmung mit Opfer- und Deportationslisten.*
- *2 Ordner über Rechtsstreit Rante vs. Anstalten. Fall 1964 mit Vergleich abgeschlossen. Keine rechtliche Relevanz. Schuber mit Geburtsurkunden, Zeugnissen, Ernennungsurkunden etc. Keine Relevanz.*

– *7 Briefe von Kahlenbaum an Rante. Mit OStaatsanwalt Santek durchgegangen. Keine strafrechtlich relevanten neuen Erkenntnisse.*

Dann folgte das Blatt mit der handschriftlichen Notiz:

7.2.1998 nach telefonischer Vorankündigung Unterlagen von Frau Bernsdorf erhalten. Fam. B. hat von den Anstalten die ehemalige Direktorenvilla gekauft. Bei umfänglichen Sanierungsarbeiten wurde verputzter Safe gefunden. In ihm die Unterlagen, die offensichtlich von Rante stammten. Da B. in Rechtsstreitigkeiten mit den Anstalten verwickelt ist, hat sie nach Durchsicht der Unterlagen strafrechtliche Relevanz vermutet. Über Staatsanwaltschaft an mich verwiesen. Habe Unterlagen ohne Quittung entgegengenommen.

Doro sah zunächst in den Schuber. In der Tat schien es sich nur um offizielle Dokumente zu handeln. Sie überflog kurz die Zeugnisse. Rante selbst schien keine besondere Leuchte gewesen zu sein. Seine Zeugnisse waren mäßig. Selbst sein theologisches Examen war keine Glanzleistung. Doro schob den Schuber beiseite.

Der Inhalt der Karteikarten war schon interessanter. Offensichtlich hatten die aufgeführten Personen verschiedene Hilfsschulen im Bezirk Barmbek besucht. Jede Karte war nach dem gleichen Muster aufgebaut. Auf der Vorderseite fand sich neben Namen, Anschrift, Geburtsdatum, Schule und Klasse eine Kurzbeschreibung der festgestellten „Idiotie“. Auf der Rückseite war der Stammbaum zwei Generationen zurück vermerkt. Hinter den Namen standen eventuelle Krankheitsbezeichnungen oder andere Angaben: „Trinker, angeborener Schwachsinn, Epileptiker ...“

Doro wusste, dass solche Karteien im Nationalsozialismus in zahlreichen Anstalten geführt wurden. Sie würde bei Gelegenheit Jens dazu befragen. Am neugierigsten war sie bei den Briefen. Doro merkte, wie ihre Hände leicht zitterten, als sie den dünnen Stapel aus dem Karton holte. Die Briefe waren auf Papier in verschiedener Qualität und Stärke geschrieben, auf manchen war sogar ein Wasserzeichen zu erkennen. Bis auf das letzte trugen alle Schreiben Daten von 1934 bis 45.

Doro fiel auf, dass die ersten vier Briefe in Sütterlin abgefasst waren, die ab 1941 jedoch in lateinischer Schrift. Das gab es doch nicht! War Kahlenbaum wirklich ein so dumpfbackiger Gefolgsmann gewesen, dass er den Bormann-Erlass befolgt hatte? Der unselige Kanzleichef der NSDAP hatte die Sütterlinschrift als Judenlettern verboten. Diese Maßnahme war ebenso dümmlich wie falsch. Sütterlin hätte mühelos jeden wahnsinnigen Ariernachweis späterer Jahre liefern können. Er stammte aus dem Schwarzwald und hatte keinerlei jüdische Vorfahren. Die nach ihm benannte Schrift hatte er 1911 im Auftrag des preußischen Kultusministeriums entwickelt.

Das Zittern ihrer Hände wurde stärker und Ekel stieg in ihr hoch. Erst verbietet man Schriften, dann verbrennt man Bücher, dachte Doro. Und dann bringt man Menschen um. Sie wusste, dass das zu einfach gedacht war. Als Studentin hatte sie sich oft mit Ulf gestritten. „Du kannst doch nicht irgendwelche Schrifttypenänderungen mit dem Holocaust gleichsetzen“, hatte er argumentiert.

Klar, das wusste sie auch. Aber sie hatte sich immer gewehrt, wenn Zusammenhänge nicht gesehen wurden. Für sie entstand das aus dem gleichen Geist oder besser Ungeist.

Sie selbst liebte die Sütterlinschrift und konnte sie fließend lesen. Vermutlich war das bei Jens und vor allem bei Susann anders. Doro beschloss, die ersten Briefe von Kahlenbaum in die – wie hätten die Nazis gesagt – „deutsche Normalschrift“ zu übertragen. Wahrscheinlich tat das ihren Nerven gut. So konnte sie die Durchsicht mit einer rein mechanischen Arbeit beginnen, statt sich gleich über die Inhalte aufzuregen.

18. Ganz leicht war es nicht, etwas über das Privatleben von Nord herauszubekommen. Nord hielt die Grenze zwischen Privatem und Dienstlichem strikt ein. Dazu kam, dass der Herr Schulleiter elektronisch ausgesprochen fleißig war. Zwar schien es Zeiten zu geben, zu denen er keine Tastatur anfasste. Vermutlich war er dann in kommunikativer oder pädagogischer Mission unterwegs. Doch gegen vier Uhr nachmittags wurde er meist aktiv, mailte, surfte gelegentlich und schrieb. Spätestens um halb elf schaltete er den Rechner aus, ohne nur eine einzige interessante Spur zu hinterlassen.

Erst am vierten Tag, nachdem er den Trojaner platziert hatte, ergab sich etwas. Offensichtlich war es bei Nord spät geworden. Er verfasste eine Aktennotiz über einen hitzigen Elternabend, bei dem es um Essensversorgung gegangen war. Punkt elf Uhr meldete er sich mit seiner E-Mail-Adresse bei Profimailer an und fügte sein Passwort ein: 64JeNo82. Nicht besonders originell. Die erste Ziffer verwies auf sein Baujahr: 1964. 82 hätte er vielleicht das erste Mal Sex gehabt, wer weiß. Es konnte ihm auch egal sein. Jetzt kam er an Nords privaten Account.

Zunächst checkte er kurz den Mailverkehr. Der stärkste Traffic herrschte zwischen Nord und einer Adresse namens reto@tüppig.ch. Er googelte die Bestandteile als Namen in der Schweiz. Die Trefferliste für Tüppig überraschte ihn in ihrer Länge, bis er merkte, wofür „tüppig" stand. Es war die schweizerdeutsche Bezeichnung für schwul.

Die beiden hatten sich während der letzten vierzehn Monate über zweihundert Mails geschrieben. Sie ließen sich in mehrere Phasen und Gattungen unterteilen. Die ersten Monate trieften vor Liebesgeflüster von beiden Seiten und weitgehenden Plänen für eine gemeinsame Zukunft. Danach folgte die allgemein bekannte Ernüchterungsphase: enttäuschte Liebe, Probleme, zu gemeinsamen Absprachen zu kommen, Entfremdung, Untreueverdacht. Das Gesamtvoka-

bular von Kitschromanen wurde vollständig abgearbeitet, die inhaltlichen Vorstellungen auch.

Er nahm sich ein Blatt Papier und notierte ein paar Stichworte. Später würde er zusammentragen, was er an relevanten Informationen gewonnen hatte.

Die übrigen Mailkontakte waren weniger interessant. Zum Teil schienen es Familienangehörige zu sein. Nords Freundeskreis war offenbar groß, in den Mails ging es jedoch hauptsächlich um Absprachen und Verabredungen. Mails von und an Susann Mertén und Ulf Raith konnte er nicht finden. Bestellungen tätigte Nord nur bei einem spanischen Weinversand und einem Buchantiquariat in Frankfurt.

Es war zwei Uhr morgens, als er seine Durchsicht abgeschlossen hatte. Zufrieden blickte er auf die Stichwortliste: Jens Nord war 1964 in Schleswig geboren und stammte aus einfachen Verhältnissen. Die Mutter war bis zu ihrer Pension Putzfrau gewesen, der Vater hatte als Tankwart gearbeitet. Aus seiner Jugendzeit hatte sich der Kontakt zu einem Peter Jastrow gehalten. Dessen Mailadresse ließ vermuten, dass er bei der Kirche arbeitete. Vielleicht Pastor oder Jugendarbeiter. Jastrow hatte Nord geholfen, sich zu outen. Kitschigerweise hatte Nord ihm in einer älteren Mail anlässlich seines 25-jährigen Comingouts für seine Hilfe gedankt. Da kam also die Jahreszahl 1982 her. Wenn man sein Liebesleben jedoch genauer betrachtete, hatte Nord eigentlich keinen Grund, sein Jubiläum zu feiern.

Offensichtlich hatte er über lange Jahre eine Ehe mit einem gewissen Götz Hermison simuliert, der 2002 an Krebs gestorben war. In seinen Mails an seinen neuen Lover kam Nord immer wieder auf diese „einzigartige Liebe" zurück. Nach dessen Tod war er lange ohne Partner gewesen, bis er 2007 bei einem Montessori-Seminar in der Schweiz diesen Reto kennengelernt hatte. Der Schweizer schien weitaus we-

niger langweilig zu sein als Nord. Er unterrichtete nicht nur Sport, sondern schien auch selbst ein echter Crack zu sein. Er gehörte irgendeinem Kantonskader für Bergsteiger an. Dass er seinem Sport deutlich mehr Zeit als seinem treuen Liebhaber widmete, schien ein Dauerthema zwischen den beiden zu sein. Mehrfach hatte Reto Verabredungen und Urlaubspläne in letzter Minute gecancelt, weil er lieber mit seinen Sportsfreunden zu irgendwelchen Klettertouren aufbrach als mit Jens Händchen zu halten.

Aktuell schien die Beziehung auf einem ziemlichen Tiefpunkt angelangt zu sein. Nord war „tief verletzt" und hatte sich bitter beklagt, weil Reto wieder einmal ohne jede Absprache einen Trip in die Mittelmeeralpen plante und sie sich dadurch die nächsten vier Wochen überhaupt nicht sehen würden.

Sein Schweizer Lover hatte nur lakonisch zurückgemailt: „Besser, du bleibst mit deiner miesen Laune mal allein im Flachland und meditierst ein bisschen vor dich hin. Vielleicht findest du dann heraus, was du selbst willst und warum es dir so schwerfällt, meinen Wunsch nach Autonomie zu akzeptieren."

Seit dieser Mail vor drei Wochen herrschte Funkstille. Doch ganz offensichtlich war Nord Retos Empfehlung nicht gefolgt. Statt zu meditieren, hatte er sich eine Woche nach dem Kontaktabbruch bei „akadhomo" angemeldet und dafür sogar ordentlich Geld hingelegt.

Die Vorstellung, das auch tun zu müssen, widerstrebte ihm mehr, als 5.000 Dollar in einen Trojaner zu investieren.

19.

Doro setzte sich auf dem knarrenden Drehstuhl so aufrecht wie möglich hin und tippte den ersten Brief in ihren alten Laptop.

Hamburg, den 12. März 1934

Sehr geehrter Herr Pastor!

Das offizielle Schreiben von Dr. Raspert wird Sie gewiss auch dieser Tage erreichen. Dennoch ist es mir ein inneres Anliegen, Ihnen zu Ihrer Wahl als neuer Direktor der Alsterdorfer Anstalten auch persönlich von Herzen zu gratulieren. Ihrer Vorstellung und Befragung schloss sich noch eine lange und zum Teil entwürdigende Diskussion an, bis schlußendlich doch Sie über die notablen Kirchenmänner obsiegt hatten. Diese Herren sind blind für die besondere Stunde, die unserem Volke derzeit schlägt.

An Ihnen und Ihren Ansichten haben sich die Geister geschieden, natürlich auch an Ihrem Alter. Denn einige verwechseln innere Reife leider noch immer mit fortgeschrittenem Lebensalter. Dr. Raspert haben Sie durch Ihre Auslegung zum guten Hirten endgültig für sich gewonnen. Der gute Hirte ist kein weichlicher Träumer. Er ist vor allem ein Züchter, der sich um die Gesundheit seiner Herde sorgt. Mir war, als zöge ein frischer Wind in unsere ehrwürdige Stiftung, als Sie sagten: „Die Zwangssterilisation geschieht in der Nachfolge des guten Hirten. Und sie wird nicht das Letzte sein, was wir in Verantwortung vor Gott tun müssen."

Diesen frischen Wind erlebe ich wie einen stärkenden Rückenwind für das, wofür ich nun seit meiner Anstellung in Alsterdorf unermüdlich kämpfe: für die Fortentwicklung des Anstaltskrankenhauses in ein führendes Institut für geistige Defektzustände. Sie haben ja selbst bei Ihrem Rundgang durch unser Haus in Augenschein nehmen können, welch großartige Möglichkeiten wir bereits heute bei nur geringen Mitteln geschaffen haben, um die Not dieser armen Geschöpfe zu heilen oder doch zumindest zu lindern. Mein Versuch, die bisher nur bei Schizophrenen eingesetzte Cardiazol-Schockbehandlung nun auch bei aggressiven Pfleglingen einzusetzen, zeigt bereits deutliche Erfolge. Gewiss, bei nicht wissenschaftlichen Betrachtern führen die ausgelösten Krämpfe der behandelten Idioten zu verständlichen Gemüthserregungen. Aber schon nach Stunden tritt eine spürbare Ruhe ein. Selbst die lautesten und unbequemsten Insassen werden zu friedvollen Patienten, ganz zu schweigen von den erheblichen Entlastungen unseres angespannten Pflegesatzes. Noch will ich Sie als Mann eines geistlichen Amtes mit diesen Niederungen schonen. Aber wenn Sie mit 3,50 Reichsmark pro Pflegling und Tag wirtschaften müssen, dann bedeutet schon die Einsparung von wenigen Pfennigen viel. Sehr große Hoffnung setze ich persönlich in die Röntgentiefenbestrahlung, die ich zusammen mit einem geschätzten Kollegen aus Schleswig noch in diesem Jahr an über 200 Schwachsinnigen medizinisch anzuwenden gedenke.

Wie wohltuend, nun mit Ihnen jemanden an meiner Seite zu wissen, der Nächstenliebe vor allem als mutige Tat der Veränderung begreift. Noch mit Ihrem Vorgänger habe ich darüber streiten müssen, ob wir mit Dauerbädern, Schlaf- und Fieberkuren nicht genug getan hätten. Als wären wir ein Sanatorium.

Nun werden noch drei Monate ins Land gehen, bis Sie Ihren Dienst in den Anstalten aufnehmen werden. Wir werden diese Zeit sicher benötigen, um die Ihnen bekannte Dienstvilla herzurichten. Den Blick auf die Themse werden Sie dann gegen den Blick auf die Alster eintauschen. Gegenüber London werden sich die Größenverhältnisse sicher ändern, dafür trägt Ihre Anschrift dann aber einen großen Namen: Adolf- Hitler-Straße. Unser Erster Bürgermeister Krogmann hat mir versichert, dass noch in diesem Jahr der schändliche Name August Bebels verschwunden sein wird. So verblassen die Spuren des gottlosen Marxismus in unserer schönen Stadt gottlob allmählich. Ihre Kinder jedenfalls werden die Ruhe und den herrlichen Auslauf zu schätzen wissen.

Von Heinrich Sengelmann haben wir das Motto: „Mit Gott lasst uns Thaten thun.“
Verehrter Pastor, ich bin sicher, das werden wir.
Ergebenst,

Ihr Dr. Kahlenbaum

N.B. Meinem Schreiben lege ich eine kurze Abhandlung meines Doktorvaters Prof. Groddeck bei. Sie beleuchtet, wie der Titel sagt, „die demokratische Krankheit, eine neue Wahnsinnsform“. Auf Ihr Urteil bin ich schon jetzt gespannt.

Als Doro fertig getippt hatte, schaute sie auf den unteren Bildschirmrand. 595 Wörter. Gar nicht so viel. Das reichte kaum für einen Zeitungsartikel über den erhöhten Pollenflug in diesem Frühjahr oder die Wahl eines neuen Parteivorsitzenden. 595 Wörter, und doch steckte in ihnen eine ganze Welt.

Eigenartig war, dass Doro nichts fühlte, rein gar nichts. Sie hätte doch wütend werden müssen, zornig oder mindestens aufgeregt. Aber sie war einfach nur kalt und auch ihre Hände zitterten nicht mehr. Was sie da las, sollte einfach nur verschwinden. Es sollte nur unwirklich sein.

Vieles von dem, was Kahlenbaum geschrieben hatte, war ihr in den Hintergründen nicht bekannt. Sie kannte die Behandlungsmethoden nicht, die er erwähnt hatte. Cardiazol-Schockbehandlung, Röntgentiefenbestrahlung – sie konnte sich aber vorstellen, dass es sich um tiefe Schädigungen in physischer und psychischer Hinsicht handeln musste. Sie fragte sich, ob wohl bekannt war, was aus den zweihundert Kindern geworden war. Vielleicht würde Jens es wissen.

Das wirklich Widerliche war aber die Menschenverachtung, die aus dem Brief sprach. Menschen ruhigstellen, Kosten sparen, Versuche wie an Kaninchen, der gute Hirte als Züchter – was für ein ekelerregender Cocktail! Offensichtlich hatten sich da die zwei Richtigen getroffen. Und, so viel wusste sie jedenfalls, der Umbau der Anstalten in ein braunes Vorzeigeprojekt war ihnen dann schnell gelungen.

Doro schaute auf die Uhr. Viertel vor fünf. Sie hatte länger als gedacht für das Abschreiben gebraucht. Doro ging hinüber zum Sofa und holte sich die alte Wolldecke im Tartanmuster, die sie mal von einer Schottlandreise mitgebracht hatten und die sie zu Hause schon vor Jahren ausgemustert hatte. Irgendwie war ihr kalt geworden.

Sie schlang sich die Decke um die Schultern und ließ sich wieder auf den Bürostuhl plumpsen. Wenn sie sich ranhielt, würde sie vielleicht noch einen weiteren Brief schaffen.

20.

Die Seite von Akadhomo war nicht schlecht gemacht. Von Subkultur und pubertären Sexfantasien war rein gar nichts zu spüren. Das Ganze vermittelte eher den Eindruck eines Alumni-Clubs einer seriösen Universität. Auch das Preismodell passte dazu. 200 Euro für die Erstellung eines personalisierten Profils. Schlichter konnte man das wohl Aufnahmegebühr nennen. Dazu kamen monatlich 28 Euro für die individuelle Kundenbetreuung.

„Wir verstehen Homosexualität als natürliche Variante des Menschseins“, war auf der Seite zu lesen. Und für dieses „natürliche Menschsein“ bot Akadhomo die Edelvariante der Kontaktvermittlung an. Dazu gehörten Chats in unterschiedlichen Sprachen, umfangreiche elektronische Pinnwände, offene und geschlossene Nutzergruppen zu allen möglichen Themen in den Bereichen Medizin, Kultur, Freizeit, Reise und regelmäßige Kunstfotografiewettbewerbe „Körper und Kultur“. Sauber achtete man bei Letztgenannten auf die Abgrenzung zur Pornografie, was sich aber keineswegs darin niederschlug, dass man nur interessant geschnittene Gesichtszüge abbildete.

Selbstbewusst stellte Akadhomo klar: „Wir sind keine Partnervermittlung und keine Kontaktbörse. Aber wenn kulturelle Interessen Sie verbinden, bieten wir Ihnen Wege an, wie Sie zueinanderfinden."

Also doch, irgendeine Form von Verkuppelung musste schon drin sein bei dem Preis – auch wenn die Seite noch so intellektuell aufgezogen war. Er war gespannt, wie sie das einfädelten.

Die kommenden Tage verfolgte er Nords Aktivitäten bei Akadhomo. Er klickte sich durch die Pinnwand, sah sich die neuesten Aktfotos an und ging in einen geschlossenen Chat „Persönliche Fragen" im Themenbereich „Sport und Urlaub".

Der Trojaner lieferte ihm alle Kennwörter und Zugangsdaten. Er widerstand der Versuchung, sich mit Nords Profil anzumelden. Das Risiko war zu groß. Viele personalisierte Seiten ließen den letzten Zugriff erkennen.

Also blieb ihm wie schon befürchtet nichts anderes übrig, als Mitglied der akademischen Schwulengemeinde zu werden. Auf seine Anfrage hin, erhielt er umgehend einen Aufnahmeantrag. „Ihre Anonymität ist uns genauso wichtig wie die Seriosität unserer Kontaktdaten. Deshalb überprüfen wir stichprobenartig Ihre Angaben, sichern Ihnen aber zu, dass Ihre persönlichen Daten einem strengem Datenschutz unterliegen." Beigefügt war der Link zu dem externen Zertifizierer.

Er musste lachen. Was wollten sie denn überprüfen: Dass ein Dr. Mats Nilsson auf der Linnégatan 18 in Stockholm wohnte? Dafür brauchten sie nur das Stockholmer Telefonbuch. Wenn sie weitergoogelten, würden sie noch auf seine Arztpraxis stoßen und auf seine Mitgliedschaft im Kuratorium des Nordiska Museet. Mehr gab es über den braven Arzt im Netz nicht zu finden.

Seinen E-Mail-Account legte er sich über Yahoo an. Mats@Nilsson.se war dort noch nicht vergeben. Er meldete sich an, nahm die Überweisung der Profilerstellungs-Gebühr für Akadhomo über PayPal vor und überwies dazu direkt den gesamten Jahresbeitrag.

Akadhomo arbeitete professionell. Innerhalb einer Viertelstunde hatte er eine Willkommensmail auf seinem Rechner. Und vierundzwanzig Stunden später war er offiziell Teil der exklusiven Schwulengemeinde. Man begrüßte ihn als eines von über hundert Mitgliedern, die bereits in Skandinavien dazugehörten.

Da er über Nords Aktivitäten auf Akadhomo bereits Bescheid wusste, fand er ihn schnell unter der Rubrik „Urlaub, Kultur und Sport". Nord suchte dort nach Vorschlägen, Ideen und eventuell auch Mitreisenden für eine sportliche Herausforderung während der kommenden Herbstferien. „Ich bin kein Leistungssportler, auch kein Spezialist in irgendeiner Sportart, würde aber gern an meiner Kondition arbeiten", postete Nord im Forum. Um keine Missverständnisse aufkommen zu lassen, hatte er hinzugefügt: „Für Freundschaften bin ich immer offen, nach einem Partner suche ich aber nicht."

Bisher hatte Nord nur zwei Antworten bekommen: einen Tipp für eine Fastenwanderung in Weißrussland und eine Einladung für ein erstes Triathlon-Aufbautraining.

Er war sich sicher, dass er Nord ein interessanteres Angebot machen konnte. Und ganz sicher war es frei von jeder sexuellen Absicht.

21.

Jens schaute auf seine Schuhe. Sie nahmen sich fremd aus im tristen Einerlei seines Büros. Das kräftige Blau ließ den grauen Linoleumboden nur noch trostloser erscheinen. Vermutlich war er beim Bau der Schule irgendwann in den sechziger Jahren verlegt worden und hatte sich über die Jahrzehnte als unverwüstlich erwiesen. Das übrige Mobiliar hatte man dann vermutlich passend zum Bodenbelag ausgesucht. Alter undefinierbar, Stilrichtung ebenfalls. Aber in jedem Fall unkaputtbar und ohne persönliche Note. Dass alle Büros weitestgehend gleich aussahen, atmete den Geist von Bescheidenheit und Vermeidung falscher Privilegien.

Vielleicht hatte er die Schuhe ja aus stillem Protest gekauft. Den Tipp hatte er von Reto bekommen. Echte Ledersneaker von Bikkemberg. Schweinepreis, aber sie saßen wirklich gut. Und die extra großen Gumminoppen, die dem Schuh den unvergleichlichen Laufkomfort verleihen sollten, hinterließen auf dem Linoleum ein unverwechselbares Quietschen.

Immer wieder blickten einige seiner Schüler bewundernd auf seine Füße und dann in sein Gesicht. Lag in ihrem Blick eher Bewunderung oder Erstaunen? Unser Schulleiter trägt Kultsneaker! Unglaublich, was Schüler heute alles an Marken kannten. Und wie viel in ihrer Welt hing an diesen Marken.

Jedenfalls, fand er, passten diese coolen Schuhe zu seinem momentanen Lebensgefühl. Manchmal lief einfach alles gut und in die richtige Richtung. Bei ihm schlug sich das immer sofort körperlich nieder. Nach den Wochen, die hinter ihm lagen, wurde es allerdings auch Zeit, dass sich einiges drehte.

Ulfs Tod hatte ihn schwer mitgenommen. Er war nicht sein engster Freund, aber vielleicht einer seiner verlässlichsten gewesen. Sie teilten das Interesse für Geschichte und sie kämpften beide dafür, dass sich die Stiftung mit ihrer Vergangenheit auseinandersetzte. Sie waren unabhängig von Statusdenken. Sie teilten so viele Einschätzungen über Menschen, Politik, Gesellschaft. „Ich ernenne dich zum Zwillingsbruder ehrenhalber!“, hatte Ulf mal zu ihm gesagt.

„Zwillingsbruder“, hatte er beleidigt geschnaubt, „das ist eine Unverschämtheit. Du bist vierzehn Jahre älter.“

„Stimmt“, hatte Ulf zugegeben, „aber was sind für einen Historiker schon vierzehn Jahre?“

Er wusste nicht, was ihm am meisten fehlen würde. Die gemeinsamen Projekte. Die guten Gespräche. Vielleicht auch, dass er einfach immer da war. Wie oft war Jens nicht einfach für eine halbe Stunde in Ulfs Archiv abgetaucht, um eine kleine Auszeit vom stressigen Schulalltag zu nehmen. In Ulf hatte er immer einen aufmerksamen Zuhörer gehabt.

Es freute Jens unglaublich, dass Doro Ulfs Arbeit fortsetzte; dass die ganzen Unterlagen nicht im Altpapier landen würden und er mit ihr im Keller weiter eine Anlaufstelle hatte.

Das größte Highlight aber waren die vor ihm liegenden Herbstferien. Zwölf Tage Korsika. Nicht abschlaffen am Strand, sondern Bergwandern, und zwar den GR 20. Einen der anspruchsvollsten alpinen Wanderwege Europas. Die fast 180 Kilometer brachten es im Auf- und Abstieg auf 12.000 Höhenmeter. Daneben musste man auch beim Wetter mit alpinen Verhältnissen rechnen. Schnee im Mai, brüllende Hitze.

Die Schilderungen in den Büchern überboten sich: „Das südlichste Abenteuer Europas, Naturerlebnis ersten Ranges, Mythos im Meer". Und sie hatten beschlossen, die Tour in zehn statt der üblichen vierzehn Tage zu schaffen.

Die Idee zu diesem Trainingscamp hatte Mats gehabt, den er über Akadhomo kennengelernt hatte. Ziemlich teuer und elitär, diese Kontaktbörse, aber das investierte Geld hatte sich absolut ausgezahlt. Mats war Jens wegen der vielen Gemeinsamkeiten aufgefallen. Und genau wie er selbst war er nicht an einer neuen Partnerschaft interessiert.

„Ich suche keinen Sex, sondern die körperliche Herausforderung. Ich suche einen Gleichgesinnten, der mir hilft, über meine eigenen Grenzen hinauszuwachsen", hatte Mats auf seinen Forumsbeitrag geantwortet. Mats kannte den GR 20, war ihn schon zweimal, aber immer nur in Teiletappen gewandert. Jetzt, kurz vor seinem 55. Geburtstag, wollte er sich selbst beweisen, dass er ihn in zehn Tagen schaffen würde. Mats stufte sich als körperlich fit ein, sagte aber, dass er kein verhinderter Spitzensportler wäre. Außerdem könne er als Arzt seine Grenzen gut einschätzen. Er hatte mütterlicherseits deutsche Vorfahren und schrieb in einem etwas gestelzten, aber fehlerfreien Deutsch.

Was für ein Luxus, dachte Jens, in ärztlicher Begleitung einen weiteren Schritt in Richtung körperliche Fitness zu machen. Allein die Aussicht auf die Reise beflügelte sein persönliches Training. Inzwischen konnte er über zehn Kilometer joggen, ohne komplett verausgabt zu sein. Er hatte noch mal zwei Kilo abgenommen und die Hoffnung zurückgewonnen, dass er die kleine Rundung, die er jetzt noch vor sich her trug, bald gegen einen Waschbrettbauch würde eintauschen können.

Nach einem lockeren, überaus anregenden Mailaustausch waren Mats und er in die konkrete Planung eingestiegen. Sie würden sich in Bastia treffen und von dort aus starten. Mats hatte ihm eine Excel-Datei mit einem Rucksackplaner geschickt, in dem alle Notwendigkeiten vom Funktionsshirt bis zur Müslischale mit genauen Grammzahlen aufgelistet waren. Offensichtlich überließ der Mann nichts dem Zufall.

Jens hatte sich zuerst gewundert, als Mats in einer seiner Mails geschrieben hatte: „Ich brauche von dir noch genaue Angaben über dein Gewicht und deine Körpergröße. Außerdem müsste ich wissen, ob du irgendwelche Erkrankungen oder Unverträglichkeiten (Milch, Eiweiß) hast. Daraus kann ich dann unseren Versorgungsplan zusammenstellen." Auch hier hatte Mats eine Excel-Liste beigefügt. Sie enthielt die entsprechenden Details über ihn selbst und die daraus folgenden Berechnungen. Jens staunte nicht schlecht, wie gut sich Mats gehalten haben musste. 183 cm groß, 70 Kilo schwer. Die übrigen Daten sagten ihm nicht so viel. Jedenfalls landete Mats bei einer durchschnittlichen Wanderzeit von täglich 7,5 Stunden bei einem Kalorienbedarf von 4.320 Kcal.

„Außerdem brauchen wir Vitamine (C, E, B1) als Regler- und Schutzstoffe sowie vor allem Mineralsalze (Kalium, Magnesium, Kalzium, Natriumchlorid und Phosphor)", schrieb Mats. „Ich selbst nehme sie oral oder intravenös zu mir und stelle dir frei, ob ich mich bei dir darum kümmern soll oder ob du das selbst organisierst."

Jens hatte Mats alle Angaben geschickt und sich für dessen Bereitschaft bedankt, ihn als Sportmediziner zu coachen. Er sah ihrer Tour mit großer Spannung entgegen. Gleich morgen würde er zu Globetrotter fahren und seine Ausrüstung vervollständigen. Natürlich mit dem Fahrrad. Jede Möglichkeit zu körperlicher Aktivität musste jetzt genutzt werden.

22.

Er hatte sich einen festen Rhythmus zugelegt, in dem er Nords Rechneraktivitäten checkte. Um 9 und 20 Uhr die digitalen Spuren des dienstlichen Lebens; nachts um 23 Uhr galt es, das private Leben im Netz auszuwerten. Und endlich wurde seine Ausdauer belohnt: An diesem Morgen hatte Nord um 7.33 Uhr eine Mail an Susann Mertén geschickt:

Liebe Susann,

während du wohl noch in Morpheus Armen ruhst, denke ich verzweifelt darüber nach, wie ich in unserer Beziehung neue Impulse setzen kann. Und jetzt kann ich dir etwas wirklich Attraktives bieten, finde ich: Beigefügte Einladung nach Schweden ist mir beim Aufräumen meines Maileingangs ins Auge gesprungen.

Beim Überfliegen der Konferenz-Agenda habe ich festgestellt, dass an dem Tag mit den englischsprachigen Vorträgen auch ein Göteborger Psychologe spricht. Das Vortragsthema löst bei mir zwar überhaupt nichts aus, wohl aber der Gedanke, dass ich mit dir ein paar Tage in Stockholm zubringen könnte. Kanntest du dich da nicht sogar aus? Anyway, wir beide haben bestimmt bisher unser Weiterbildungsbudget sträflich ungenutzt gelassen.

Also, was meinst du: Auf nach Schweden?

Beste Grüße von Jens von der anderen Seite der Stiftung

Er saß wie gebannt vor seinem Rechner. Um 8.45 Uhr hatte sie die Anlage geöffnet. Sofort begann der Trojaner die Eingaben weiterzuleiten. Mit Genuss las er Susann Merténs Antwort:

Liebster Jens,

mit dir im Venedig des Nordens. Was für eine Perspektive! Vielleicht sollten wir den Vortrag lieber schwänzen und ich zeige dir Stockholm. Du hast recht. Ich habe damals für meine Diss im Zwillingsregister geforscht. Seitdem habe ich Kontakt zu einer Kollegin, die in Saltsjöbaden wohnt. Edelstes Pflaster, direkt am See, unglaublich schön.

Ich sehe uns da schon sitzen und überlegen, ob wir beide nicht auswandern sollten.

Bin also dabei, Susann

„Ja!“, rief er. Seine Stimme hallte in dem fast leeren Zimmer wider. Erneut war er einen Schritt weitergekommen! Das mit dem gemeinsamen Trip nach Stockholm würden die beiden sich wohl abschminken müssen.

23.

Noch drei Wochen, dann würde Mirjam nach Hamburg kommen. Susann saß in *Omas Apotheke* an der Bar und wartete. Sie hatte gehofft, draußen sitzen zu können. Aber der Spätsommer war bisher ausgefallen. Es regnete mal wieder und sie sehnte sich nach dem Kontinentalklima in Berlin zurück.

Susann hatte Felix um ein Treffen gebeten. „Nur dieses eine Mal noch, Felix, dann lass ich dich wirklich in Ruhe.“

„Mich musst du nicht in Ruhe lassen“, hatte er mit seinem tiefen Bass erwidert. „Aber deine Schwester. Und damit du das endlich in deinen hübschen Kopf bekommst, hämmere ich dir das noch mal höchstpersönlich da rein. Wir treffen uns bei dir um die Ecke in *Omas Apotheke*. Das ist die einzige

Kneipe, wo man in Hamburg einen Meter Kölsch kriegt. Und der geht auf deine Rechnung, Susann. Kannst du ja bei Nossen als Fortbildungskosten einreichen."

Felix, der in Alsterdorf als Assistent für Menschen mit Behinderung arbeitete, kam aus einem kleinen Nest bei Köln. Seinen rheinischen Humor hatte er sich auch nach fast zehn Jahren Hamburg nicht nehmen lassen. Susann freute sich immer, wenn sie Felix sah. Und vor allem wusste sie, dass Mirjam bei ihm in besten Händen sein würde.

Über Monate hatte Susann Mirjams Kommen vorbereitet. Arbeitsplatz, Wohnmöglichkeit, der ganze Umzug – bestimmt aber hatte sie doch das Wichtigste vergessen.

„Mirjam wird es guthaben", hatte Felix ihr versichert. „Aber nicht bei dir. Sie wird ihr eigenes Leben führen. Und dabei helfen wir ihr."

In der Theorie war ihr das völlig klar. Außerdem hatte sie miterlebt, wie die liebevolle Fürsorge der Eltern Miriam daran gehindert hatte, sich selbst etwas zuzutrauen. In Berlin hatte Mirjam nach ihrer Schulzeit in einer Wohngruppe gewohnt. Gemeinsames Essen, gemeinsame Freizeit, morgens gemeinsam im Kleinbus zur Werkstatt, nachmittags gemeinsam zurück. Egal was, in jedem Fall immer gemeinsam. Die Wochenenden verbrachte Mirjam zu Hause, aber auch da nach den gleichen Vorgaben: Betreuung nach den Vorstellungen anderer.

Susann hatte es kaum mehr ausgehalten zu sehen, dass sich bei Mirjam nach der Schule fast nichts mehr getan hatte. Ihre Schwester war zufrieden wie immer. Sie klagte nicht. Sie sang immer noch gerne. Aber irgendwie stand ihr Leben still.

Dann hatte sich die Veränderung von selbst ergeben. Ihre Mutter war gestorben und ihr Vater konnte kaum noch für sich selbst sorgen. Damit war in Berlin das ganze Gefüge zusammengebrochen.

„Fürsorge kann auch eine Behinderung sein!“ Susann erinnerte sich gut an den Satz von Uwe, dem obersten Chef der Assistenz West. „Selbst ist der Mensch“, hatte er als Motto seiner Firma gewählt. „Wenn dir alles immer von anderen abgenommen wird“, hatte er gesagt und sie dabei herausfordernd angesehen, „wenn es dich immer nur im Wir gibt, dann merkst du irgendwann nicht mehr, dass es dich gar nicht mehr gibt.“

Harte Worte, hatte sie damals gedacht. Aber in den zwei Jahren, die sie jetzt in Alsterdorf arbeitete, hatte sie erlebt, wie richtig diese Einstellung war.

Felix kam wie immer zu spät. „Na, du nervige große Schwester, wo ist denn mein Meter für die Augenhöhe?“

Susann kannte nicht viele Menschen, die in einem Satz zwei Frechheiten unterbringen konnten. Ja, sie war die große Schwester und nervte Felix nun schon zum x-ten Mal mit ihren Fragen. Und Felix war ungefähr einen Kopf größer als sie. Nicht, weil sie klein war, sondern weil er um die zwei Meter maß. „Wenn ich mit Ihnen auf Augenhöhe diskutieren will, muss ich vorher wohl meinen Kopf abgeben, Frau Doktor“, hatte er bei ihrem ersten dienstlichen Gespräch gespottet.

Susann bestellte den Meter Kölsch. Verstohlen musterte sie Felix’ seltsam hautfarbenes Sweatshirt mit schwarzen Ärmelbündchen. In welchem Secondhandladen hatte er das bloß im Regal gefunden? Susann verkniff sich eine Bemerkung. Sie ahnte schon den Kommentar: „Gute Gehälter gibt es in Alsterdorf nur bei den Leitenden, wir anderen arbeiten für Gotteslohn und persönliche Selbstverwirklichung.“ Nein, auf diese Diskussion hatte sie keine Lust.

Felix hob sein erstes Glas an die Lippen, stieß pflichtschuldig mit ihr an und leerte es mit einem Zug aus. „S-Bahn-Fahren macht mich immer durstig“, dröhnte er und wischte sich über den Mund.

„Felix, ich brauche noch mal deinen Rat. Ich habe nur noch

bis morgen Option auf eine Wohnung in Berne. Sie ist richtig schön, liegt ruhig und im Grünen. Kleine, überschaubare Geschäfte fußläufig in der Nähe. Keine gefährlichen Straßen. Und eine nette Nachbarschaft. So ganz anders als in Altona."

Felix sah sie stirnrunzelnd an. „Susann, deine Schwester will Sängerin werden. Du hast mir doch selbst erzählt, wie begeistert sie war, als sie von dem neuen Projekt bei Barner 16 gehört hat. Eine neue Soulband – und das Einzige, was noch fehlt, ist die Sängerin."

Susann dachte an ihren gemeinsamen Besuch im Kulturprojekt der Stiftung. Barner 16 bestand mittlerweile aus mehreren Bands, einer eigenen Theatergruppe, einer Filmwerkstadt. Alle Aktivitäten waren so aufgezogen, dass sie von Menschen mit und ohne Behinderung gemeinsam gestaltet werden konnten. Die Theatergruppe „Meine Damen und Herren" und zwei der Bands waren zurzeit richtig auf Erfolgskurs. Sie waren stolz darauf, dass man sie nicht aus Mitleid buchte, sondern weil sie gut waren.

Anfangs war Mirjam ziemlich verunsichert gewesen. Der große Innenhof. Die vielen Leute. Die vielen Proberäume. Dann konnte sie an einer Gesangsstunde teilnehmen. Als sie wieder herausgekommen war, hatte Mirjam ihre Schwester angestrahlt und atemlos hervorgesprudelt: „Sie haben gesagt, sie können mich hier gut brauchen. Sie haben meinen Stimmumfang getestet. Sie haben mich gefragt, warum ich keinen Unterricht nehme. Ich will hier hin."

So bestimmt hatte Susann ihre Schwester schon lange nicht mehr erlebt. Felix hatte recht. Mirjam wollte unbedingt Sängerin werden. „Aber deshalb muss sie doch nicht mitten in der Stadt wohnen", nahm Susann den Faden ihrer Unterhaltung wieder auf. „Vergiss nicht, sie ist Rollstuhlfahrerin. Sie würde dauernd auf Hindernisse stoßen. Sie ist neu in Hamburg. Und ich habe Angst, dass sie überfordert ist."

„Die Angst kann ich dir nicht nehmen. Aber wichtig ist,

was Mirjam jetzt will. Sie sieht sich als Sängerin in Barner 16. Da wird sie ihre Freunde finden, ihre Arbeit. Da will sie sich abends treffen. Was soll sie denn in Berne? Du ziehst ja auch nicht nach Eppendorf, nur weil das deine Schwester mehr an Charlottenburg erinnert."

Susann musste lachen. „Ok, ok, du hast gewonnen. Ich sage morgen in Berne ab. Obwohl es mir echt gut gefallen hat. Und danke für deine Ehrlichkeit."

„Geschenkt. Beziehungsweise nicht ganz. Was hältst du davon, wenn wir den Meter Kölsch um einen verlängern und uns einen Hamburger als Arbeitsgrundlage dazu bestellen?"

Als *Omas Apotheke* um ein Uhr dichtmachte, dachte Susann sehnsuchtsvoll an Berlin zurück. Dort hatte sie noch nie erlebt, dass eine Kneipe schloss, nur weil es ein Uhr war.

Egal, es war noch ein sehr lustiger Abend geworden, von dem sie wusste, dass sie ihn am nächsten Morgen bereuen würde. Und jetzt waren es nur noch zwanzig Tage, bis Mirjam kam.

24.

Doro war es am vergangenen Arbeitstag dann doch zuviel geworden. Andreas war aufgetaucht, außer der Reihe am späten Nachmittag, und hatte einen Berg von Schülerakten angeschleppt. Sie hatte nur gestöhnt, als sie ihn mit dem Transportkarren in der Tür gesehen hatte. Er entschuldigte sich und zog den Wagen direkt wieder zurück. Es war nicht leicht gewesen, ihm klarzumachen, dass ihr Stöhnen nicht ihm galt, sondern nur der Arbeit, die er mitgebracht hatte. Doch schließlich hatte Andreas seine Hilfe angeboten, und sie hatte dankbar angenommen. Im Grunde hatte er dann fast alles selbst eingeräumt. Akribisch in festen Abläufen mit immer gleichen Schritten vom Wagen zu den Regalen.

Als Doro ihn gefragt hatte, wo er diese Ordnungsprinzipien erlernt habe, hatte er angefangen, von seiner Kindheit zu erzählen. Von seiner Mutter, die immer alles verlegte, weil sie sich immer so viel Sorgen machte und deshalb ständig abgelenkt war. Bereits mit fünf Jahren hatte er angefangen, überall Ordnung zu schaffen. Für sie. Er fing bei Töpfen und Geschirr an. Später kamen dann die Schubladen dran. Ab der zweiten Klasse hatte er sogar die Kontoauszüge abgeheftet. Was seine Mutter nicht wusste, war, dass er schon bald verstanden hatte, wie es um die wirtschaftliche Situation der Familie stand.

Ganze zwei Stunden war Andreas bei ihr geblieben. Zwei Stunden, für die Doro gern alles hatte liegen lassen. Daher hatte sie das Abtippen des zweiten Briefs auf den heutigen Donnerstagnachmittag verschoben. Er war deutlich länger. Vier ganze Seiten. Auf bestem Büttenpapier. Die Schrift war klar, von strenger Schönheit, und enthielt keine einzige Streichung. Bei der Linienführung war man fast geneigt, das Millimetermaß anzulegen.

Doro legte sich die Seiten links vom Computer zurecht. Sie hatte sich schon als Schülerin beigebracht, zehn Finger blind zu schreiben. Erstaunt stellte sie fest, wie sicher sie noch war, wenn sie sich konzentrierte.

Alsterdorf, 23. September 1938

Sehr geehrter Herr Pastor, lieber Freund!

Nun erlaube ich mir diese Anrede. Die Erlebnisse des heutigen Tages lassen mich über jeden Zweifel erhaben sein, dass wir nicht ganz und gar eines Geistes Kind sein könnten. Dieses großartige Bild in unserer St.-Nicolaus-Kirche, dessen Enthüllung wir heute feierten, dürfte nicht nur seinesgleichen im ganzen Reich suchen. Noch mehr stehe ich in ehrlicher Bewunderung, wie Sie diese Fertigstellung inszeniert haben.

Die Wochen der Verhüllung, die dem Entstehen dieses Kunstwerkes ihre Würde gaben, die betenden Schwestern, die um die rechtzeitige Fertigstellung sichtlich innerlich rangen. Schließlich Sie selbst, der Sie mit dem letzten sicheren Pinselstrich am Haupt unseres Helden von Golgatha eigenhändig das Werk vollendet haben.

Die Botschaft dieses Bildes wird unsere Anstalt prägen: Endlich der arische Christus. Sein Opfer hat nichts Schwächliches. Sein Körper strahlt die Menschwerdung Gottes aus, voller Kraft. Inmitten des Leidens leuchtet die Auferstehung hindurch, der Sieg der Rasse über alle menschlichen Gebrechen. Unsere täglichen Pflichten lassen so wenig Austausch unserer inneren Überzeugungen zu, deshalb erlauben Sie mir die bescheidenen Gedanken eines christlichen Arztes: Es geht uns um den gesunden Menschen, noch in der Stunde des Todes. Ihn in Christus zu verherrlichen heißt heute, die Aufrassung unseres Volkes in aller Konsequenz zu verfolgen. Der vermeintliche jüdische Schmerzensmann wird zum Heros einer neuen Menschheit. Jeder Muskelzug des Gekreuzigten spricht diese Botschaft.

Nichts in diesem Bild ist dem Zufall überlassen. Es ist der asketische Luther, der den Wendepunkt markiert. Es ist die Alsterdorfer Schwester, die mit ihrem Dienst den Anfang macht. Es ist unser Stifter Sengelmann, der den heiligen Auftrag sichert. Es sind Zwölf an der Zahl, die für die Heilsgemeinde stehen. Und es ist Ihre Familie, die in der Mitte des Bildes bescheiden nur den Rücken zu zeigen wagt. Sie selbst kniend in Demut. Ganz der Zukunft des Helden von Golgatha zugewandt. Alte und neue Heilige bilden die Zwölfzahl des heiligen Volkes.

Aber was mich, verehrter Freund, besonders beeindruckt hat: Sie haben unsere armen Idioten und Pfleglinge mit in dieses großartige Bild hineingenommen. Sie stehen nicht außen vor. Gleichgültig, ob es das Dummerchen auf dem Arm der Frau unseres Stifters ist. Oder das Kind in der liebevollen Umarmung durch Vater Sengelmann, jener Carl

Koops, mit dem vor 75 Jahren alles begann. Sie alle gehören zu diesem Bild dazu. Durch die liebevolle Zuwendung werden sie selbst zum Teil der Gemeinde. Sie tragen nicht selbst den Glorienschein. Es fehlt ihnen doch so viel, was sie verantwortlich machen könnte für den großen Auftrag, der vor uns liegt. Sie dem gesunden Erbstrom unseres Volkes zu entziehen ist unsere nationale Aufgabe, sie zu pflegen unsere heilige Pflicht.

Ich kann nur hoffen, dass auch unsere wohlgesonnenen Vertreter der Obrigkeit diesen feinen Ton Ihrer Botschaft deutlich wahrgenommen haben. Wir werden unseren Teil dazu beitragen, dass die Gesundung unseres Volkskörpers voranschreitet. Unsere armen Zöglinge werden nicht ohne Nutzen sein. Aber solange es noch Kreaturen gibt, die den Stolz einer gesunden Rasse nicht in sich tragen können, sind wir zu Barmherzigkeit verpflichtet. Erst in kommenden Generationen werden die Segnungen der Befreiung von Trieb und Fortpflanzung Anstalten wie die unsere überflüssig machen. Aber bis dahin bleibt unser Auftrag auch an denen bestehen, in denen wir die neue Schöpfung nicht erkennen können.

Verehrter Herr Pastor, Sie haben mich stets ermutigt, Ihnen meine Gedanken zu offenbaren. Ich darf sagen, dass ich mich ein wenig in jenem Jünger wiederentdecke, der mit scheinbar zweifelndem Blick dem starken Verweis des Petrus auf das Kreuz folgt. Zwischen der aufopfernden Schwester und dem klaren Mut des theologischen Bekenntnisses sehe ich mich so oft selbst. Mir fehlt die Kraft der Worte, die Ihnen so leicht fallen. Mir bleibt nicht die Zeit der aufopfernden Pflege, die so manche Schwester in der Anstalt an den Tag legt. Aber meine Stärke liegt vielleicht in dem klaren Blick, in der Ausrichtung meines bescheidenen praktischen Tuns, der Gesundheit zum Sieg zu verhelfen.

Dass auch mein Dienst wahrgenommen wird, bestätigte mir freundlicherweise Senator Manzke. Er ließ mich wissen, dass ich in wenigen Tagen schon mit meiner Ernennung zum Erbgesundheitsrichter in Hamburg rechnen dürfe. Es scheinen sich hier mehrere Stränge glücklich zu verbinden. Offensichtlich hat sich mein alter Doktorvater noch einmal für mich verwendet, indem er sich für eine größere Freiheit in der Erforschung von Erbkrankheiten in den Alsterdorfer Anstalten eingesetzt hat. Zudem beginnen die Vertreter der Stadt mehr und mehr zu begreifen, wie sehr unsere Forschung zur Prävention und sogar zur teilweisen Heilung von Schwachsinn genutzt werden kann.

Es bleibt Teil unseres schnöden Alltags, dass auch die Senkung unserer pharmakologischen Kosten durch moderne Behandlungsmethoden der Behörde positiv aufgefallen ist. Senator Manzke teilte mir mit, dass es der Anstalt nicht zum Schaden werden würde, wenn sie sich deutlich auch auf eine militärische Auseinandersetzung mit den Feinden des Reiches einstellen würde. Bei entsprechenden Resultaten stellte Manzke in Aussicht, dass uns der Status eines nationalsozialistischen Musterbetriebes zuerkannt werden könnte, der zu erheblichen pekuniären Besserstellungen führen könnte.

Aber mit all diesen Niederungen will ich Sie in dieser Stunde nicht behelligen. Ich berichte Ihnen nur, damit Sie sich als Teil einer Bewegung geborgen wissen, in der die Kraft des Wortes und des Bildes nicht fehlen darf. Sie an der Seite zu wissen betrachte ich als göttliche Fügung

und verbleibe als Ihr Freund

(gez. Wilhelm Kahlenbaum)

Doro rieb sich die Hände. Nach dem langen Tippen fühlten sie sich steif und kalt an. Wie unterschiedlich man Kälte in den Händen empfinden konnte: Wenn sie sich nach der Hausarbeit die Hände im Keller wusch, wo es nur kaltes Wasser gab; wenn sie über die winterlichen Felder nach Salderazen gewandert war und wieder einmal die Handschuhe vergessen hatte. Ja, es gab eine gute Kälte, selbst wenn die Finger davon schmerzten.

Es klopfte an der Tür. Jens streckte den Kopf herein. „Die Erlösung naht, Doro! Susann hat gerade Pizza bestellt. Und ich habe für uns einen guten Chianti gekauft. Jetzt geht's raus aus der Dunkelheit auf Susanns Dienstterrasse."

„Warte eben kurz", sagte Doro und wühlte in ihrer Handtasche. „Ich speichere nur noch schnell meine ersten Funde auf einem Stick. Damit ihr seht, dass ich meine Pizza auch wert bin."

Fünf Minuten später standen sie im Büro von Susann. Es war lichtdurchflutet und Doro merkte, wie sie das erste Mal seit Stunden wieder tief durchatmete. Der Raum war geschmackvoll eingerichtet. USM-Büromöbel in Weiß, ein kleiner Bistrotisch mit vier gusseisernen Stühlen.

„Die stammen aus dem *Quasimodo*, meinem Lieblingscafé in Berlin", erklärte Susann, als sie Doros Blick bemerkte. „In meiner Studentenzeit habe ich da manchmal gejobbt. Kurz vor der Jahrtausendwende wurde die Terrasse dann nach historischem Vorbild restauriert und alle alten Sachen rausgeschmissen."

Doro hörte nur noch mit halbem Ohr hin. Ihre Aufmerksamkeit richtete sich auf das einzige Bild im Zimmer. „Du hast hier doch nicht ernsthaft einen echten Sigmar Polke hängen? Ich glaub es ja nicht", sagte sie mit leicht vorwurfsvollem Unterton.

Jens schaute zu dem Bild hin, das er schon oft gesehen hatte. Es zeigte eine wenig ansehnliche Grünpflanze im Topf, in deren Hintergrund man mehrere mit Bleistift gezeichnete Menschen und nicht näher zu identifizierende Muster erkennen konnte. Jens hatte in dem Bild nie etwas Besonderes sehen können.

„Um ehrlich zu sein, bist du die Erste, die das Bild erkannt hat, Doro", sagte Susann lächelnd. „Vermutlich ist das größte Risiko für das Bild, dass unser Reinigungsdienst es entsorgt. Ansonsten hast du recht. Der Polke ist tatsächlich echt und stammt aus dem Besitz von Carla Vogel. Wir versuchen zurzeit mit einer kleinen Initiative, den Besitz ihres verstorbenen Mannes vor einem Typ zu retten, der Carla voll betrogen hat. Wir haben die Bilder auf verschiedene Personen aufgeteilt, die im Bedarfsfall ihre Besitzansprüche über einen befreundeten Anwalt durchsetzen werden. Und ich schwöre hoch und heilig, ich werde die Erste sein, die ihr Bild in das Museum trägt, das der Sammlung Vogel einen Ort gibt."

„So, beendet euer Fachgespräch, das Proletariat hat Hunger und die Pizza wird kalt." Mit einladender Geste wies Jens auf die geöffnete Balkontür. Auf den Steinen war eine Decke ausgebreitet und mit ein paar Sitzkissen drapiert. In der Mitte standen die Pizzakartons und der geöffnete Wein.

In der untergehenden Sonne aßen die drei ihre Pizzen. Schließlich wurde es zu kalt und sie nahmen ihre Gläser mit in Susanns Büro. Doro erzählte ihnen kurz, was sie in der Kiste gefunden hatte. Susann steckte Doros Stick in ihren Rechner und kam dann mit den ausgedruckten Briefen aus dem Nachbarraum zurück.

Susann und Jens vertieften sich in die Ausdrucke. Doros Blick wanderte zwischen der untergehenden Sonne und den beiden Lesenden hin und her. Sie merkte, dass Susann viel schneller las als Jens. Nur die Falten auf ihrer Stirn verrieten, was in ihr vorging. Doro wunderte sich, dass Susann eine so tiefe Zornesfalte hatte, die bei Entspannung in ihrem Gesicht keine Spur zurückließ. Und mehr noch erstaunte es sie, dass diese Falte ihr Gesicht nicht hässlich machte. Selbst in ihrem Zorn ist sie noch schön, dachte Doro.

Jens stöhnte beim Lesen. Mal schüttelte er heftig den Kopf, als wollte er etwas abschütteln. Dann hörte man „unglaublich", „das kann doch nicht wahr sein", „Schweine". Als er fertig gelesen hatte, konnte er nicht mehr an sich halten:

„Das ist eklig. Diese Arroganz. Diese Selbstgefälligkeit. Dieses widerwärtige Bestätigungskartell, das die eigene braune Sauce im Gehirn für überlegene Intelligenz hält."

Er schaute zu Susann hinüber, der ein paar Tränen übers Gesicht liefen. Er ahnte, was in ihr vorging.

„Ulf, Susann und ich haben für 'Nie wieder' die Untersuchungs- und Behandlungsmethoden aus den Krankenakten herausgearbeitet. Und so viele Unterlagen auch vernichtet worden sind, man kann einfach sagen: Die haben damals keine Schweinerei ausgelassen."

„Und das im Namen des Christentums", empörte sich Doro. „Dieses Gefasel vom Held von Golgatha und dem guten Hirten, der auch züchten muss. Das ist doch unerträglich."

Jens starrte auf das Weinglas in seiner rechten Hand. Dann stellte er es auf dem Bistrotisch ab und zeigte aus dem Fenster. „Keine hundert Meter in diese Richtung stand in den damaligen Anstalten ein Haus mit Namen 'Guter Hirte'. Ich glaube, Rante hat den Namen vergeben. Züchtungsexperimente sind da sicher nicht gemacht worden. Die meisten Bewohner waren eh zwangssterilisiert. Am Namen konnte keiner Anstoß nehmen. 'Guter Hirte' – klingt richtig warmherzig. Aber letztlich vollzog sich hinter solcher Namensgebung eine gigantische Umdeutung. Aus dem leidenden Jesus wurde ein arischer Held, umgeben von seiner theologischen Sturmtruppe, für die sich Luther und Sengelmann aufstellen lassen mussten."

Jens sah zu Susann hinüber, die jetzt wie abwesend aus dem Fenster sah. Er schwieg eine Weile, als wollte er ihr Gelegenheit geben, wieder zu sich zu kommen. Doch ganz offensichtlich war sie in Gedanken ganz woanders. Dachte sie an Mirjam? Er kannte die Geschichte von Susann und ihrer Zwillingsschwester. Was wäre aus Mirjam geworden, wenn sie vierzig Jahre früher geboren wäre?

Sein Blick streifte das komische Bild an der Wand. Links oben entdeckte er den Titel: „Optimierung" – wie mit einer alten Schreibmaschine geschrieben. Er war ihm zuvor nie aufgefallen. Bestimmt lag es an seinem mangelnden Kunstverständnis, dass er mit diesem Druck bisher überhaupt nichts hatte anfangen können. Er hätte nicht einmal zu sagen gewusst, ob es wirklich ein Druck war. Aber irgendwie merkte er, dass dieser Polke auch nichts von der Optimierung des Menschen hielt.

25. *Wenn er irgendetwas an den Schweden schätzte, dann war es deren Verlässlichkeit. Er hatte sofort einen Termin bekommen. Wie lange hatte er keinen Kontakt mehr zu Patrik gehabt? Zehn Jahre mussten es mindestens sein. Damals bei der Verabschiedung ihres gemeinsamen Doktorvaters. Eine eingeschworene Gemeinschaft, die gerne etwas Neues ausprobiert hatte: Sauerstofftherapien bei Hirnerkrankungen. Die achtziger Jahre waren die Pionierzeit der Hirnforschung gewesen und die Schweden lagen ganz vorne. Bis diese verdammte Political Correctness alle zarten Pflänzchen zunichte gemacht hatte.*

Patrik und er hatten ein halbes Jahr ein Büro geteilt. Eigentlich zu klein für einen. Aber da sie meistens im Labor waren, fiel das nicht weiter auf. „Hirnforschung an Ratten ist wie Zimtschnecken ohne Butter", hatte Patrik manchmal gesagt. Nicht nur wegen seiner Rattenphobie. Vor allem, weil es immer wieder wissenschaftliche Fragen aufwarf. Konnte man Versuchsreihen an Rattengehirnen übertragen auf Primaten oder sogar Menschen? Wie froh waren sie damals gewesen, als sie durch Vermittlung ihres Doktorvaters erste Versuche an Wachkomapatienten machen konnten. Die Erfolge waren gigantisch gewesen.

Patrik hatte zu seinem Glück schneller promoviert. Der Titel war so unverständlich, dass er sein Verfahren abgeschlossen hatte, bevor das große Jagdblasen auf die „Men-

schenversuche im Namen der Wissenschaft" losging. Er selbst war nicht rechtzeitig fertig geworden. Ihm hatten noch zwei Versuchsreihen gefehlt. Akademisches Pech.

Das Zentrum für Biotechnologie lag im Norden Lunds. Auf der Anzeigetafel im Eingang fand er unter der Überschrift „Biochemisches Zentrum" Patriks Namen. Zu seinem Doktortitel hatte sich inzwischen der Professor dazugesellt und „Head of department".

Für einen Institutsleiter war sein Büro recht einfach ausgestattet. Der Schreibtisch mit seinen drei Monitoren war größer als der Besprechungstisch. Alles war aufgeräumt und geordnet. „Schön, dich wiederzusehen", begrüßte Patrik ihn mit einem Lächeln, „ich glaubte dich schon komplett im Landarztleben verloren."

„Ja, Hörby ist wirklich nicht Lund. Aber verloren fühle ich mich glücklicherweise nicht. Oder wenn, dann verliere ich mich eher in den Absurditäten unseres Gesundheitssystems. Das Wartezimmer wird immer voller, die Patienten immer anspruchsvoller und die Gewerkschaft verbietet einem, mehr als vierzig Stunden zu arbeiten."

„Da lob ich mir meine Reagenzgläser. Die beschäftigen mich zwar auch deutlich über die Vierzig-Stunden-Woche hinaus. Aber sie mosern wenigstens nicht. Soll ich dir zeigen, woran wir gerade arbeiten? Oder willst du mir erst mal erzählen, was dich hierher treibt?"

Für einen Moment kam Patriks alte Forscherleidenschaft durch. Um eine Führung würde er nicht herumkommen. Aber das war ja genau der Sinn seines Besuchs.

„Am besten ist es wohl, ich sage dir zuerst, warum ich hier bin, und dann darfst du deine Führung direkt mit einer Vorlesung verbinden. Das kannst du doch bestimmt noch genauso gut wie früher?"

Patrik zwinkerte ihm zu. „Zweimal die Woche Vorlesung reichen, um nicht aus der Übung zu kommen. Und in der letz-

ten Zeit häufen sich auch noch Radiointerviews und sogar Fernsehauftritte."

„Na, dann bin ich ja bei dir an der richtigen Adresse."

Patrik senkte den Blick und zögerte einen Augenblick: „Sorry, falls das jetzt etwas unsensibel war, Friedrich. Ich weiß, dass du genauso gut hier sitzen könntest wie ich."

„Kein Problem. Aber zurück zu meinem Fall: Ich habe einen Patienten. Anfang vierzig, erfolgreicher Geschäftsmann und homosexuell. Er hat sich vor sechs Jahren mit HIV infiziert. Auf erste Anzeichen hat er sehr früh reagiert und wir haben ein Blutbild machen lassen."

„Ist das hier geschehen?"

„Nein, der Fall war viel zu gewöhnlich. Wir haben das Blut im Labor in Malmö untersuchen lassen. Wie erwartet mit dem Ergebnis „positiv". Johan, unter uns kann ich den Namen ja nennen, war von Anfang an ein Musterpatient. Wir haben sofort mit der antiretroviralen Therapie begonnen. Sie hat nicht nur gut angeschlagen, auch die Nebenwirkungen hielten sich in Grenzen. Klar, ein paar Magenprobleme am Anfang und einmal Störungen des Fettstoffwechsels. Aber auch das haben wir durch einen Medikamententausch schnell in den Griff bekommen. In der gesamten Therapiezeit haben wir die Viruslast unterhalb der Nachweisgrenze gehalten."

„Klingt gut. Und Kompliment an dich, dass du ihn so gut eingestellt hast. Zeigt er psychische Auffälligkeiten?"

„Liegt alles im normalen Bereich. Gelegentlich Schlafstörungen, aber die können auch von seinem Beruf herrühren. Wenn wir sein Blutbild besprechen, ist er jedes Mal höchst angespannt. Aber auch das erstaunt nicht. Hinter dem bisherigen guten Therapieerfolg steht, glaube ich, ein einfaches Muster: Johan hat einen Kontrollzwang. Er will, wie alles in seinem Leben, auch die Viren im Griff haben. Und aufgrund dieser Einstellung läuft alles prima. Oder besser gesagt: lief alles prima."

„Aha, jetzt wird's spannend."

„Vielleicht. Vor ein paar Monaten war Johan auf Geschäftsreise in Westafrika, Kamerun. Dort hatte er sexuellen Kontakt. Das Kondom, das er dabei benutzt hat, ist gerissen."

„Das hört man leider häufiger."

„Wie auch immer. Jetzt ist Johan in fast schlimmerer Aufregung als bei seiner Erstinfektion. Ich habe den Eindruck, dass sein filigranes Kontrollkonzept aus den Fugen geraten ist, und mache mir wirklich Sorgen um ihn, dass er psychisch zusammenbricht, wenngleich das gesundheitliche Risiko nicht sehr gestiegen sein dürfte."

„Wenn wir da so sicher sein könnten! Wie viel weißt du über unsere Forschungen, Friedrich?"

„Das, was man in der Presse lesen konnte. Im Netz habe ich auch ein bisschen was gefunden."

„Ok, dann lass mich meine Erklärungen mit der Führung in unser Labor verbinden. Ich hab noch etwa eine Stunde Zeit."

Sie erhoben sich gleichzeitig und Patrik übernahm die Führung. Über den Flur gelangten sie zu einer Tür ohne Aufschrift. Genauso gut hätte man einen Lagerraum dahinter vermuten können. Patrik schloss mit demselben Schlüssel auf, den er beim Abschließen seines Büros benutzt hatte. Der dunkle Schleusenraum von vielleicht vier Quadratmetern enthielt neben einer Garderobe nur ein kleines Waschbecken. Neben der Türklinke zum Allerheiligsten war noch ein Behälter mit Einmalhandschuhen an die Wand montiert. Der Anzahl der Kittel nach zu urteilen musste das Institut etwa sechs bis acht Mitarbeiter haben.

Nachdem sie sich Kittel und Latexhandschuhe angezogen hatten, öffnete Patrik die Tür. Friedrich konnte seine Enttäuschung kaum verbergen. Der Raum war für ein Forschungslabor nicht besonders groß und wie für ein Proseminar in Chemie eingerichtet – an einer Uni, der die Gelder ausge-

gangen waren. Dieser Eindruck wurde durch die Raumtemperatur noch verstärkt. Es war schweinekalt. Auf den resopalbeschichteten Tischen befand sich nichts außer einem Mikroskop und einem Rechner. Die Stühle waren ein Sammelsurium mit der einzigen Gemeinsamkeit, dass sie billig und unbequem aussahen. Die Wände wurden von drei großen Kühlschränken beherrscht.

Er ging langsam durch das Labor und musterte die Mikroskope. Einige der Marken kannte er. An einem Schreibtisch, der sich in nichts von den anderen unterschied, entdeckte er ein Leica-Mikroskop: „Das ist also dein Arbeitsplatz. Und Leica bist du auch treu geblieben."

„Das einzige Privileg, das ich mir als Chef hier leiste. Es ist nicht das neueste Lichtmikroskop und deshalb kennt keiner den Anschaffungspreis. Meine Doktoranden halten das für Nostalgie, damit bleibt mein Image intakt. Unser eigentliches Herzstück aber befindet sich hier." Patrik ging zu den Großkühlschränken. „HI-Viren sind ziemlich umweltstabil, sofern man ihnen nicht mit irgendwelchen Mitteln zu Leibe rückt, die ihre Lipidhülle zerstören. Auf die Temperaturen muss man aber schon achten. Wenn wir hier bei leicht abgesenkter Zimmertemperatur mit den Viren arbeiten, sind am Ende des Tages nur noch die Hälfte aktiv."

„Aber die Züchtung dürfte doch kein Problem sein, oder?"

„Stimmt. Ich kann dir hier innerhalb von vierundzwanzig Stunden einen Cocktail brauen, der das gesamte Gesundheitswesen in Südschweden lahmlegen würde. Aber unser Interesse ist natürlich, die Reaktion der verschiedenen Virenstämme unter möglichst gleichen Verhältnissen zu untersuchen. In der entscheidenden Phase natürlich bei Körpertemperatur. Die Aufbewahrung der Viren geschieht im ersten Schrank. Bei minus 70 Grad sind sie quasi unbegrenzt haltbar. Aber selbst bei 4 Grad haben wir eine Haltbarkeit von mehreren Monaten. In unserem ersten Schrank halten wir

unsere sechzig HIV-Stämme in unterschiedlichen Kühlungsstadien bereit zur Weiteruntersuchung."

Patrik öffnete den Schrank und ihnen schlug eisige Luft entgegen. Friedrich zog an einer der Schubladen und bemerkte zufrieden, dass diese nicht eigens gesichert war. Die Blutproben steckten in verschraubten Ampullen, die mit der Kombination aus drei Buchstaben gefolgt von einem Querstrich und einer Buchstaben-Zahlenkombination beschriftet waren. „Der zweite Schrank ist quasi unser Simulationstheater. Wir kreuzen beispielsweise zwei Virenstämme, sagen wir mal Typ 02 von einem Schweden mit Typ A3 von einem Westafrikaner. Und schon haben wir einen neuen Rekombinanten mit der Bezeichnung A3/02."

„Kopulation im Reagenzglas sozusagen."

„In der Tat. Wir können sogar simulieren, dass der neue Virenstammträger gerade Fieber hat oder dass seine Helferzellen abgesenkt sind. Und dann sehen wir dem Krimi im Reagenzglas zu. Auch daran hat sich nichts geändert, Friedrich. Das ist wie früher." Patrik lächelte ihm zu. „Und das daneben ist unsere Goldtruhe. Im Grunde ist der Schrank identisch mit dem zweiten Schrank, aber hier testen wir im Auftrag und in Zusammenarbeit mit Arzneimittelherstellern die Wirkweise von bereits bekannten oder neuen Medikamenten auf die HIV-Cocktails. Das Ziel sind passgenaue Therapien, die dem individuellen Blutbild entsprechen."

„Wenn ich richtig verstanden habe, bedeutet eure Forschung im Kern, dass ihr neue Virenstämme gefunden habt, die hochaggressiv sind und die HIV-Therapie vor völlig neue Herausforderungen stellen?"

„Genau. Ich meine, wir leben in einer globalen Welt. Wir gehen davon aus, dass bereits jetzt etwa dreißig Millionen Menschen HIV-infiziert sind. Was ist nun aber, wenn sich zwei oder mehrere aggressive Stämme mischen? Der Fall von Johan ist da ganz typisch. Wie wirkt sich das auf die Evoluti-

onsgeschwindigkeit der Viren aus? Und dann brauchen wir nur die Fantasie ein wenig spielen zu lassen. Sind für diese Viren auch andere Trägerstoffe denkbar? Pandemien sind ein Thema, über das größtenteils hinter verschlossenen Türen nachgedacht wird."

„Und was habt ihr bisher über die Virenstamm-Verbindungen herausgefunden?"

„Wir haben Resultate erzielt, die wir bewusst nicht veröffentlicht haben. Unten in unserem Giftschränkchen haben wir Kombinationen getestet, die die T-Zellen binnen Stunden komplett zerstören."

„Und ohne Helferzellen ist der Unterschied zwischen HIV und AIDS nur noch ein akademischer. Infiziert heißt todkrank."

„In der Tat, Friedrich, wir haben Kombinationen getestet, bei denen du zwei Monate nach Infektion mit 96-prozentiger Wahrscheinlichkeit tot bist. Und wir haben keine Ahnung, ob das, was wir hier hübsch und harmlos zwischen die zwei Gläser eines Objektträgers geklemmt haben, nicht irgendwo da draußen auf zwei Beinen herumläuft."

„Nicht in dem Ausmaß, aber irgendwie in diese Richtung gingen auch meine Befürchtungen für Johan, als ich im Netz von euren aggressiven Stämmen las."

Patrik nickte. Die Sorge, die sich in seinem Gesicht abzeichnete, ließ für einen Moment ahnen, wie er einmal als alter Mann aussehen würde. „Das ist leider alles andere als unberechtigt. Aber was willst du in Johans Fall tun?"

„Ein Blutbild könnte vielleicht erste Klarheit verschaffen."

„Kein Problem. Bring mir eine Probe vorbei. Ich erledige das für dich", bot Patrik an.

„Danke, das ist nett von dir. Aber was ich als Landarzt in all den Jahren gelernt habe: Das wichtigste Gut zwischen einem Patienten und seinem Arzt ist das Vertrauen. Vielleicht kann ich Johan überzeugen, dass er mir eine Blutprobe zur

Untersuchung freigibt. Wenn ich ihm sage, dass nur ich darauf schaue und nur ich einen bestimmten Verdacht ausschließen will. Die Einwilligung zur Untersuchung in deinem Institut würde er nie geben. Du weißt, die abstruse Angst vor dem sozialen Überwachungsstaat.“

„Er muss es ja nicht erfahren.“

„Ich weiß, das klingt etwas altmodisch, Patrik. Aber das ist die andere Seite des Vertrauens. Sie verträgt keine Halbwahrheiten. Und außerdem hättest du ja wirklich eine Offenlegungspflicht. Denkst du, dass ich die Untersuchung vielleicht selbst durchführen könnte? Ich könnte dir ja, wenn ich etwas Interessantes finde, eine anonyme Probe in deinen Giftschrank legen.“

Patrik sah ihn nachdenklich an. „Weißt du, Friedrich, warum ich Ja sage, obwohl es nicht ganz im Sinne unserer Institutsregeln ist?“

Sein Gegenüber schüttelte den Kopf.

„Ich finde, du hast dich sehr verändert. Zu deinem Vorteil, wenn ich das sagen darf. Du weißt, dass ich dich als Wissenschaftler immer geschätzt habe. Und du weißt auch, dass ich es immer unfair fand, dass ich meine Karriere fortsetzen konnte und du dein Leben völlig neu aufbauen musstest. Aber ich hatte immer auch den Eindruck, dass du in deinem Forschen etwas Selbstverliebtes und manchmal auch Hartes hattest.“ Patrik zögerte einen Moment. „Ich erlebe dich in der Hinsicht völlig verändert. Mir gefällt, wie sehr du dich um deinen Patienten sorgst. Also, warum nicht?“

„Danke, Patrik. Auch im Namen von Johan. Was denkst du, wie wir es machen können, ohne dass ich dich in Schwierigkeiten bringe?“

„Du hast es ja heute erlebt. Zwischen 16 und 18 Uhr bin ich hier fast immer allein. Manchmal arbeite ich dann im Büro, manchmal im Labor. Wenn du mir vorher kurz Bescheid sagst, kannst du meinen Arbeitsplatz in diesem Zeitraum nutzen.“

„Das Angebot nehme ich gern an. Und darf ich noch eine Bitte loswerden. Gibst du mir die Aufsätze, die du in den letzten Monaten zu dem Thema geschrieben hast? Es tut so gut, mal aus meiner kleinen Welt in eine ganz andere Arbeit eintauchen zu können. Von der menschlichen Begegnung mit dir ganz abgesehen."

„Vielleicht lassen wir in Zukunft zwischen den Begegnungen keine zehn Jahre mehr vergehen."

Sie verabschiedeten sich mit einem festen Händedruck. Wie zwei Freunde, die sich wiedergefunden hatten. Als er zu seinem Wagen zurückging, dachte er: Wenn manches in meinem Leben anders verlaufen wäre, hätte Patrik vielleicht wirklich ein Freund werden können.

26.

Diese sonderbaren Briefe in der akkuraten Handschrift. Warum übte das eine so ungeheure Anziehungskraft auf sie aus?, überlegte Doro. So stark, dass sie schon wieder auf dem Weg in die Stiftung war.

Vorher hatte sie noch mit ihrer Hofmitbewohnerin zusammen gefrühstückt. Als Doro sie am Abend gefragt hatte, ob sie am nächsten Tag wieder das Auto haben könnte, hatte Else geantwortet: „Aber nur unter der Bedingung, dass du morgen mit mir frühstückst. Sonst verkommt unsere Gemeinschaft allmählich zum Carsharing-Projekt."

Das Frühstück hatte Doro gutgetan. Else hatte wendländische Bratels für sie gemacht. Kleine Rindfleischwürfel, scharf angebraten und zum Schluss mit heißer brauner Butter überzogen. Dazu noch rote Bete und frisches Graubrot. Das liebevoll zubereitete Essen verriet sofort Elses Absicht: „Damit wir uns richtig verstehen, Doro. Ab jetzt kommst du täglich zu mir zum Frühstück. Wir haben uns damals vorgenommen, aufeinander achtzugeben. Und wenn du dich zwei Tage nacheinander freiwillig ins Auto setzt, mache ich mir Sorgen. Also spätestens bis morgen früh."

Doro hatte sie in den Arm genommen. „Versprochen!" Dann war sie gefahren. Sie hatte nicht einmal mehr daran gedacht, das Verdeck zu öffnen.

Zwei Stunden später saß sie im Archiv an ihrem Schreibtisch. Sie legte die zwei letzten Briefe in Sütterlin links neben sich, schlug ihren Rechner auf und tippte blind ab:

Berlin, den 31. Juli 1940

Verehrter Freund,

die Ereignisse scheinen sich zur Zeit schier zu überstürzen. Warschau, Paris, Kapitulationen im Westen und Norden des Reiches – es gibt wohl keine Nation, die sich unserem Volk noch entgegenstellen könnte. Gegenwärtig die Stimmung in Berlin zu erleben, das ist geradezu atemberaubend. Die Schmähungen von Versailles scheinen gänzlich überwunden, seit der Blitzkrieg gegen Frankreich die Übermacht unserer siegreichen Armee so unübersehbar hat werden lassen.

Angesichts dieser großen Entwicklungen treten persönliche Schicksale in den Hintergrund. Dennoch scheint die Vorsehung auch unserer umsorgten Anstalt und mir persönlich günstig zu sein. Durch meine Berufung als Gauleiter im Amt für Volksgesundheit hat sich für mich ein ganz neues Wirkungsfeld ergeben. Wie man mir von höherer Stelle hier in Berlin versicherte, hat wohl mein Referat zur Praktischen Bevölkerungspolitik beim Lehrgang der Gauhauptstellenleiter dazu beigetragen, dass man sich meiner weiteren Mitwirkung versichern wollte.

Meine Anregung, die Erforschung der Erbzusammenhänge auf alle Kinder der Idiotenschulen systematisch auszuweiten, wurde in seltener Einigkeit sowohl seitens des „Hauptamtes für Volksgesundheit" wie auch des Amtes „Gesundheit und Volksschutz" aufgenommen. Die von uns bisher nur in Ansätzen entwickelte Kartei wird nun gewiss die erforderliche politische Unterstützung erfahren. Es scheinen mir gegenwärtig hier in Berlin alle Türen offenzustehen.

Unserem Bemühen, sowohl unsere wissenschaftliche Arbeit an unseren Pfleglingen in ihrer Bedeutung für die Volkshygiene wie auch die bleibende Bedeutung der Alsterdorfer Anstalten deutlich zu machen, wird, wie man mir gestern noch versicherte, schon bald der Erfolg beschert sein. Die Anerkennung der Anstalten als kriegswichtiger Betrieb sei bereits auf dem Weg.

Darf ich in aller Bescheidenheit hinzufügen, dass es niemand Geringeres als Dr. Leonardo Conti war, der mir gestern diese Zusage machte. Conti gilt als der engste Vertraute Görings, zu dessen Ernennung als Reichsmarschall er mich gestern spontan mitgenommen hat. Dort hatte ich das Vergnügen, durch Vermittlung Dr. Contis mit einer engen Freundin des Reichsmarschalls Bekanntschaft zu schließen. Frau Dr. Nersson ist nach der Machtergreifung ihrer Freundin Carin Freifrau von Kantzow von Schweden nach Deutschland gefolgt. Man sagt ihr nach, dass sie nach dem frühen Tod der Freifrau diese in deren Rolle als erste Frau der nationalsozialistischen Elite beerbt habe. Ihre blendende Schönheit dürfte ihr dabei nicht im Weg gestanden haben.

Überdies ist Frau Dr. Nersson eine Fachkollegin von mir und wir führten ein überaus anregendes Gespräch. In Schweden, so ihre Worte, sei man sehr an psychochirurgischen Verfahren interessiert, durch die man Behandlungen mit starken Medikamenten überflüssig machen könne. Mir selbst sind die entsprechenden Versuche, die bereits seit einem halben Jahrzehnt in Amerika mit großem Erfolg praktiziert werden, bestens bekannt.

Vereinfacht gesagt geht es darum, die Nervenbahnen zwischen zwei Hirnteilen zu kappen und so jedes Schmerzempfinden auszuschalten. Ich berichtete Frau Nersson davon, dass ein Schleswiger Kollege und ich gegenwärtig an einem Verfahren arbeiteten, den operativen Eingriff durch eine Tiefenröntgenbestrahlung zu ersetzen. Prinzipiell sei es kein Unterschied, ob man bei einer Sterilisation die Hoden zertrümmere oder Thalamus und Frontallappen durchtrenne.

Ich hatte sofort den Eindruck, dass Frau Nersson die Tragweite meiner Überlegungen erkannte. „Wenn das gelingt, dann haben wir in diesen schweren Zeiten einen Durchbruch in der Behandlung psychiatrischer Leiden unserer tapferen Soldaten. Dann müssen Sie hier keinem mehr erklären, warum man Anstalten wie die Ihre im Reich braucht, verehrter Kollege. Seien Sie sicher, Leo (sie meinte offensichtlich Dr. Conti) und ich werden Ihnen schon bald einen Besuch in Hamburg abstatten, um Ihre Wirkungsstätte persönlich in Augenschein zu nehmen."

Verehrter Freund, Sie werden verstehen, dass ich nach den Begegnungen dieses Abends sehr zuversichtlich bin. Wir werden nach meiner Rückkehr schnellstmöglich den hohen Besuch aus Berlin vorbereiten müssen.

Bis dahin verbleibe ich mit deutschem Gruß

Ihr W. K.

Doro hatte sich fest vorgenommen, die beiden Briefe einfach nur stumpf abzutippen. Aber sie merkte, dass sie das nicht schaffte. Was würden andere Menschen an ihrer Stelle tun: eine Zigarette rauchen, an die frische Luft gehen, jemanden anrufen, irgendwas zerschlagen?

In der Trauertherapie hatten sie ihr immer wieder geraten, etwas Körperliches zu tun. Irgendetwas, das ihr half, dass ihr Gehirn sich nicht in endlosen Gedankenspiralen verlor. Doro hatte mit Nordic Walking angefangen und einen Yogakurs belegt. Doch ihr Weg war es geblieben, Zuflucht in Büchern zu suchen. Zwischenzeitlich kannte sie sich auch mit dem Internet gut aus. Sie nutzte die wesentlichen Suchmaschinen, war bei Llek und Metager angemeldet. Außerdem hatten mehrere führende Universitäten, allen voran Harvard, ihre Wissensdatenbanken geöffnet. Dennoch, für Doro gehörte Wissen in Bücher, am besten mit Lederrücken.

Beim Gedanken, dass sie schon in wenigen Stunden wieder in ihrer vertrauten Bibliothek sitzen würde, legte sich Doros Unruhe.

„Was anderen ihr Porsche ist, das ist uns unser Alexandria“, hatte Ulf gesagt, als sie in Diahren endlich alle Bücher eingeräumt hatten. „Siebenhunderttausend Bücher schaffen wir nicht. Aber ein Prozent davon kriegen wir hin.“ Seitdem nannten sie ihre Studierstube nur nach der berühmtesten Bibliothek der Antike.

Doro notierte sich schnell einige Fragen. Dann massierte sie ihre Finger und begann die inzwischen so vertraute Handschrift zu transkribieren. Schon beim ersten Hinschauen merkte sie, dass der Brief nicht in Hamburg abgefasst war:

Allenstein, 12. Februar 1941

Verehrter Freund,

es ist gut, unsere geliebte Anstalt während dieser Tage der Bewährung in Ihren Händen zu wissen! Wie sehne ich den Zeitpunkt herbei, an dem ich wieder an Ihrer Seite stehen werde.

Sie erinnern sich noch, dass ich mit meiner Entsendung hier nach Allenstein sehr gehadert habe. Warum in Krisenzeiten, die meine Präsenz in Hamburg so erforderlich erscheinen lassen, eine Entsendung für mehrere Wochen als Reservearzt notwendig sein könne, blieb mir trotz des Geheißes aus Berlin völlig verborgen.

Inzwischen sehe ich klarer. Meine in der Anstalt gemachten Erfahrungen in der Behandlung von Idioten stellen einen unentbehrlichen Fundus zum Umgang mit Kriegsneurotikern dar. Mein folgender kurzer Bericht verfolgt nur die Absicht, dass Sie sich meiner in schicksalhafter Stunde verbunden wissen. Es ist deshalb nur ein kleines Nebenanliegen, wenn ich Sie herzlich bitte, meinem Bankbuch eine Ausgleichszahlung von RM 400 pro Monat gutschreiben zu lassen. Der geringe Sold, der mir hier zugestanden wird, trägt die Kosten nicht, die mir im Zuge meines glücklichen Hauskaufes in der Adolf-Hitler-Straße monatlich entstehen. Darf ich hier mit Erledigung zum Monatsultimo rechnen?

Damit aber zurück zu meinem Bericht: Das Lazarett in Allenstein ist mittlerweile völlig überbelegt. Es war ursprünglich für 80 Betten ausgelegt, ist unter Nutzung der letzten freien Ecken mit der Machtergreifung auf 128 Betten ausgebaut worden. Inzwischen sind es aber 370 Betten, die immer noch nicht ausreichen, sodass auf die Jugendherberge zurückgegriffen werden musste. Im Nachbarort ist eine chirurgische Abteilung mit 75 Betten dazugekommen. Wer die Zustände hier erlebt, hegt keinen Zweifel mehr daran, dass auch unsere Anstalt sich dringend der Versorgung von verwundeten Soldaten annehmen muss.

Allen Widrigkeiten zum Trotz versuchen wir hier eine gute Arbeit zu tun und, was das Ganze erträglich macht: Man lässt uns Ärzten und Psychiatern freie Hand. Uns Letztgenannte eint die Sicht, dass bei unseren Kriegszitterern das Problem nicht der Krieg selbst ist, sondern die mangelnde Fähigkeit dieser meist erbärmlichen Gestalten, den Alltag des Krieges mannhaft zu bestehen.

Es gilt daher, die Menschen schnellstmöglich aus ihrem Selbstmitleid herauszuziehen und sie wieder fronttauglich zu machen. Meist wird das mit Methoden versucht, die der Erfahrung des letzten Krieges entstammen. Hoch im Kurs steht dabei die Kaufmannsche Methode: Die Patienten werden durch Suggestion in eine Befehlssituation gebracht. Der barsche Militärton durch den behandelnden Arzt, der an die Stelle des Offiziers tritt, wird unterstützt durch kräfti-

ge Wechselstromanwendungen von bis zu drei Minuten. Die Subordination erzielt ihren Effekt darin, dass der Patient den Befehl wieder über sein Kriegserlebnis einzuordnen lernt. Der Erfolg dieser Methode ist immer noch frappierend, insbesondere seit sie gegenüber dem letzten Krieg entscheidend verbessert wurde. Die damaligen Erholungsphasen mit Militär- und Blasmusik und leichteren Exerzierübungen werden zwischenzeitlich ersetzt durch die viel wirksamere Wortsuggestion. Ein geschätzter Kollege aus Hamburg lässt die Patienten nackt in einen dunklen Raum führen. Sie werden dort mit aller gebotenen Härte angeschrien, bis sie ihr inneres Korsett wiedergefunden haben. Ziel ist immer die dauerhafte Heilung in einer einzigen Sitzung.

Genau hier aber setzen meine Zweifel an. Denn mehr als ein Korsett auf Zeit wird diese Behandlung meines Dafürhaltens nicht leisten. Wir müssen tiefer ansetzen. Meine Versuche mit Röntgentiefenbestrahlung haben dies hinlänglich belegt. Leider ist hier unsere Gerätschaft völlig unzureichend.

In dieser Not hilft die neue Methode aus Amerika, von der ich Ihnen bereits berichtete: Bei dieser sogenannten Lobotomie führt man, nach einer kurzen Betäubung durch Elektroschock, ein Langmesser mit Pickelaufsatz oberhalb des Auges ein. Nach Durchstoßen der an dieser Stelle sehr dünnen Schädeldecke wird mit wenigen beherzten Schnitten der Frontallappen vom Thalamus getrennt. Der Erfolg ist gigantisch. Die Patienten fühlen sich größtenteils von allen Ängsten befreit; vom Ballast aller belastenden Gefühle. Die weitaus meisten Lobotomierten erinnern sich nicht einmal an ihre früheren Angstzustände.

Das Bahnbrechende an dieser Methode besteht nicht nur in dem Umstand, dass die Patienten nach nur wenigen Tagen wieder fronttauglich sind. Nein, es sind auch überaus praktische Erwägungen: Der Eingriff dauert nicht einmal eine Stunde und kann mit etwas Übung auch von einfachen

Schwestern durchgeführt werden. Mit den jüngeren Ärzten hier bin ich dabei einer Meinung, dass die hirnchirurgischen Eingriffe jedoch auf längere Sicht durch Bestrahlungsformen abgelöst werden müssen. Der Lazarettaufenthalt ließe sich dadurch weiter verkürzen. Meine Kollegen ermuntern mich ständig, bei meiner Rückkehr nach Hamburg von meinen Forschungen unter keinen Umständen abzulassen.

Es mag Ihnen als Seelsorger fremd erscheinen, wie sehr wir uns daran gewöhnen müssen, solche Fragen auch nach dem volkswirtschaftlichen Nutzen zu beurteilen. Es ist, mag sein, den Verhältnissen eines Lazarettes geschuldet, dass man klarer sieht. Wir müssen in dieser schweren Stunde wählen, welchem Leben wir eine Zukunft geben.

In diesem Sinne möchte ich Ihnen noch eine dringende Bitte ans Herz legen: Lassen Sie keine Verzögerung bei dem Ausfüllen der Meldelisten zu. Hinter der ganzen Aktion steht ein geheimer und im Übrigen beglaubigter Führererlass.

Gegenüber zögerlichen Naturen in unserer Anstalt können Sie darauf verweisen, dass sie nur der statistischen, planwirtschaftlichen Erfassung dienen. Überdies habe ich mit Dr. Mausbach eine Liste von über 70 Schwachsinnigen erstellt, die bei einer frühen Verlegung zuerst selektiert werden sollen. Wir können bei ihnen nach bestem Gewissen davon ausgehen, dass sie selbst bei einfachsten Tätigkeiten zu keinerlei Nutzen sein werden. Bei allen weiteren Schritten will ich Sie nach meiner Rückkehr wieder nach Kräften unterstützen.

Bis dahin versuche ich, meiner Pflicht gerecht zu werden. Vielleicht sind mir auch wenige gute Stunden vergönnt, in denen ich mich an der schönen Landschaft Ostpreußens oder auch an der ruhigen Stimmung der Jakobikirche erfreuen kann. Sie ist mir so wichtig wie vielen der Kollegen das Allensteiner Bier. In Gedanken bin ich dann bei unserer geliebten Anstalt. In Verbundenheit

Mit deutschem Gruß *W. K.*

Nachdem sie abgespeichert hatte, schlug Doro ihren Laptop so fest zu, als hätte er seinen letzten Dienst getan. Sie hatte das Gefühl, den Schlamm, der aus den fein ziselierten Buchstaben des Arztes herausquoll, eindämmen zu müssen. Sie musste an Max Liebermann und seinen berühmten Ausspruch bei der Machtergreifung 1933 denken: „Ick kann jar nich soville fressen, wie ick kotzen möchte."

Außer Elses Bratels würde sie heute auch nichts mehr runterkriegen. Sie hatte nicht wie Liebermann die braunen Machthaber gesehen, die nach der Machtergreifung ihren stolzen Fackelzug auf dem Pariser Platz abhielten. Aber sie sah die Brandstiftung, die zu Worten geworden war. Und diese Worte waren nicht weniger zum Kotzen.

27. *Die Lektüre von Patriks Aufsätzen war mehr als hilfreich gewesen. Vor allem, weil er inzwischen verstand, wie das Beschriftungssystem funktionierte. Die neuen Virenstämme waren leicht an der Zahlen-Buchstaben-Kombination mit Querstrich zu erkennen. Blieb einzig die Frage, wie er herausfinden konnte, welcher Rekombinant besonders gefährlich war.*

Die Strategie, die er sich zurechtgelegt hatte, funktionierte. Eine Woche nach seinem ersten Treffen mit Patrik erschien er mit einer Blutprobe in der Klinik. Er hatte das Blut von Johans letzter Untersuchung mitgebracht. Johan war der anstrengendste schwule Patient, den man sich vorstellen konnte. Seit seiner Infektion lebte er in ständiger Angst. Jeder Schnupfen trieb ihn in die Sprechstunde. Schon mehrfach hatte er ihn zu überreden versucht, sich einen Spezialisten zu suchen. Aber dem stand Johans Geiz entgegen, der noch stärker ausgeprägt war als seine Angst. Johan wusste genau, worauf er als Risikopatient einen Anspruch hatte. Fahrten zur Uniklinik gehörten nicht dazu. Und so blieb er leider sein treuester Patient. Vermutlich würde er ihn sogar überleben. Johans Blutbild würde so langweilig sein wie sein Sexualleben. Seit seiner Infektion hatte er, wie er sagte, sein Leben geordnet und führte nun eine eheähnliche Beziehung.

Patrik empfing ihn wieder offen und herzlich. Er war wie verabredet allein und freute sich über Friedrichs Mitbringsel: Fastlagsbullar von Ramklints Café. Die hatten sie früher immer geholt, wenn es was zu feiern gab. Der Safran-Kardamom-Gehalt des kalorienreichen Gebäcks hatte glücklicherweise jede EU-Verordnung überlebt und es war schlicht unmöglich, die Dinger zu essen, ohne sich mit Puderzucker einzusauen oder Sahne über das halbe Gesicht zu verteilen.

Nachdem sie sich notdürftig gesäubert hatten, brachte Patrik ihn zu seinem Laborplatz und machte ihn kurz mit dem Mikroskop vertraut.

„Könntest du mir mal ein Beispiel für die Evolutionsgeschwindigkeit der Viren zeigen?“, bat er seinen ehemaligen Kollegen.

Bereitwillig ging Patrik zum ersten Kühlschrank und zog Frischblut aus einer Konserve auf einen Objektträger. Dann nahm er aus der zweituntersten Schublade des mittleren Schranks eine kleine Ampulle und zog einen Tropfen auf eine Pipette. „Bei dieser Kombination kannst du der Virenevolution fast wie im Zeitraffer zusehen.“

Er merkte sich die Zahlen-Buchstaben-Kombination auf der Ampulle.

In der Tat war das, was er zu sehen bekam, unglaublich. Es war nicht weniger als ein Krieg, der im Mikrokosmos eines Blutstropfens stattfand. Die Viren nahmen sofort die Arbeit auf. Die noch deutlich in der Überzahl vorhandenen T-Lymphozyten versuchten die Eindringlinge abzuwehren. Aber die Eindringlinge waren stärker. Jede Kleinstbastion einer Lymphozyte verwendeten sie unmittelbar als Grundlage weiteren Wachstums.

„Wenige Tage später werden selbst bei einer Infektion mit geringster Menge keine weißen Blutkörper im Blutbild mehr nachweisbar sein“, erklärte Patrik. „Die Virenlast wird erdrückend. Wenn das einem lebenden Menschen zustößt, ist wahrscheinlich schon die nächste Erkältung tödlich.“

Patrik entsorgte den Träger und stellte die Ampulle in den zweiten Schrank zurück. „Ruf mich an, Friedrich, wenn du fertig bist“, sagte er und verließ das Labor.

Nun musste er sich beeilen. Er präparierte sein Trägerobjekt und legte es unter das Leuchtmikroskop. Dann öffnete er die Tür zum Vorraum, damit er eventuelle Schrittgeräusche rechtzeitig hören konnte.

Für den Transport hatte er sich eine kleine Tupperdose besorgt, zwei passende Wasserkissen in der Box eingefroren und die Messpipette dazwischengelegt. Das würde reichen, bis er die Probe zu Hause wieder in sichere minus 20 Grad bringen konnte. Er nahm die Pipette aus der selbstgebastelten Gefrierbox, ging zum mittleren Kühlschrank, fand die Ampulle mit der richtigen Ziffern-Buchstaben-Kombination und entnahm ihr fünf Milliliter. Sollte er die gleiche Menge wieder auffüllen? Nein, das schien ihm riskanter als der kleine Unterschied in der Füllmenge.

Eine Weile blieb er sitzen und schaute auf Johans unauffälliges Blutbild. Es hatte das schwedische Gesundheitssystem bisher ein knappe Viertelmillion Schwedenkronen gekostet, dieses Blutbild so in der Balance zu halten. Er überschlug kurz, was man mit dem Geld hätte machen können. Ein Stipendium für einen Hochbegabten vielleicht oder eine schöne kleine Stuga in malerischen Rot an einem See für eine Familie, die in einer Betonburg in Malmö wohnte.

Als er glaubte, lange genug gewartet zu haben, klingelte er kurz bei Patrik durch.

„Und, hast du etwas gefunden?“, fragte Patrik neugierig, nachdem sie wieder in seinem Büro saßen.

„Nein, im Fall von Johan hat die Medizin noch die Oberhand. Hoffentlich bleibt das auch in deinen Forschungsländern so.“

Patrik nickte nachdenklich. „Hier, Friedrich, nimm!“ Er drückte ihm einen Umschlag in die Hand.

„Ist das die Rechnung?“

„Na klar, alles hat seinen Preis. Jetzt mach schon auf.“

Der Umschlag enthielt zwei Abreißtickets mit der Aufschrift „Clemens Matsal“. Er war ehrlich gerührt.

„Haben die immer noch das gleiche System bei Clemens wie zu unseren Zeiten?“

„Ja, und das Essen soll auch noch genauso gut sein. Ich habe mir die Karten von einem meiner Studenten mitbringen lassen. Aber denk dran, sie haben nur ein Studienjahr Gültigkeit. Also warte nicht wieder zehn Jahre.“

Das Gefühl, das ihn durchströmte, hatte er eigentlich verloren geglaubt. Eilig machte er sich auf den Heimweg.

Er musste die Viren ins sichere Gefrierfach bringen.

28.

„Ich wusste gar nicht, dass es in dieser Gegend so schicke Häuser gibt. Da hättest du gleich in die Elbvororte ziehen können.“

Jens lehnte im Türrahmen seiner Wohnungstür und sah Doro spöttisch an. „Willst du den Kulturkampf im Treppenhaus alleine weiterführen oder hast du Interesse an *Tre pasti* mit einem guten Chianti? In diesem Fall hör auf zu lästern und komm rein.“

Als Doro zögerlich die letzte Stufe erklomm, umarmte er sie herzlich und zog sie in die Wohnung. Der Geruch von alten Holzdielen mischte sich mit den Düften, die aus der Küche in den Flur drangen. Doro tippte auf Gorgonzolasauce. Sie folgte dem Geruch und ging durch das kleine Esszimmer auf die offene Küche zu. Susann rührte sichtlich gestresst in drei Töpfen gleichzeitig. „Begrüßung kommt später“, sagte sie knapp. „Unser bourgeoiser Geschichtslehrer steinigt mich, wenn ich die Saucen anbrennen lasse.“

Doro warf einen flüchtigen Blick auf die Einrichtung. Deutlich zu bieder und edel für Jens. Der Kristallleuchter über dem Esstisch, die Wandkerzenhalter aus Messing, ein Buchara-Teppich im Wohnzimmer.

„Ja, ich weiß“, bemerkte Jens seufzend, „Barmbek ist eigentlich ein alter Arbeiterstadtteil, die Humboldtstraße gehört nach Winterhude verlegt und eine Wohnung wie diese passt nicht zu einem Lehrergehalt. Ich habe sie samt Mobiliar von Götz übernommen. Und eigentlich habe ich das alles nur so gelassen, damit unsere Psychologie-Expertin aus Charlottenburg sich auch mal wie zu Hause fühlen kann. Aber jetzt setz dich und lass uns essen.“

Als alle eine erste Portion auf den Tellern hatten, hob Jens das Glas: „Auf euch, ihr Flachländer, und auf meine hoffentlich unvergesslichen Herbstferien. Schon bald gibt es luftige Höhen und Wildschweinbraten statt Nudeln und Großstadt für mich.“

Susann verdrehte die Augen und nahm einen Schluck Wein. „So geht das jetzt schon die ganze Woche. Jens redet nur noch von seiner Wahnsinnswanderung auf Korsika. Er wird dort als erster Mensch ohne Sauerstoffmaske den von ihm selbst entdeckten Fünftausender besteigen und medaillenbehängt als völlig neuer Mensch von seiner Expedition zurückkehren.“

„Aus dir spricht der blanke Neid, Süße. Aber im Ernst, ich freue mich riesig auf den Urlaub. Ich habe wirklich das Gefühl, aus den Niederungen der letzten Woche herauszukommen. Leider muss ich sagen: Frauen nehmen wir nicht mit.“

„Fahr du mal schön mit deinem Schweizer Adonis. Ich gönn es euch“, sagte Doro und verstand nicht, warum Susann plötzlich verlegen aufs Tischtuch schaute.

„Nein, Reto habe ich einstweilen durch einen Personal Trainer aus Schweden ersetzt“, sagte Jens betont locker. „Ich fürchte nämlich, Retos Ansprüche an Sporturlaub liegen noch immer weit jenseits meines Limits.“

Sein Enthusiasmus machte leichter Traurigkeit Platz.

„Und um seine Grenzen auszutesten, verreist er nun mit einem zwanghaften Arzt, der jede Gerölleventualität in seinen Vorplanungen berücksichtigt“, versuchte Susann dem Gespräch die Schwere zu nehmen.

„Allerdings.“ Das Leuchten kehrte in Jens’ Augen zurück. „Eine so perfekte Reisevorbereitung habe ich noch nicht erlebt. Einkaufslisten mit Grammangaben, Kalorientabellen und eine Notfallmedizin, bei der der Alpenverein eigentlich vor Scham in der Versenkung verschwinden müsste.“

„Zum Glück hat dein skandinavischer Gesundheitsfanatiker nicht das Menu für heute Abend zusammengestellt. Keine der drei Saucen dürfte auch nur annähernd diättauglich sein.“ Susann griff in den Brotkorb und nahm mit einer Scheibe Ciabatta die letzten Reste der Gorgonzolasauce auf. Dann legte sie beide Hände auf ihren Bauch und stöhnte genussvoll: „Ich habe fertig.“

„Gilt nicht“, sagte Jens, während er aufstand und in die Küche ging. „Zu Gorgonzola serviert man eigentlich Birne. Die gibt’s heute warm und mit *After Eight* überbacken.“

Jens stellte die Auflaufform mit der fast geschlossenen Minzschokoladen-Haube auf den Tisch. Obwohl das Dessert köstlich schmeckte, schafften sie nicht einmal die Hälfte.

Als Jens die Gläser nachgefüllt hatte, leitete er zum eigentlichen Grund ihres Treffens über: „Genug jetzt von den Freuden der Gegenwart. Wir wollten eigentlich über Kahlenbaums Briefe reden. Wahrscheinlich habt ihr wie ich weiter recherchiert. Zunächst mal bin ich froh, dass wir unser Bild in ‘Nie wieder’ nicht grundsätzlich revidieren müssen. Dr. Kahlenbaum war kein harmloser Mitläufer, kein kleines Rädchen am Wagen, sondern ein scharfer Ideologe der Eugenik mit öffentlicher Reputation. Relativ neu ist nur, mit wem er alles Kontakt hatte.“

„Ganz oben offenbar mit Großmaul Göring“, zählte Susann auf. „Ich habe alte Filme mit ihm gesehen. Es ist mir schleierhaft, wie ein so verfetteter Aufschneider jemals zu solcher Macht gelangen konnte. Aber er war eben Teil des Mythos des Ersten Weltkriegs: erfolgreicher Flieger, verwundeter Teilnehmer beim Putsch 1923, lebender Protest gegen die Schande des Versailler Vertrags. Und unser Alsterdorfer Menschenfreund scheint tatsächlich dabei gewesen zu sein, als Göring sich vom Generalfeldmarschall zum Reichsmarschall des Großdeutschen Reiches upgraden ließ.“

Jens stand auf und holte eine neue Flasche aus dem Regal.

„Und die schöne Frau Dr. Nersson“, fragte Doro, „hattet ihr von der schon mal was gehört?“

Jens schüttelte den Kopf: „Bisher habe ich über sie auch nichts finden können. Vielleicht hat Kahlenbaum sie erfunden, um sich wichtig zu machen. Schöne Schwedinnen im eigenen Dunstkreis waren im Deutschen Reich sehr populär.“

„Das passt nicht zu seiner Persönlichkeit“, hielt Susann dagegen. „Kahlenbaum war kein Aufschneider, auch kein Opportunist. Er war ein hochideologisierter Stratege. Außerdem könnte seine Geschichte stimmen. Ich habe gestern Abend noch mal auf einer schwedischen Webseite recherchiert. Als Görings schwedische Frau Carin verstarb, verfasste ihre Schwester einen Nachruf, der in Schweden reißenden Absatz fand. Die Auflage erreichte fast eine Million. Gut denkbar, dass sich damals auch andere Schwedinnen auf den Weg machten, um das arische Großreich zu verwirklichen. Jedenfalls wurden die Methoden, von denen Kahlenbaum spricht, nicht nur in Deutschland angewandt. Die Lobotomie hatte in Dänemark und Schweden bis in die siebziger Jahre Konjunktur. Und nicht nur da.“

Wie immer, wenn Doro sich aufregte, wurde ihre Stimme ganz leise: „Das meinst du doch nicht ernst?! Diese grausame Prozedur hat sogar die Nazis überlebt?“

„Klar. Sie kommt nicht von den Nazis und wurde auch nach dem Zerfall des Dritten Reichs weltweit praktiziert. Genau so, wie Kahlenbaum es beschreibt. Die sogenannten Patienten wurden kurz betäubt. Dann durchtrennte man mit einem Langmesser die Nervenbahnen zwischen beiden Hirnteilen. Die Praktiker nannten diese Methode übrigens das ‘Eispickelverfahren’. 1935 wandte ein portugiesischer Arzt diese Methode erstmals an, 1946 erhielt er dafür sogar den Medizinnobelpreis. Ihr habt doch bestimmt schon mal ‘Einer flog übers Kuckucksnest’ gesehen. McMurphy wird in dem Film auch lobotomiert.“

Susann hielt Jens ihr Glas hin und ließ sich von ihm noch einmal nachschenken. Ihr Gesicht glühte. „Nur in einem hat Kahlenbaum nicht recht“, fuhr sie fort. „Der Erfolg war keineswegs gigantisch, wenn die Patienten überhaupt mit dem Leben davonkamen. Lebenslange Schädigungen und schwere Persönlichkeitsstörungen waren das Hauptresultat. Eine Kennedyschwester war eins der prominentesten Opfer. Bis heute kämpfen Betroffene und Angehörige darum, dass dem Professor aus Lissabon der Nobelpreis wieder aberkannt wird.“

„Einer promovierten Psychologin widerspreche ich ungern“, wandte Jens ein. „Aber an einem Punkt könntest du Unrecht haben. Vielleicht hatte das Verfahren bei den erwähnten Kriegszitterern doch ‘Erfolg’. Gefühle abschalten und als Tötungsmaschine zurück an die Front. Was für eine Versuchung für die Kriegspsychiatrie. Sie ist der vielleicht größte blinde Fleck in der Aufarbeitung der NS-Zeit, so viel ich weiß. Offensichtlich kämpfte unser Kahlenbaum hier wirklich an vorderster Front der Entwicklung. Und die hübsche Frau Dr. Nersson samt den klugen Kollegen in Allenstein haben in ihm einen Hoffnungsträger gesehen.“

„Und du meinst, unser Hoffnungsträger hat einfach eins und eins zusammengerechnet? Röntgentiefenbestrahlung statt Eispickel, Kastrationsmethoden als Übungsfeld für hirnchirurgische Behandlungen?“ Mechanisch faltete Doro ihre Serviette zusammen.

„Ich weiß, es ist unvorstellbar. Aber es könnte so gewesen sein. Die Röntgentiefenbestrahlung wurde definitiv zur Sterilisation eingesetzt. Sie war ja auch so praktisch. Es dauerte nur wenige Minuten, war billig und vor allem: Man konnte den Eingriff quasi unbemerkt vornehmen. Der Patient musste nur einen kurzen Moment still sitzen oder stehen, und schon war das Ganze erledigt. Zusammen mit seinem Schleswiger Kollegen hatte Kahlenbaum das zuvor schon an Hirnen ausprobiert. Er hatte den medizinischen Beweis angetreten, dass die ‘Idioten’ das Versuchslabor für die Behandlung aller möglichen anderen psychischen Erkrankungen sein konnten. Und ganz nebenbei bewies er damit, dass die Alsterdorfer Anstalten ein kriegswichtiger Betrieb waren.“ Doro sah Jens an. „Ein echter Abgrund, in den wir da blicken.“

Jens nahm sein Weinglas in die Hand. Beim leichten Schwenken bewegte sich der Weinstein wie eine träge Masse. „Weinstein kann man nur vermeiden, wenn man den Bodensatz nicht aufwirbelt. Aber zum Glück ist Weinstein nicht schädlich.“ – Jens stand auf und holte aus dem Glasschrank drei neue Gläser. „So, jetzt dekantiere ich den Wein nach allen Regeln der Kunst, wir trinken noch eine Flasche zusammen und beschäftigen uns nicht mehr mit dem Bodensatz.

29.

Es klopfte leise an der Tür. Doro musste einen Moment überlegen, wo sie war.

„Ich hab vergessen, dich zu fragen, wie du geweckt werden willst: Kaffee? Küsschen? Kalter Waschlappen?“, fragte Jens durch die geschlossene Tür.

Nachdem es am gestrigen Abend spät geworden war, hatte er ihr angeboten, im Gästezimmer zu übernachten. Es war ganz anders eingerichtet als die übrige Wohnung: Billy-Regale und diese Schlafkoje mit der seitlichen Einbuchtung, deren Namen Doro vergessen hatte. Die hell-bunte Gardine nahm die Farben des Flickenteppichs auf.

„Falls Ikea mal eine Rückrufaktion seiner Möbel aus den Achtzigern machen sollte, ist das Zimmer danach leer", hatte Jens beim Gutenachtsagen selbstironsch erklärt. „Es sind meine ersten eigenen Möbel, die ich als Student angeschafft habe. Ich konnte mich nie davon trennen und habe später sogar noch Teile aus der gleichen Zeit dazugekauft. Als ich dann zu Götz gezogen bin, hat er mir vorgeschlagen, dass ich sein altes Arbeitszimmer als Ikea-Gedächtniszimmer einrichten kann."

Doro hatte gleich gemerkt, wie viel wohler sie sich in diesem Zimmer fühlte. Das Mobiliar im Rest der Wohnung erinnerte sie zu sehr an ihr Elternhaus im Harz. Die Möbel dort waren so schwer gewesen, dass sie immer das Gefühl gehabt hatte, gebückt gehen zu müssen. Trotz der hohen Decken. Und die alten Perserteppiche zwangen einen, jeden Schritt sorgfältig zu setzen. Nichts war dort leicht gewesen.

Doro sah kurz auf ihre Armbanduhr. 6.30 Uhr. „Ich komme gleich, Jens. Gib mir fünf Minuten."

„Alles klar. Frühstück ist schon fertig."

Doro schlüpfte in ihre Kleider, die sie achtlos auf den alten Schwingsessel geworfen hatte, und fuhr sich schnell mit den Händen durch die Haare. Ihr Haar war immer noch voll und der Unterschied zwischen frisiert und unfrisiert wegen ihrer Locken minimal. Sie ging zum Fenster, schob den Vorhang zur Seite und öffnete es weit. Dann lauschte sie dem Grundrauschen der Stadt. Wie lange es sie selbst nicht gestört hatte!

Kurze Zeit später betrat Doro das Esszimmer. Jens war wie immer tipptopp angezogen und sah auch noch frisch und erholt aus. Auf einmal war sich Doro schmerzhaft ihres Alters und ihrer abgetragenen Klamotten bewusst. In Diahren liefen alle so rum, aber das hier war Hamburg.

Jens hatte sogar Brötchen und Croissants aufgebacken. Auf dem Tisch stand ein siebenarmiger Leuchter, der gestern noch nicht dort gestanden hatte. Doro versuchte zu orten, woher die dezente Musik kam. Irgendwie kannte sie die Stimme, aber wie immer konnte sie sich bei moderner Musik die Namen der Sänger und Bands nicht merken.

Ihr Blick glitt über das alte englische Geschirr, das Silberbesteck, den edlen Alessi-Brotkorb – und blieb dann an dem Leuchter hängen. Helles Messing mit einer starken, rauen Oberflächenstruktur. Die sieben Arme reckten sich in unterschiedlicher Höhe bogenförmig nach oben. Der Fuß glich der oberirdischen Struktur eines starken Baumes, dessen in die Tiefe gehenden Wurzeln schon erkennbar waren.

„Den habe ich mir von meinem ersten Lehrergehalt gekauft", sagte Jens, der ihren Blick bemerkt hatte. „Er war eigentlich viel zu teuer. Aber ich musste ihn haben."

„Das verstehe ich. Er ist wirklich wunderschön." Aus reiner Höflichkeit nahm Doro ein Croissant und tupfte es vorsichtig in die obere Schaumschicht ihres Cappuccinos. So früh am Morgen bekam sie eigentlich noch nichts runter. „Jens, gestern Abend hast du gesagt, du wünschtest dir, dass das alles nur noch Vergangenheit wäre, die nichts mehr mit uns zu tun hat. Meinst du im Ernst, das alles könnte sich wiederholen?"

„Ich glaube, Geschichte wiederholt sich nie eins zu eins. Aber sie ist auch nicht einfach vorbei und vergessen. Denk an das, was Susann gestern über die Lobotomie erzählt hat. Und – erinnerst du dich noch? Nach dem Contergan-Skandal ebbte in Deutschland wieder mal eine Euthanasiedebatte auf, die vom Feinsten war. Es ist stets die gleiche Gefahr. Irgendjemand nimmt sich das Recht heraus zu beurteilen, welches Leben lebenswert ist und welches nicht. Oder irgendein moderner Dr. Kahlenbaum erklärt das menschliche Hirn zum

Freiwild seiner Forschung auf dem Weg zum wahren Menschsein."

Jens schaute kurz auf seine Armbanduhr, dann stand er auf, ging zum Regal und zog zwei Bücher heraus. „Peter Singer kennst du bestimmt. Australischer Bioethiker mit großer Fangemeinde auf der ganzen Welt. Lies dir nur mal das Vorwort durch. Erst in der deutschen Übersetzung und dann im englischen Original. Dann verstehst du, warum ich Angst habe, dass das alles nicht einfach vorbei ist. Ich muss jetzt leider in die Schule, du kannst aber gern so lange weiterfrühstücken, wie du magst. Der Schlüssel neben der Kaffeetasse ist für dich. Du bist jederzeit willkommen." Er gab ihr ein Küsschen auf die Wange und wenig später fiel die Wohnungstür ins Schloss.

Doro trank ihren Cappuccino aus und nahm das erste der beiden Bücher in die Hand: „Muss dieses Kind am Leben bleiben? Das Problem schwerstgeschädigter Neugeborener." Wie sie solche suggestiven Titel hasste! Sie schaute auf die englische Ausgabe: „Should the Baby Live?" Auch nicht viel besser. Sie schlug das Vorwort in beiden Büchern auf und las parallel. Die Überlegungen waren durchweg absolut widerwärtig, insbesondere der Satz, den Jens mit Rot unterstrichen hatte: „Wir sind der Meinung, dass es unter bestimmten Umständen ethisch gerechtfertigt ist, das Leben mancher schwerstbehinderter Neugeborener zu beenden." Das schien klar und eindeutig. Aber im Vergleich zum englischen Original hatte die Übersetzerin wohl einiges an Kreide gefressen: „We think that some infants with severe disabilities should be killed."

Vorsichtig blies Doro die Kerzen an Jens' prachtvollem Leuchter aus. Sie sah den Rauch aufsteigen. An Laras Geburtstagen hatte sie immer zu ihr gesagt: „Jetzt darfst du dir was wünschen. Aber du darfst den Wunsch niemandem verraten, sonst geht er nicht in Erfüllung."

Es wäre schön, wenn man Bücher und Haltungen wie diese einfach wegwünschen könnte.

30.

„Ich habe schon mal zwei Zimmer für uns reserviert, im *Castel Brando* in Erbalunga“, hatte Mats ihm noch kurz vor dem Abflug gemailt. „Das Hotel wird dir hoffentlich gefallen. Ich finde jedenfalls, es hat Stil.“

Nicht nur das Haus hatte Stil, sondern Mats offensichtlich auch. Als Jens in sein geschmackvoll eingerichtetes Zimmer kam, lag neben dem obligatorischen Obstteller eine handgeschriebene Karte: *Ich bin noch kurz ins Dorf gegangen. Um halb acht warte ich unten im Foyer auf dich. Ich freue mich, dich jetzt endlich persönlich kennenzulernen und dich zum Essen einladen zu dürfen. Mats*

Jens nahm die Karte in die Hand. Sie stammte vom Hotel, verstärktes Büttenpapier mit einem Wasserzeichen des alten Herrenhauses. Vom Baustil her tippte er auf spätes 19. Jahrhundert. Dazu passte auch der Park mit seinen wunderschönen alten Bäumen. Sogar den Kieselstrand und den Hafen konnte Jens sehen, wenn er auf dem Balkon seines Zimmers hinaustrat. Das alte Fischerdorf streckte eine kleine Landzunge neugierig ins Meer. An deren Ende erblickte er einen verfallenen Turm, wahrscheinlich ein Zeugnis aus der Genueserzeit.

Alles war perfekt. Jetzt ins Dorf hinuntergehen, sich bei einem kühlen Prosecco den Sonnenuntergang anschauen, ein gutes Essen, ein nettes Gespräch.

Jens erwischte sich dabei, dass er am liebsten komplett auf Erholung umgeschaltet hätte. Er fühlte sich erschöpft. Ulfs Tod, der übliche Schulstress und die dauernden Streitigkeiten mit Reto hatten ihn viel Kraft gekostet. Einfach nur schlafen und sich gehen lassen wäre eine Alternative. Aber er hatte sich etwas vorgenommen. Zwei Stunden blieben ihm noch, bis er Mats treffen würde.

Er holte seine Badehose aus dem Rucksack, schnappte sich den weißen Bademantel vom Fußende des Bettes und nahm als kleinen Kompromiss den Fahrstuhl ins Erdgeschoss. Das Foyer war großzügig und mit erlesenen Einzelstücken möbliert. Die kleinen Sitzgruppen zum Park hin ausgerichtet. Jens trat durch die alten Flügeltüren ins Freie. Natursteinplatten führten zum Pool, dahinter ragte eine beeindruckende Bergkulisse empor.

Die Temperatur des Wassers verlangte ihm keine Überwindung ab. Jens setzte seine Schwimmbrille auf, ein minimalistisches Modell fast ohne Gewicht. Welche Sportart führte einen so natürlich dazu, nur auf den eigenen Atem zu achten? Er zählte die Bahnen und schwamm eine halbe Stunde. Dann legte er sich für einen Moment auf die Sonnenterrasse und spürte den angenehmen Fallwind, der direkt von den Bergen zu kommen schien.

Als er merkte, dass ihn die Müdigkeit zu überwältigen drohte, stand er auf und ging auf sein Zimmer. Für den Ankommens- und Abfahrtstag hatte er sich in einem hippen Laden in St. Georg extra ein neues Outfit besorgt. Eine weiße, relativ eng sitzende Jeans und ein etwas weiter geschnittenes dunkelgraues Hemd von Dolce und Gabbana. Zufrieden musterte er sich in dem alten Spiegel. Das ganze Vorbereitungstraining war nicht umsonst gewesen.

Als er um Viertel nach sieben ins Hotelfoyer kam, saßen nur wenige Menschen in den Sitzgruppen. Ein älteres Ehepaar, eine Familie mit drei kleinen Kindern. Er erkannte Mats sofort. Einen Moment dachte er, dass er ihn irgendwo schon mal gesehen hatte. Mats hatte seinen Laptop aufgeklappt und zeichnete mit einem dünnen Stift etwas in eine Wanderkarte ein. Als Jens auf ihn zukam, klappte er seinen Rechner zu, faltete die Karte zusammen und erhob sich rasch. Seine Bewegungen waren geschmeidig und kraftvoll. Mats trug einen dunklen Sommeranzug mit einer dezenten Krawatte, war ungefähr einen halben Kopf kleiner als Jens und hatte dichtes, kurzgeschnittenes Haar. Er wirkte distinguiert und souverän – eher wie der Hauptredner auf einem internationalen Kongress als wie ein Wanderurlauber.

Mats' Händedruck war kräftig, als er sich vorstellte: „Mats Nilsson, schön, dass wir uns endlich kennenlernen."

Typisch Skandinavier, dachte Jens, kein Mienenspiel, das irgendetwas verriet. Er lächelte Mats an. „Ja, das finde ich auch. Und schon mal vielen Dank für all deine Vorbereitungen und das perfekte Arrangement."

„Nicht der Rede wert. Ich hoffe, dein Flug war angenehm?" Und ohne eine Antwort abzuwarten, fügte Mats hinzu: „Es ist gut, dass du ein wenig früher gekommen bist. Unsere Nacht wird etwas kürzer als geplant werden. Aber dazu später. Jetzt gehen wir erst einmal ins Dorf und essen etwas."

Während sie nach Erbalunga hinuntergingen, erwies sich Mats als der perfekte Reiseführer. Er erläuterte die Geschichte des Dorfes. Es war die typische Folge von Belagerungen, Freiheitskämpfen und erneuten Unterdrückungen. Mats zeigte auf ein großes Gebäude am Eingang des Dorfes. „Bis Anfang des 20. Jahrhunderts wurde in Erbalunga Schnee gelagert. Dieser wurde im Winter auf dem Kamm nördlich der *Serra di Pogno* abgebaut und an schattigen Plätzen aufbewahrt. Im Sommer brachten ihn dann Maultiere in dieses Gebäude. Mit dem Schnee schützte man das Wasser in den Brunnen von Bastia vor dem Verfaulen. Du wirst dich selbst überzeugen können, wie bekömmlich Schmelzwasser ist."

„Heute Abend würde ich dem Schmelzwasser allerdings ein gutes Bier oder einen kräftigen Roten vorziehen", sagte Jens, als er wenige Minuten später im Restaurant am Hafen die Karte studierte. Er schwankte, ob er mit einem der berühmten Eintöpfe beginnen und sich danach mit einem kleinen Stück Steak der halbwild lebenden korsischen Schweine begnügen sollte. In jedem Fall wollte er als Dessert etwas von dem berühmten Ziegenkäse probieren. Und auch wenn er sonst kein großer Biertrinker war, das berühmte Kastanienbier *Pietra* würde er sich nicht entgehen lassen.

Als Mats sich mit dem Kellner in fließendem Französisch

unterhielt, schlug Jens die Karte zu und wartete darauf, seine Bestellung aufgeben zu können. Zu seiner Überraschung nickte der Kellner Mats aber nur noch kurz zu und verschwand.

„Ich habe uns ein einfaches, aber nährstoffreiches Essen zusammengestellt", sagte Mats und Jens fiel auf, dass sein rechtes Augenlid zuckte. „Ich hoffe, du bist damit einverstanden. Wir beginnen mit einer *Aziminu*, einer gebundenen Fischsuppe. Das dazu übliche in Fett geröstete Brot mit Knoblauchsauce habe ich weggelassen. Wir werden morgen jedes überflüssige Gramm bereuen. Als Hauptspeise habe ich dreierlei angemachte Krebse bestellt. Wenn es dich nicht den Schlaf kostet, können wir dann mit einem Espresso schließen. Du kannst gern ein Glas Weißwein probieren. Ich würde dir allerdings eher empfehlen, das für unser Abschiedsessen aufzuheben."

Es passierte Jens nicht häufig, dass er sprachlos war. Jetzt war er es. Er hatte sich schon lange nicht mehr so entmündigt gefühlt. Ihm war der Appetit vergangen. Insofern war er jetzt synchron mit Mats' Hungerdiät.

Mats schien seine Irritation zu bemerken: „Tut mir leid, wenn ich so restriktiv bin. Aber es ist wirklich zu deinem Besten. Ich habe dir vorhin ja schon erzählt, dass wir morgen früher aufbrechen müssen. Die Wetterprognose für die kommende Woche ist nämlich nicht besonders gut. Wir sollten die Route deshalb lieber vom Süden her beginnen. Dann haben wir die wettersensibelsten Etappen hinter uns. Ich habe für morgen früh um vier einen Fahrer bestellt. Unser übriges Gepäck können wir wie verabredet gepackt im Hotel lassen. Lunchpakete liegen bereits im Kühlschrank des Servicebereichs. Wir sollten gegen zehn ins Bett gehen, damit wir noch sechs Stunden Schlaf bekommen. Ich hoffe, du bist einverstanden."

Jens war sich nicht sicher, ob das Letzte eine Frage gewesen war. Der Abend nahm einen ganz anderen Verlauf, als er sich erhofft hatte. Er hatte überhaupt nichts dagegen, wenn andere ihm im Alltag mal Entscheidungen abnahmen. Und ganz klar, die Planungskompetenz lag bei Mats. Aber das hier war ein starkes Stück. Naja, vielleicht war er einfach nur zu empfindlich und wusste zu wenig über die schwedischen Mentalität. Mats hatte bestimmt recht. Und eigentlich waren Fischsuppe und Krebse auch gar nicht so übel. Wichtig war das nächste Etappenziel: sechs Stunden schlafen. Damit das klappte, würde er auf den Espresso wohl verzichten müssen.

31.

Statt reiner Natur zwei Stunden im Auto. Die Küstenstraße von Bastia nach Bonifacio wurde dem Ruf Korsikas als „Insel der Schönheit" alles andere als gerecht. Die Ortschaften, die sie durchfuhren, hätten Jens' Gefühl nach auch irgendwo in Frankreich oder Norditalien liegen können. Der alte Landrover, in dem sie abgeholt worden waren, war laut und es zog heftig durch die geschlossenen Fenster. Jens machte kein Auge zu – im Gegensatz zu Mats, der seine Fleecejacke kurzerhand zum Kissenersatz zusammengelegt hatte.

„Wir sollten noch etwas schlafen", hatte er gesagt und war selbst seinem Ratschlag gefolgt.

Um sechs Uhr erreichten sie Conca. Beim Aussteigen merkte Jens, wie kalt es draußen war. Gefühlt konnten es kaum mehr als 5 Grad sein, wenn überhaupt.

Mit sicherem Griff holte Mats seine Stirnlampe aus der Seitentasche: „Wir haben noch ungefähr eine halbe Stunde bis Sonnenaufgang. Wenn wir uns beeilen, sind wir dann schon aus dem Wald heraus und haben freien Blick durchs Felsentor."

Mats legte ein unglaubliches Tempo vor. Im Lichtkegel der Stirnlampe war kaum mehr als der nächste Schritt zu erkennen. Und den bewusst zu setzen war alles andere als einfach. Die Steine erwiesen sich als nass und glitschig. Sobald Jens auch nur ein bisschen langsamer wurde, fiel er hinter Mats zurück. Zweimal musste er ihn bitten zu warten. Es war, als wenn Mats den Weg täglich gehen würde.

Jens merkte, wie sehr ihn das Gewicht des Rucksacks zusätzliche Kraft kostete. Seine zunehmende Unsicherheit wurde zum Glück durch die Morgendämmerung ausgeglichen.

Als sie den Kiefernwald bereits eine Weile hinter sich gelassen hatten, schritten sie durch ein kleines Felsentor: Fast genau in diesem Moment kletterten die ersten Sonnenstrahlen über die umliegenden Hügel. „Das ist die *Bocca d'Uskiolu*", verkündete Mats, der kein bisschen außer Atem war. „Von hier aus hat man eine erste grandiose Aussicht auf die umliegende Gegend und die Etappe, die vor uns liegt. Kompliment, Jens, du hast die ersten 300 Höhenmeter in Bestzeit geschafft. Wenn wir in diesem Tempo fortfahren, schaffen wir unser Tagesziel locker. Ich schlage vor, wir machen fünf Minuten Pause und schauen uns den Sonnenaufgang an."

Jens sah Mats an. Nicht die kleinste Spur von Anstrengung. Er selbst war bereits komplett durchgeschwitzt. Er setzte den Rucksack ab und blickte auf das Farbspiel der aufgehenden Sonne. Der Granit der umliegenden Felsen verfärbte sich binnen weniger Minuten von tiefem Rot zu Rosa und dann in ein dunkles Gelb. Auf dem Weg, der vor ihnen lag, ragten einzeln stehende riesige Lariciokiefern hinter dem dichten Gebüsch auf. Jeder Baum war ein Original, geformt durch Stürme und den Wechsel extrem warmer und kalter Temperaturen.

Jens versuchte sich zu erinnern, wann er das letzte Mal ein solches Naturerlebnis gehabt hatte. Ihm fielen die Stürme an der Nordsee ein, die Sonnenuntergänge im Kibbuz am See Genezareth. Was er hier erlebte, nahm es mit dem Besten auf, was er gesehen hatte.

„Wir sollten weitergehen", unterbrach Mats seine Gedanken. „Das vor uns liegende Stück ist nicht besonders anspruchsvoll. Wir bleiben noch eine ganze Zeit auf gleichem

Höhenniveau. Größtenteils sind es alte Hirtenwege, auf denen wir wandern können. Erst in zwei Stunden wird der Höhenanstieg wieder spürbar werden. Wenn alles gut läuft, sollten wir gegen Mittag den *Monte Sordu* erreicht haben." Mats wies auf die Spitze eines Berges, dessen Entfernung schwer einzuschätzen war. „Übrigens, ich rede nicht viel beim Wandern. Auf diese Weise kann ich die Natur besonders intensiv genießen. Achte drauf, dass du das Gewicht deines Rucksacks regelmäßig verlagerst. Vor dem nächsten Anstieg machen wir eine längere Trinkpause."

Na schön, dann halte ich eben meine Klappe, dachte Jens trotzig.

Schweigend gingen sie weiter, vorbei an Granitmassiven. Jedes ein Unikat mit einer geheimen Botschaft. Das Farbenspiel der Büsche und Kräuter ließ mit der helleren Sonne allmählich nach – es war, als wollte sie die Wanderer vor zu vielen Eindrücken schützen. Immer wieder huschten Eidechsen unterschiedlicher Größe über die Steine.

Während Jens mit Mats Schritt zu halten versuchte, wurde ihm klar, dass der größte Reiz der Landschaft in dem lag, was ihr fehlte: kein Lärm, keine Straßen und Autos, kein Haus, nicht einmal eine Hütte. Kein Strommast störte die Aussicht, kein Kondensstreifen am Himmel verfälschte den Eindruck von geschaffener Natur. All diese Eindrücke wurden verstärkt dadurch, dass sie bisher noch keinen Menschen gesehen hatten. Auf einmal machte ihm das Schweigen nichts mehr aus.

Mehrfach hörte Jens Wasserrauschen in unmittelbarer Nähe, schon zweimal hatten sie auf schmalen Brücken einen größeren Bach überquert. Im Wanderführer hatte er Bilder von den herrlichen Badegumpen gesehen. Jens fragte Mats, ob sie im Tagesverlauf das Wasser mal testen sollten.

Doch Mats schüttelte den Kopf. „Wenn du zu früh an einer Gumpe Rast machst, schaffst du vermutlich dein Tagespensum nicht mehr. Wenn wir nach vier auf eine Badestelle stoßen, gerne. Oder sollen wir unsere Planung für den ersten Tag etwas zurückfahren?"

Jens hatte den Eindruck, dass das keine Frage, sondern eher ein verdeckter Vorwurf war. Aber auch wenn er in sich einen wachsenden Widerstand gegen Mats' Bevormundung spürte, einknicken wollte er nicht. Und ja, seine Füße und Schultern schmerzten bereits, aufgeben würde er deswegen aber noch lange nicht.

Gegen neun Uhr machten sie die erste größere Rast bei den *Cabanes de Capelu*. Die dortige Ruine ließ nicht mehr recht erkennen, was hier früher mal gewesen war. Aber es gab eine Quelle, deren Wasser nach der erneuten Steigung unglaublich gut schmeckte. Die Landschaft hatte sich wieder verändert. Im Hintergrund sah man die steil aufsteigenden Felsen der Bavellakette. Um sie herum verdichtete sich das Gestrüpp aus Disteln, Ginster, Stechweide und anderen Pflanzen zu meterhohen Wänden. Die Farben eines ganzen Jahres, dachte Jens.

Irgendein Gewürz oder eine Mischung füllte die Luft um sie. Als sie sich setzten, erklärte Mats die Zusammensetzung dieser sogenannten Macchia. Wenn er von Pflanzen und Natur sprach, kam der Schwede in ihm durch. Er erzählte von den geschützten korsischen Bienenarten, die aus der Macchia ihren würzigen Honig gewannen, und plötzlich klang seine Stimme sanfter.

Doch als Jens sich die Schuhe aufschnüren wollte, wurde Mats' Ton sofort wieder militärisch. „Davon würde ich dir dringend abraten", schnarrte er und das Zucken seines rechten Augenlids setzte wieder ein. „Deine Füße werden anschwellen, wenn du sie ausziehst. Danach wirst du keinen sicheren Tritt mehr haben und dich nach wenigen Stunden vor Blasen nicht retten können."

Jens verlängerte die Pause ein wenig, indem er Mats nach der Karte fragte. Er versuchte, die vor ihnen liegenden Berge den Namen auf der Karte zuzuordnen. Mats beugte sich ebenfalls über die Karte und wies auf ein Kreuz. Er trug einen Siegelring am Zeigefinger. Jens erkannte ein altertümlich verschnörkeltes K. Auf dessen oberen Enden stand die Hammaburg, Hamburgs Wahrzeichen. Und unten stand das K in einem stilisierten Wasserlauf. Die Elbe?

„Bei der *Refuge de Paliri* machen wir eine einstündige Mittagspause", sagte Mats. „Wenn wir das Tempo halten, werden wir in zwei Stunden dort sein."

Jens nickte ihm zu. „Ist der Siegelring ein Erbstück deiner Familie?"

Mats zog die Hand zurück, als hätte er sich verbrannt. „Er stammt aus der Familie meiner Mutter", sagte er abweisend. „Beim Wandern ist er eher unpraktisch. Vor allem, wenn man Stöcke benutzt. Aber es ist eben ein Erbstück. Ich schlage vor, dass wir jetzt aufbrechen."

Was für ein komischer Kauz, dachte Jens. Warum hat er sich überhaupt auf so eine Wanderung eingelassen, wenn er jede persönliche Ebene vermeidet? Er versuchte den Rucksack mit Schwung wieder aufzusetzen und geriet ins Straucheln, fing sich aber noch rechtzeitig. Für einen Moment schien es ihm, als hätte sich ein Lächeln auf Mats' Gesicht gestohlen.

Sie wanderten weiter an der Bavellagruppe entlang. Der Wind wurde stärker und nahm der Oktobersonne die Wärme. Jens spürte die Anstrengung des erneuten Anstiegs. Erstmals kamen sie über 1.000 Meter. Die Vegetation wurde ärmer, die vereinzelten Kiefern nahmen immer originellere Formen an. Nach einer längeren Strecke im Windschatten machte der Weg eine starke Rechtskurve, die die Sicht auf eine vereinzelte Granitsäule freigab: *Anima damnata.* Der Name passte. Wer immer diesem roten Felsriesen den Namen gegeben hatte, musste etwas von Einsamkeit verstehen.

Wie Mats prophezeit hatte, erreichten sie nach gut zwei Stunden die Hütte. Jens' Augen brauchten eine gewisse Zeit, bis sie sich an das Dunkel im Innern gewöhnt hatten. Sie stellten ihre Rucksäcke auf einer der alten Holzbänke ab. Verwundert sah Jens, dass Mats nicht nur seine Jacke auszog, sondern den ganzen Oberkörper freimachte: „Ich mag keinen Schweißgeruch, auch wenn er sich nicht vermeiden lässt."

Als Mats sich das Funktionsunterhemd auszog, konnte Jens den Blick nicht von ihm abwenden. Mats war unglaublich gut gebaut und durchtrainiert. Die Muskeln waren überall gleich gut entwickelt, nirgendwo gab es unverhältnismäßig große Muskelmasse. Jens suchte nach einer passenden Bezeichnung für diesen Körper, der in keiner Weise seine vierundfünfzig Jahre erkennen ließ.

Doch trotz seiner Makellosigkeit übte dieser perfekte Körper keinerlei Anziehungskraft auf ihn aus. Ganz anders als bei Reto, dessen Muskeln und Haut er so gern berührte.

Mats machte einige geübte Dehn- und Streckübungen. Er zog sich seine Fleecejacke über und ging zu dem alten Zweiflammenherd. Zunächst kontrollierte er den Gasanschluss und sah nach dem Kochgeschirr: „Ich schlage vor, ich mache uns eine elektrolytreiche Suppe. Ruh dich ruhig ein wenig aus."

Jens entledigte sich nur seiner Schuhe und Jacke. Den Schweißgeruch würde er schon jetzt Mats nicht ersparen können. Unter den Achseln zeichneten sich tiefe Salzringe ab. Der kalt werdende Schweiß war auch am Rücken und am Bauchansatz spürbar. Mats sah zu ihm herüber. „Du hast viele Mineralien verloren. Ich mische der Suppe Calcium, Kalium oder Magnesium bei. Der Geschmack wird dadurch nicht beeinträchtigt."

Wie stark ihn bereits dieser erste Vormittag mitgenommen hatte, merkte Jens erst, als er sich auf eine Bank legte. Sein Rücken fühlte sich ganz stumpf an und seine Beinmuskeln zuckten leicht. Er schreckte auf, als Mats ihn am Arm berührte: „Ich habe dich zehn Minuten schlafen lassen. Aber jetzt müssen wir essen."

Die Suppe in den Tellern dampfte, ohne dabei nach irgendetwas Spezifischem zu riechen. Sie wurde von kleinen roten Würfeln dominiert, die keinen klaren Rückschluss erlaubten. Trockenfleisch, vermutete Jens. Das Ganze schmeckte nach nichts. Aber die Wärme tat gut.

Mit dem letzten Löffel stand Mats auf und ging mit den Tellern zur Spüle: „Kannst du bitte für jeden noch ein Gel rausholen? Gib mir, welches du willst, und nimm du das Espresso-Gel. Das Coffein bringt dich vielleicht in Schwung und du beugst Kopfschmerzen vor."

Diese entmündigende Fürsorge ging Jens mehr und mehr auf die Nerven. Aber in der Tat hätte er jetzt gern einen heißen Cappuccino getrunken. Das Gel schmeckte wirklich nicht so schlecht. Auf die Wirkung werde ich wohl noch warten müssen, dachte er, während er sich mit Mühe die Schuhe anzog. Sobald er den Rucksack wieder aufsetzte, bekam er Kreuzschmerzen.

Mats sah ihn an. Sein Gesicht war ohne jeden Ausdruck. „Ich schlage vor, dass wir heute Abend ein wenig umpacken. Ich kann ein paar von deinen schwereren Sachen nehmen und du etwas von meiner Wäsche. Aber jetzt sollten wir los. Wir haben noch etwa vier Stunden bis Sonnenuntergang. Ich würde gerne noch im Hellen unterhalb der *Punta Longa* ankommen."

Mats legte sein übliches Tempo auf dem Hirtenweg vor, der relativ steil zum *Foce Finosa* anstieg. Das Wetter zog sich zu. Wahrscheinlich regnete es oben auf dem Berg. Die volle Packung, dachte Jens.

Als sie oben auf dem Berg ankamen, war Jens nass bis auf die Knochen. Mats schaute auf die Karte und versuchte sich zu orientieren: „Wir sind jetzt auf 1.200 Metern. Irgendwo da unten, man kann es jetzt noch nicht sehen, quert eine Passstraße den GR 20. Dort gibt es auch eine kleine Siedlung mit Einkehr- und vielleicht auch Übernachtungsmöglichkeiten. Wenn du nicht mehr kannst, können wir bis dorthin absteigen und eine etwas komfortablere Nacht zubringen."

„Kannst du bitte endlich aufhören, mich wie ein Weichei zu behandeln!“, brach es aus Jens heraus. „Wenn ich nicht mehr kann, sage ich dir das, ok?“ Er schnaubte verärgert und nahm einen großen Schluck aus seiner Wasserflasche.

Mats nickte. „Sorry, Jens, das war nicht so gemeint. Ich wollte nur vermeiden, dass du über deine Grenzen gehst. Naja, und einen Tag Karenzzeit haben wir notfalls.“

Der Regen auf Jens' erhitztem Gesicht fühlte sich mit einmal angenehm kühl an.

32.

In diesem Jahr war der Sommer fast unmittelbar in den Herbst übergegangen. Die Blätter hatten sich schon deutlich verfärbt und verloren sichtbar die Kraft, sich an den Bäumen zu halten. An jeder Jahreszeit mochte Doro diesen Kampf gegen die kommende Zeit. Das Festhalten der eigenen Schönheit. Der letzte warme Sonnentag, der letzte Schnee, die letzten Blätter an den Bäumen. Die Magnolie, die in ihrem Garten noch zu Pfingsten wenige Blüten getrieben hatte.

Nach einem langen Tag im Archiv war Doro auf dem Heimweg. Als sie die Bundesstraße hinter Lüneburg verlassen hatte, hielt sie kurz an. Es war viel zu kalt, aber es regnete nicht und die Luft lud dazu ein, tief durchzuatmen und sich ordentlich durchpusten zu lassen. Doro machte das Verdeck des alten Saab auf, holte das Tuch aus ihrer Tasche, das sie aus Furcht vor Erkältungen immer bei sich hatte, legte es über ihre Locken und verknotete es unter dem Kinn.

Na schön, sie würde völlig durchgefroren sein, wenn sie in Diahren ankam, aber das war es wert. Und sie konnte sich ja den Kamin im Wintergarten anmachen. Doro setzte sich wieder hinters Steuer, gab Gas und überholte ganz gegen ihre Gewohnheit einen gemächlich vor sich hinzuckelnden Traktor.

Wie immer brauchte es seine Zeit, bis der Raum richtig warm geworden war. Doro streifte sich ihren dicken weißen Schafswollpulli über und zog dann die kopierten Seiten des nächsten Briefs von Kahlenbaum aus Ulfs alter Aktenmappe hervor. Sie hatte beschlossen, das Abtippen der Briefe nach Hause zu verlagern, weil die Atmosphäre im Archiv sie bei der Beschäftigung mit Kahlenbaums grauenvollen Ergüssen noch zusätzlich deprimierte. Seine lateinischen Schriftzeichen wirkten ungeübt und kantig, aber sie waren gut lesbar:

Berlin, 9. September 1943

Verehrter Freund!

Mein Brief erreicht Sie über einen engen Freund aus Studienzeiten, bei dem ich in meinen Berliner Tagen zu übernachten pflege und der morgen im Eppendorfer Klinikum einen Termin hat. Er war so freundlich, Ihnen dieses Schreiben zu überbringen, von dem ich sicher gehen wollte, dass es nicht in fremde Hände fällt.

Das Telegramm von Dr. Conti hat meine sofortige Abreise aus Hamburg erforderlich gemacht, daher vermochte ich Ihnen nicht mehr zu danken. Nicht nur, dass Sie den Abtransport unserer Pfleglinge so reibungslos organisiert haben, verdient Respekt, sondern vor allem, wie Sie Ihre tiefe Menschlichkeit noch in die schwierigsten Lagen einzubringen wissen.

Sie ahnen gar nicht, als wie vorbildlich unsere Handhabung der volkswirtschaftlichen Verlegung selbst hier in Berlin gesehen wird. Mit Verachtung hat der Reichsminister von seinen Erfahrungen mit der eugenischen Praxis an vielen Stellen im Reich berichtet. Die Verrohung muss mancherorten schon vor den Zeiten des gut geregelten Gnadentodes weit fortgeschritten gewesen sein: Pflegekräfte titulieren sich gegenseitig als Abspritzer. Es werden Prämien von 3 RM pro Leiche an das Dienstpersonal gezahlt.

In Sälen, die größer sind als in unserem Haus Gottesruh, sind drei Pfleglinge auf einem Strohsack zusammengepfercht. Es sind dieselben Anstalten, die so ganz anders als wir nun nach dem geordneten Gnadentod ihre Arbeit im Geist der Unmenschlichkeit fortführen. Aus Hadamar hat man gehört, dass die zehntausendste Leiche von den Pflegern gefeiert wurde. Abtransporte durch die „gemeinnützige Krankentransportgesellschaft" wurden vor allem in Bayern so dilettantisch durchgeführt – beispielsweise durch öffentliche Verladung auf dem Marktplatz in die grauen Busse –, dass mit erheblichem Widerstand der Bevölkerung, insbesondere der Kirchen, zu rechnen ist.

Der Reichsminister ließ hier nichts an Deutlichkeit vermissen: „Meine Herren, die Bevölkerung ist überfordert zu verstehen, was wir hier tun müssen, von der Reaktion in der Auslandspresse ganz abgesehen. Jede unnötige Grausamkeit, jede Unachtsamkeit in der Handhabung gefährdet unser Ziel. Nehmen Sie sich ein Beispiel an den Alsterdorfer Anstalten und fragen Sie unseren Parteigenossen Dr. Kahlenbaum, wie man das macht: geräuschlose Verlegung begleitet von erfahrenen Pflegern und sogar dem Anstaltsleiter. So muss der Dienst am Volk aussehen, wenn wir das Ziel der Befreiung von einer Million Ballastexistenzen erreichen wollen. Meine Herren, das ist Krieg, aber ein Krieg ganz anderer Art als die Schlachtfelder der Vergangenheit."

Bei der genannten Zahl ging ein leichtes Raunen durch die Runde. Uns wurde bekanntgegeben, dass zum Erreichen dieses Ziels eine „gemeinnützige Stiftung für Anstaltspflege" gegründet worden wäre, in der insgesamt sechs Anstalten im Reich zur endgültigen Verlegung zusammengefasst sind.

Nach der offiziellen Sitzung nahm mich der Reichminister noch zur Seite. Er hoffe, die namentliche Erwähnung unserer Anstalt und auch meiner Person sei mir nicht peinlich gewesen. Zudem dürfe er mir im Vertrauen mitteilen, dass in

Kürze das Gaudiplom für hervorragende Leistungen zum dritten Mal in Folge an unsere Anstalt verliehen werde. Und dann fügte er hinzu: „Lieber Herr Doktor, dieses Diplom ist nicht nur ein Wandschmuck. Sie haben freie Hand, um die notwendigen Forschungen in aller wissenschaftlichen Genauigkeit und mit dem Ihnen eigenen Verantwortungsbewusstsein für unsere große Aufgabe durchführen zu können. Sagen Sie mir, was Sie brauchen. Wir sind im Krieg. Alte Sentimentalitäten zählen jetzt nicht mehr. Wer wie Sie erlebt hat, wie verdiente, tapfere Männer durch ärztliche Kunst innerhalb kurzer Zeiten wieder kriegsfähig gemacht werden müssen, wird nicht zögern, die unheilbar kranken Pfleglinge als das zu sehen, was sie sind: ausgebrannte Ruinen und Menschenhüllen."

Harte Worte, gewiss, aber sie können uns helfen, unsere Aufgabe in schwerer Zeit klar vor Augen zu haben.

Verehrter Freund, ich möchte die Frage des Reichsministers auch an Sie weitergeben: Was brauchen Sie an Unterstützung für Ihr geistliches Amt? Ihre Gesundheit scheint ja jeder Gefährdung zu widerstehen. Aber wäre es nicht einmal an der Zeit, dass Sie und Ihre Familie einen Kuraufenthalt bekämen? Oder würde es Ihnen helfen, wenn an höherer Stelle die Bedeutung Ihres Amtes auch in der Kirche die gebührende Anerkennung finden würde?

Zweifeln Sie in Ihrer Bescheidenheit nicht daran, dass die weit geöffneten Türen in Berlin auch Ihnen neue Möglichkeiten erschließen dürften.

Noch eine kleine Bitte: Sollte es in den kommenden Tagen meiner Abwesenheit zu Verlegungen kommen, weisen Sie bitte die Pfleger an, einen Leukoplaststreifen mit Namen und Nummer der Krankenakte zwischen die Schulterblätter unserer Kranken zu kleben. Es ist äußerst ärgerlich, wenn, wie kürzlich geschehen, bei der Auswertung der Gehirnschnitte im hiesigen Kaiser-Wilhelm-Institut die namentliche

Zuordnung der Präparate nicht möglich ist und damit große Teile meiner Forschungsarbeit zunichte gemacht werden.

Damit aber genug der Klagen eines Forschers. Bleibt mir noch, Ihnen trotz aller Verantwortung eine Zeit der inneren Gewissheit zu wünschen. Bis wir uns dann wiedersehen ein Gottbefohlen.

Heil Hitler! *Ihr Wilhelm Kahlenbaum*

Dreimal las Doro den Brief, nachdem sie ihn in ihren Laptop getippt hatte. Dann schloss sie die Augen. Wieder ging es ihr so, dass das Gelesene sich jeder Systematisierung entzog. Es war diese unglaubliche Mischung von arroganter Kälte und ideologischer Strategie, die einen schlicht verstummen ließ. Es war das Detail, das die besondere Grausamkeit zeigte. Der Ärger des Herrn Doktor, dass seine schöne wissenschaftliche Arbeit perdu war, wenn die Hirnschnitte im Kaiser-Wilhelm-Institut nicht mehr richtig zugeordnet werden konnten. Der pragmatische Tipp, den Pfleglingen ein Pflaster zwischen die Schulterblätter zu kleben. Das zeigte genau, was sie wirklich gewusst hatten: Ihre Schutzbefohlenen gingen nackt in den Tod. Ihr Todeskampf war so, dass sie andere Kennzeichnungen vielleicht abgekratzt hätten. Ihre toten Körper wurden ohne Rücksicht auf ihre persönliche Identität gestapelt, gelagert und behandelt.

Das Holz im Kamin brannte immer noch, Doro hatte extra Scheite des alten Walnussbaums aufs Feuer gelegt, weil sie besonders ausdauernd brannten. Im Wintergarten war es jetzt mollig warm. Dennoch fror sie bis auf die Knochen. Da nützte auch der dicke Pulli nichts. Es war wieder diese Kälte, die einfach nicht weichen wollte.

33.

„Ich bin Arzt." Mats schien nach den richtigen Worten zu suchen. „Ich kann nicht aus meiner Haut. Ich will nicht, dass du dich überforderst."

War das ein Friedensangebot? Jens konnte den Gesichtsausdruck von Mats so schlecht deuten. Während der folgenden Stunde gingen sie steil bergab ins Bavellatal. Der dichte Kiefernwald hielt Regen und Wind weitgehend ab und der Abstieg machte das hohe Schritttempo weniger anstrengend. In der Talsohle überquerten sie die Straße und sahen erste Häuser.

Kurz nach der Straße stieg der Weg erneut um 200 Höhenmeter an. Und wieder hatte Jens Mühe, mit Mats Schritt zu halten. Bei einer kleinen Gabelung holte er ihn ein. Mats hielt die Karte in der Hand und schaute stirnrunzelnd in den Himmel: „Wir haben jetzt die Wahl. Der GR 20 führt in dieser großen Ostkurve am Asinao-Bach entlang. Wir können aber auch jetzt hier abbiegen und den alpinen Weg mit größeren Höhenunterschieden gehen."

Mats zeigte in Richtung zweier Berge, bei denen Jens sich unsicher war, ob er nicht sogar Schnee auf ihren Gipfeln liegen sah. „Wir schneiden rund drei Kilometer ab, aber das Regenwetter wird uns sicher härter treffen."

Endlich verhält er sich mal ganz normal und nicht mehr wie ein arrogantes Arschloch, dachte Jens. Vielleicht hatte sein kleiner Wutausbruch ihr Verhältnis ja in eine andere Richtung gelenkt. Hoffentlich.

„Wozu würdest du denn raten, Mats?", fragte er mit neutraler Stimme. „Du hast eindeutig mehr Erfahrung."

„Ich glaube, wir können den steilen Weg versuchen. Wenn wir über die nördliche Bavellagruppe hinweg sind, finden wir bestimmt einen geeigneten Rastplatz im Schatten der Berge."

„Na dann, versuchen wir es", sagte Jens. Er zeigte auf einen ihm unbekannten Käfer, der bereits den ersten Meter auf dem vorgeschlagenen Weg zurückgelegt hatte. Sein Rückenpanzer war seltsam dreigeteilt. „Schau dir mal den kleinen schwarzen Star-Wars-Käfer an. Er geht auch diesen Weg."

Mats lachte kurz auf. „Das ist kein schwarzer Klonkrieger, sondern ein Heiliger Pillendreher. Er rollt die Kotreste von

Säugetieren zu kleinen Kugeln zusammen, in die das Weibchen dann ihre Eier legt. Aus Kot Leben entstehen lassen, das ist seine besondere Rolle. Im Alten Ägypten waren Pillendreher deshalb ein Symbol der Auferstehung. Auf seiner Fährte machen wir also bestimmt keinen Fehler."

Jens erwiderte Mats' Lächeln. Vielleicht, dachte er, wird es ja doch noch ein netter Urlaub mit ihm.

Die folgende Strecke wurde tatsächlich sehr anspruchsvoll und der wieder einsetzende Nieselregen ließ Jens' Blick zwangsläufig nach unten gehen. Er bedauerte, dass er nicht doch versucht hatte, auf Kontaktlinsen umzusteigen. Die Felsmassive stiegen steil auf und erinnerten ihn eher an die Dolomiten als an eine Mittelmeerinsel. Schmale Scharten eröffneten immer wieder neue Perspektiven auf die Bergformationen.

Jens spürte, wie sein Rücken immer träger wurde. Trotz aller Polsterungen hatte er das Gefühl, dass die Gurte in seine Schultern einschnitten.

Besonders schwierig zu gehen waren die glatten, teilweise sehr steilen Steinplatten auf dem Weg, die durch den Regen zunehmend glitschiger wurden. Gelegentlich waren sie mit Ketten gesichert, deren loses Ende sich als Kletterhilfe anbot. Dennoch rutschte Jens mehrfach aus.

„Ich schlage vor, du gehst voran, dann kann ich dir Trittthilfe geben, wenn es nötig ist", sagte Mats nach einer Weile.

Jens nickte wortlos und übernahm die Führung. Er zwang sich jetzt, immer nur nach oben zu sehen. Wieder und wieder glitt er ab. Aber Mats hielt sich direkt hinter ihm und setzte seinen Fuß zur Abstützung hinter den von Jens, als ob er Saugnäpfe unter den Stiefeln hätte. Mit Erleichterung nahm Jens wahr, dass nun auch Mats vor Anstrengung gelegentlich keuchte.

Als sie am späten Nachmittag ins Asinaotal kamen, begann es zu dämmern. Rasch suchten sie sich eine geeignete Stelle für das Zelt.

„Freies Campen ist auf Korsika eigentlich verboten“, meinte Mats. „Aber das Risiko können wir eingehen. Die Ranger sind nur während der Trockenperiode schärfer hinterher und als Schwede kann man sich in dem Punkt etwas blöd stellen. Bei uns darf man schließlich überall zelten.“

Innerhalb kürzester Zeit hatten die beiden Mats’ Zwei-Mann-Biwak aufgestellt. Die einzige Herausforderung war die Befestigung der Sturmsicherung. Der Boden war zu hart für irgendwelche Heringe. Also befestigte Mats die Sturmseile an Felsbrocken und einem Baum.

Als sie im Innenraum die Isomatten ausgerollt hatten, blieb ihnen nur noch Platz für die Rucksäcke. Beide zogen ihre Wanderstiefel aus und streckten die Füße auf Mats’ Vorschlag aus dem Zelt in den Regen: „Am besten, wir lassen sie eine Zeit lang ausdünsten. So gehen auch die Schwellungen zurück. Aber pass auf, dass sie nicht zu kalt werden. Erkältungen können wir uns auf unserer Tour nicht leisten.“

Jens war froh, dass sich die Stimmung zwischen ihnen gebessert hatte. „Ist richtig kuschelig hier drinnen. Jetzt fehlt uns nur noch Champagner und ein Candle-Light-Dinner.“

„Mach mir doch meine Pointen nicht kaputt“, antwortete Mats mit einem Lächeln und kramte tatsächlich eine kleine Kerze aus dem Rucksack, griff von draußen einen flachen Stein und stellte die entzündete Kerze darauf ins Vorzelt. Dann nahm er seine Feldflasche aus dem Seitenfach des Rucksacks und stellte sie dazu: „Na, schon besser?“

„Ich sprach eigentlich von Champagner. Aber mit ein bisschen Fantasie kann ich mir das Quellwasser ja schöntrinken.“

„Wart’s mal ab.“ Mats kramte wieder in seinem Rucksack. Er holte zwei unglaublich filigrane Campinggläser aus dem Rucksack, drehte die Feldflasche auf und goss zu Jens’ Erstaunen Rotwein ein.

„Habt ihr im Medizinstudium etwa auch gelernt, aus Wasser Wein zu machen?“, fragte er verblüfft.

„Na klar.“ Mats zwinkerte ihm zu. „Nein, im Ernst, als wir vorhin unten im Tal waren und ich kurz zum Pinkeln in der Herberge verschwunden bin, habe ich den Wirt angezapft. Er hat seinen Wein sehr angepriesen. Bleibt nur zu hoffen, dass er besser ist, als der Spottpreis vermuten lässt. Skål!“

Der Wein war ehrlicher Rotwein. Nach den Anstrengungen des Tages schmeckte er doppelt gut. Mats griff erneut in den Rucksack und holte eine kleine schwarze Tasche hervor: „Bevor ich auf dem Kocher unser Fünf-Sterne-Menu zubereite, muss ich mich noch ein wenig fit für morgen machen. Ich hoffe, es stört dich nicht, wenn ich mir meine Spritze hier drinnen setze.“

Jens schüttelte den Kopf. Mats öffnete den Reißverschluss der Tasche, die einer überdimensionierten Federtasche glich. Auf der einen Seite sah Jens mehrere Spritzen, auf der anderen Seite mit Gummischlaufen fixierte unbeschriftete Ampullen, in denen sich eine Flüssigkeit befand, die etwas heller war als menschliches Blut. Mats desinfizierte die Spritze, zog sie auf und spritzte sich die Flüssigkeit in eine vorbehandelte Vene am Unterarm. Soweit Jens sehen konnte, waren keine weiteren Einstiche zu erkennen. Hätte auch nicht zu Mats gepasst, dass er sich plötzlich als Junkie offenbarte!

„So, fertig. Dann geh ich jetzt mal raus auf unsere Sonnenterrasse und setze das Essen auf. Pass auf, dass der Wein nicht zu warm wird!“

Als Mats das Zelt öffnete, fuhr ein kräftiger Windstoß ins Innere. „Das wird nicht leicht, den Kocher überhaupt in Gang zu bekommen. Würdest du kurz zum Bach gehen und uns frisches Wasser holen? Auf dem Speiseplan steht heute Couscous mit Fertighacksauce.“

Die Vorstellung, das Zelt verlassen zu müssen, löste bei Jens einen kreativen Schub aus: „Weißt du was, Mats, ich habe am Flughafen einen großen korsischen Ziegenkäse gekauft. Von dem Landbrot aus dem Hotel haben wir auch noch jede

Menge übrig. Was hältst du davon, wenn wir dem Luxus einer warmen Mahlzeit entsagen und du wieder reinkommst? Dann kannst du mir bei unserem Spitzenwein ausführlich berichten, was in deinem Leben dich zum Fixer hat werden lassen."

34.

Doro hatte auf ihrem Schreibtisch Platz geschaffen. Die Blätter lagen jedoch noch immer überall im Raum verteilt. Und da sie ohnehin nur alle Jubeljahre saugte, konnte das erst mal so bleiben. Zumindest bis sie alle Briefe durchgesehen und abgetippt hatte. Aber was dann? Würde sie einfach einen Ordner anlegen und ihn im Archiv der Macht des Vergessens anvertrauen? Würde sie Susann und Jens alles Weitere überlassen?

Es war der erste Morgen im Herbst, an dem sie künstliches Licht brauchte. Das Grau der ersten Tagesstunden ließ keinen Sonnenstrahl ins Zimmer dringen. Doro schaltete ihre Schreibtischlampe an. Ihr Schreibtisch stand direkt unter dem Sprossenfenster.

Nun war sie also beim vorletzten Brief angelangt. Er war recht kurz. Entsprechend schnell hatte sie den Text in den Computer eingegeben. Doro fiel auf, wie viel persönlicher Kahlenbaums Ton gegenüber seinem „lieben Freund" geworden war. Das Gestelzte seiner Briefe wich der Klarheit seiner taktischen Anweisungen. Das Schreiben trug kein Datum. Aber der Inhalt ließ nur das Kriegsende als Abfassungszeitpunkt zu.

Lieber Freund,

hoffentlich können Sie meine eilig geschriebenen Zeilen lesen. Ich lasse sie Ihnen auf dem von uns verabredeten Weg zukommen, um jeden Missbrauch auszuschließen. Zu Grundsätzlichem bleibt uns nun nicht mehr die Zeit, aber ich bin gewiss: Es kommt die Stunde, da wird man unser Tun in einem völlig anderen Licht sehen. Der Schwachsinn wie die psychischen Erkrankungen sind Krankheiten des Gehirns. Und es war unsere Aufgabe, an dieser Stelle nach Lösungen zu forschen und gleichzeitig aus Erwägungen des volkswirtschaftlichen Nutzens für unsere Anstalt zu handeln.

Aufgrund unserer Anerkennung als Musterbetrieb müssen wir damit rechnen, dass alle unsere Unterlagen beschlagnahmt werden. Deshalb gilt es jetzt unverzüglich tätig zu werden und sich abzusprechen: Um alle Forschungsakten werde ich mich kümmern. Ich werde umgehend allen belastenden Schriftverkehr von Ihnen und mir vernichten. Bitte nehmen Sie auch alle Schreiben von mir zu sich nach Hause und legen diese, sofern Sie sie nicht ebenfalls vernichten, unter „Seelsorge" ab. Die Siegermächte werden die kirchlichen Rechte nicht brechen.

Ich rate Ihnen, alle Ansprachen und Predigten durchzusehen, ob sie belastende Äußerungen gegen Juden oder Hinweise auf die Verlegung von Pfleglingen enthalten. Selektieren Sie, aber beseitigen Sie keine ganzen Ordner. Das würde nur zu Verdächtigungen führen. Schauen Sie unsere Vorstandsprotokolle durch. Einige der Sitzungen sollten besser nicht stattgefunden haben. Die Protokollbände müssen ohnehin zum Einbinden. Auf diesem Weg können wir gestalten.

Sofern wir befragt werden, sollten wir anbieten, gemeinsam auszusagen. Vielleicht helfen uns dabei Ihre guten Englischkenntnisse? Für unsere Rechtfertigung schlage ich folgende Argumentationslinie vor:

Zum Ersten: Unser oberstes Ziel war immer der Erhalt unserer Anstalt und der Schutz möglichst vieler Kranker und Pfleglinge. Wir haben der Erfassung und Verlegung von Schwachsinnigen nur zugestimmt, um das Leben möglichst vieler anderer zu retten.

Zum Zweiten: Wir wollten durch vorgetäuschte Ideologietreue verhindern, dass radikalere Geister das Ruder in unserer Anstalt in die Hände bekommen, die die Auflösung der Anstalt und die Umwandlung in ein Lazarett betrieben hätten. Nur aus diesem Grund habe ich Ämter in Hamburg und Berlin übernommen und nur aus diesem Grund sind Sie als Mann der Kirche dem Stahlhelm beigetreten.

Zum Dritten: Wir haben aus christlicher Verantwortung gehandelt (besonders Sie) und aus wissenschaftlicher Überzeugung (was ich für mich in Anspruch nehme). Gerne bringen wir jederzeit Äußerungen unserer Kranken und unserer Pfleglinge bei, die unsere Gesinnung bestätigen.

Bei aller inneren Zerschlagenheit bin ich zuversichtlich, dass wir mit dieser Linie aufrecht durch die Anfeindungen gehen werden. Unserer Freundschaft bin ich dabei gewiss.
In Eile grüßt Ihr

Wilhelm Kahlenbaum

Intelligenz, hatte Doro einmal gelesen, ist die Fähigkeit, sich in ungewohnten Situationen zurechtzufinden oder, besser noch, sie planerisch vorwegzunehmen. Insofern musste man Kahlenbaum bescheinigen, dass er intelligent gewesen war. Er hatte die wichtigsten Spuren beseitigt, aber nicht so auffällig, dass es schon wieder verdächtig war. Er hatte getan, was er nachweislich besonders gut konnte: selektieren. Diesmal aber Schriftstücke. Und Argumente hatte er auch selektiert. Eine klare Verteidigungslinie in unverbrüchlicher Männerfreundschaft. Es ging uns nur um die Anstalt. Wir wollten Schlimmeres verhindern. Wir konnten nicht anders. Unsere christliche Überzeugung ging uns über alles.

Aus Tätern wurden Opfer. Und die wirklichen Opfer sollten zu Zeugen der Unschuld werden. Perverser ging es nicht.

Von Ulf wusste sie, dass alles nicht ganz so ausgegangen war, wie die beiden Freunde es sich ausgedacht hatten. Letztlich hatten Rante und Kahlenbaum doch den Hut nehmen müssen. Aber immerhin: Akten waren definitiv nicht auffindbar gewesen und die Briefe im Karton des Staatsanwalts waren bis zum heutigen Tag nicht wirklich ausgewertet worden. Bansierski hatte vermutlich recht mit seiner Einschätzung, dass an den Briefen nichts war, was er juristisch hätte verwenden können.

Menschlich gesehen war es dennoch erschreckend, wie Kahlenbaum taktiert hatte. Und noch erschreckender, wie er gedacht hatte. Schwachsinn – nichts anderes als eine Erkrankung des Gehirns. Psychische Erkrankungen hatte er so gleich mit abgehandelt.

Doro blickte gedankenverloren aus dem Fenster und brauchte einige Zeit, bis sie bemerkte, dass Else zu ihr hinaufwinkte. Sie ging um den Schreibtisch herum und öffnete das linke Sprossenfenster.

„Komm endlich frühstücken, Doro", rief Else gut gelaunt. „Du bist schon eine halbe Stunde überfällig. Und weil du mich hast sitzen lassen, musst du heute mit mir wandern gehen. Ins Hochmoor. Du hängst mir zu viel hinter Büchern und verpasst das wahre Leben."

Das wahre Leben – Doro glaubte schon lange nicht mehr, zu wissen, was das war. Aber wahrscheinlich fand man es wirklich eher im Hochmoor als in diesen kranken Briefen.

35.

„Du weißt nicht, was du dir antust, Jens. Beim Thema Doping bin ich nicht zu bremsen. Bevor ich mich als Arzt selbstständig gemacht habe, war ich zweiter Sportarzt bei Djurgården Hockey, einem der besten Eishockeyclubs Schwedens. Ich war für den unmittelbaren Trainingsaufbau und die Rekonvaleszenz nach den Spielen verantwortlich. Wenn du mir hoch und heilig versprichst, dass du mich stoppst, wenn ich dich langweile, erzähle ich dir gern davon. Ich habe nämlich noch heute einen Lehrauftrag für Sportmedizin am Karolinska."

Jens nickte Mats auffordernd zu. Es war nicht nur die besondere Reiseapotheke, die ihn neugierig gemacht hatte. Er hoffte auch, eine einfache und möglichst verwertbare Erklärung für Mats' unglaubliche Kondition zu finden.

„Also, wo soll ich anfangen? Bei den Stierhoden, die die Athleten der Antike aßen, bei den Cocablättern der Inkas oder den Pilzrezepten der Berseker?"

„Historiker bin ich selbst. Der Traum, die eigene Potenz zu steigern, ist so alt wie die Menschheit selbst. Beame dich bitte in die Gegenwart und erzähl mir, wieso du diese Reiseapotheke mitschleppst und was du an Dopingmitteln anzubieten hast."

Mats schenkte Jens das Glas zum zweiten Mal voll. Er nahm sich ein Stück vom Käse, den Jens aufgeschnitten hatte, genoss den würzigen Geruch und stieß noch mal mit Jens an. „Ok, du hast es ja so gewollt. Also: Dopen ist entweder etwas für Deppen oder ein seriöser, hochkomplexer und verantwortungsvoller Prozess, um die Leistungsfähigkeit eines Körpers zu erhalten. Das Erste kennst du. Leute, die wie Arnold Schwarzenegger aussehen wollen, zu faul sind, jeden Tag hart zu trainieren, und deshalb Anabolika futtern. Alle Anabolika sind im Grunde genommen Spielarten des männlichen Hormons Testosteron. An sich nicht verkehrt. Das Eiweiß in den Muskeln wird aufgebaut und zugleich der Fettgehalt abgebaut."

„Klingt doch gar nicht schlecht. Oberarmmuskeln statt Schwabbelbauch, damit könnte ich auch was anfangen."

„Stimmt, Testosteron ist per se nicht negativ. Es bremst sogar den Abbau der Muskelzellen und verkürzt die Regenerationszeit der Muskeln nach hoher Anspannung. Für Wettkampfsportler haben Anabolika aber vor allem einen Nachteil: Sie lassen sich sofort nachweisen. Ein kurzer Blick ins Blutbild und die Sperre ist da. Profisportler arbeiten deshalb lieber mit unauffälligen Dosierungen. Ein kleines Pflaster am Hodensack. Die Haut ist dort, wie uns Schwulen bestens bekannt, besonders dünn und empfindlich und das Testosteron dringt in sanften Dosen in die Blutbahn ein."

„Klingt geradezu homöopathisch sympathisch“, warf Jens ein und räkelte sich auf seinem Schlafsack.

„An sich schon. Und über kurze Zeit gesehen, ist das auch ziemlich harmlos. Testosteron hat nur einen kleinen Nachteil. Es wandelt sich im Körper in sein charmantes weibliches Gegenteil: in Östrogen. Und so wächst nicht nur der Muskel, sondern auch die Brust. Bei mir in die Praxis kommen immer wieder irgendwelche Pseudobodybuilder rein, die sich nach dem Fressen irgendwelcher Anabolika eigentlich nur noch Gedanken machen müssen, auf welche Körbchengröße sie hinarbeiten wollen.“

„Autsch, das klingt nicht so verlockend.“

„Tja, das war der Grund, weshalb ich dich vor unserer Tour so genau nach deinen Blutwerten befragt hatte. Hältst du einen weiteren Exkurs aus?“ Mats schenkte noch einmal ein.

Jens nickte: „ Also los, gib mir die volle Dröhnung.“

Mats zwinkerte ihm zu. „Gesundes Doping heißt: Du kannst dem Körper nichts geben, was er nicht eh schon hat. Was du aber beeinflussen kannst, ist die Arbeitsweise deines Stoffwechsels. Eine der besten Formen dafür ist das Eigenblut. Du entnimmst einem Kandidaten einen Monat vor dem entscheidenden Datum sein eigenes Blut, reicherst es an und erhöhst dadurch die Sauerstoffkapazität des Blutes und damit die Ausdauerleistung. Du simulierst quasi dem Körper durch Eigenblutspende: Ich bin jetzt tiefenentspannt. Ich bin bestens erholt, alle Autobahnen sind frei und die wertvollen Stoffe können innerhalb kürzester Zeit dahin geleitet werden, wo sie gebraucht werden.“

„Das heißt: Ich simuliere meinem Körper quasi: Es ist gar nicht Freitagabend, fünf Uhr, sondern Sonntagmorgen, elf Uhr. Das Fenster steht weit offen. Ein üppiges Frühstück erwartet mich. Und die Post geht ab.“

„Genau. Nur simulierst du nicht. Es ist wirklich so. Es ist dein eigenes Blut. Und es funktioniert tatsächlich so, als wärest du gerade dem Jungbrunnen entsprungen. Eigenbluttransfusionen sind die unbedenklichste und beste Art des Leistungsaufbaus. Wärst du einverstanden gewesen, hätte ich dich vor unserer Wanderung in Hamburg zu einem Arzt geschickt, der dir auch so nette Ampullen gemacht hätte wie meine. Aber davon wolltest du ja nichts wissen."

„Hey, ich hatte doch keine Ahnung. Und ich wusste da noch nicht, dass du mir dermaßen davonziehst mit deinem ganzen Eigenblut. Dagegen bin ich echt der absolute Loser."

„Nein, nein, deine körperliche Leistung ist sehr gut. Sie liegt deutlich über der deiner Altersgenossen. Du darfst dich nicht mit jemandem vergleichen, der seit seiner Kindheit durchschnittlich zwei Stunden Sport am Tag gemacht hat, von Anfang an bestens ernährt wurde und beim Thema Gesundheit nicht ganz ahnungslos ist. Aber auch du könntest noch etwas drauflegen. Deine Anlagen sind nicht schlecht."

„Kommt jetzt endlich der aufbauende Teil?"

Mats grinste ihn an: „In Raten und mit einer halben Enttäuschung. Tatsächlich gibt es eine weitere Form des Dopings, die gut anschlägt und einen ähnlichen Effekt hat wie Eigenblut. Bestimmt hast du schon mal von Epo gehört?"

„Ist das nicht das Zeug, das weltweit alle professionellen Radler nehmen?"

„Nicht nur die. Alle extremen Ausdauersportler haben wohl schon mal Erythropoetin gespritzt bekommen. Wahrscheinlich würden sämtliche Olympioniken jede Nacht am Tropf hängen, wenn das Zeug nicht einen entscheidenden Nachteil hätte: Man kann es nachweisen."

„Nun, das könnte mir relativ egal sein."

„Stimmt. Aber gegenüber Eigenblut hat Epo noch einen Nachteil. Es ist im Grunde genommen ein Stoff, der vor allem mit der Verdickung deines Blutes arbeitet. Zwar bilden sich dadurch in erfreulichem Maße Erythrozyten und damit erhöht sich die Sauerstofftransportkapazität. Bei zu hoher Dosis allerdings droht Thrombosegefahr. Und das wäre das Ende unseres Spaziergangs."

„Also wieder nichts?"

„Zumindest nicht ohne eine kleine Beobachtungszeit. Deshalb kann ich dir eigentlich nur eines anbieten: eine erprobte Mischung von Vitaminen. Ich selbst führe an mir regelmäßig eine Vitaminbehandlung durch und spritze mir vor allem B 6, 12 und Folsäure. Effektiver kannst du die fehlenden Stoffe nicht in dir aufnehmen. Und das am besten nach oder vor großer Anstrengung. Gern halte ich dir später eine weitere Vorlesung zu diesem Thema."

„Und die Injektion hat keine Nachteile?"

„Nein, diesmal wirklich keine Nebenwirkungen oder Nachteile. Meine Kombilösung enthält sogar noch ein paar nette Details. Sie setzt zusätzlich einige leistungsfördernde Stoffe frei. Damit hat Djurgården dreimal die schwedische Meisterschaft gewonnen, ohne dass nur ein einziger Spieler eine Sperre wegen Dopings bekommen hat."

Jens pfiff anerkennend durch die Zähne.

„Als Leiter einer evangelischen Schule bist du doch wahrscheinlich gläubig, oder?", fragte Mats unvermittelt.

Jens schaute ihn erstaunt an. Was sollte denn *die* Frage?

„Naja", murmelte er „wäre wohl ein eigenes Thema. Oder willst du mir jetzt erzählen, dass dein Cocktail auch bei Glaubenskrisen hilft?"

Mats lachte. „Nein, nein. Es ist nur interessant. *Dop* ist das schwedische Wort für Taufe. Zum Abschluss meiner Vorlesung sage ich meinen Studenten immer: 'Richtiges Doping ist die einzige Taufe, die man sogar Atheisten empfehlen kann.'"

„Du bist ein echter Missionar. Aber im Ernst: Du hast mich überzeugt. Ich nehme jetzt noch einen letzten Schluck Rotwein und dann erwarte ich geduldig das Serum."

„Stets zu Diensten, Herr Schuldirektor. Aber du hast es ja gehört. Es ist kein Serum, sondern die Taufe."

36. *Das war knapp, dachte er. Alles hätte schiefgehen können, hätte er die Taktik nicht geändert. Er hatte Nord brechen wollen. Der sollte an seine Grenzen stoßen und dann um die Spritze winseln. Aber er hatte ihn unterschätzt. Nord war zäher als gedacht. Körperlich, aber vor allem mental. Er war in die Auseinandersetzung gegangen. Vielleicht hätte Nord sogar eher die gemeinsame Tour abgeblasen, statt in die Rolle des Bittstellers zu gehen. In jedem Fall wäre das Vertrauen aufgezehrt gewesen. Der Stolz hatte ihn über Stunden im anaeroben Bereich laufen lassen. Nords Wille musste sehr stark sein, um das Pensum zu bewältigen, für das er selbst an seine Kraftreserven hatte gehen müssen.*

Zum Glück hatte er rechtzeitig umgeschaltet. Die neue Rolle lag ihm weniger. Kameradschaft, gegenseitige Unterstützung, humorvolle Plänkeleien – das war wirklich nicht sein Ding. Er hatte sich schon extrem überwinden müssen, Nord nur die Hand zu geben. Das hatte ihm mindestens so viel abverlangt, wie die Rolle des verständnisvollen Arztes zu spielen, der seinen Wandergefährten wahrheitsgemäß informiert.

Apropos Wahrheit. Das meiste, was er gesagt hatte, stimmte. Auch wenn die Vitamine weder so schnell noch so revolutionär wirken würden. Eine Vitaminbehandlung dauerte Wochen und machte aus einer lahmen Ente keinen Adler. Aber eine wirkliche Lüge stellte nur der Inhalt der Spritze dar.

Den wertvollen HIV-Stämmen hatte er Amphetamine beifügen müssen, damit Nord sich am nächsten Tag wie ein Spitzensportler vorkommen würde. Außerdem hatte er noch einen Grippeimpfstoff beigemischt. Er konnte nicht riskieren, dass der gute Nord frühzeitig erkrankte und die Wanderung abbrechen musste. Um ganz sicherzugehen, wollte er ihm noch eine weitere Spritze geben. Die Virusstämme hatten eine bessere Chance, wenn sie sich in einem Körper entfalten konnten, dessen Kraftreserven gänzlich aufgezehrt waren. Der Impfschutz würde ihn mit ein wenig Glück noch nach der Rück-

kehr von jedem Arztbesuch abhalten. Und dann war ohnehin alles zu spät.

Nord stöhnte leicht im Schlaf. Er hatte Muskelzuckungen. Zudem hatte er sich eine billige Isomatte gekauft. Am nächsten Morgen würde der Herr Schulleiter ordentlich Gliederschmerzen haben. Zufrieden lächelte er über seinen Erfolg.

Schlimmstenfalls acht gemeinsame Tage lagen noch vor ihnen. Im Idealfall könnte er sie aber noch ein wenig verkürzen. Am Cirque de Solitude stand ihnen ein Abstieg bevor, der eine alpine Herausforderung darstellte. Selbst Wanderer, die sich für schwindelfrei hielten, waren angesichts des Kratergefälles schon ins Schwanken geraten.

Wenn er Nord richtig einschätzte, würde der sein Letztes geben. Sein Cocktail würde dazu führen, dass Nord die Gefahren nicht mehr richtig einschätzte. Dann ein kleines Abrutschen, ein Umknicken bei einer Abkühlung in einer Badegumpe – schon würde er zu seinem ursprünglichen Plan zurückkehren und die Rolle des fürsorglichen Arztes gegen die des kompromisslosen Sportlers eintauschen. Er würde Nord erklären, dass er am Samstag Geburtstag hätte und seinen Plan, den GR 20 bis dahin geschafft zu haben, ihm zuliebe nicht aufgeben würde.

Danach dürfte es unwahrscheinlich sein, dass Nord noch Sehnsucht nach ihm verspürte. Und wie sollte er auch Kontakt aufnehmen? Nord hatte ja nur die „Mats"-Mobilnummer und -Mailadresse. Beide würden schon bald ins Off führen.

Aber bis es soweit war, musste er wohl oder übel weiter die Rolle des aufmerksamen Reisebegleiters spielen. Vorsichtig tippte er den schlafenden Nord an. „Jens, hörst du mich?"

Nord sah ihn verstört an. „Müssen wir schon aufstehen?"

„Nein, aber deine Isomatte wird dir wohl Probleme bereiten. Nimm lieber meine. Sie hat ein besseres Luftpolster."

„Du hast nette Ideen mitten in der Nacht. Aber lass gut sein. Der Schlaf ist mir jetzt wichtiger."

Doch, dachte er, nette Ideen habe ich.

37. In den folgenden Tagen hielten sie ihr Tempo. Jens fühlte sich tatsächlich gekräftigt. Und irgendwie auch leichter. Dass dem nicht so sein konnte, zeigten die Druckstellen auf seinen Schultern. Zu seiner besseren Verfassung trug sicher auch bei, dass die positive Grundstimmung zwischen Mats und ihm anhielt. Es blieb aber dabei: Persönliches gab Mats nicht preis.

Wenn Jens in Vorlage ging und von sich erzählte, nahm Mats dies nur wie einen neutralen Bericht entgegen. Andererseits war der Mann ein wandelndes Lexikon. Er zeigte ihm, wo die Baumgrenze verlief und wie sie sich auf die Vegetationsübergänge auswirkte. Er schien alles über Tierhaltung auf Korsika zu wissen. Selbst bei Spinnen und Schlangen kannte er Arten und Verhaltensweisen.

Dass Mats ein Crack war, konnte man vor allem an seinen Wunder-Spritzen erkennen. Jens hatte seine anfängliche Skepsis vollständig aufgegeben und am Abend des dritten Tages wieder eine Injektion von Mats bekommen. Die Wirkung war genau wie bei der ersten eindeutig zu spüren.

Sie wanderten, die Pausen abgerechnet, zehn bis elf Stunden am Tag. Nein, sie wanderten nicht, sondern – wie sollte man es nennen – sie schritten. Zumindest, sofern sie bei den anspruchsvolleren Streckenabschnitten nicht wirklich klettern mussten; manchmal sogar auf allen Vieren, um auf den glatten Steinplatten nicht das Gleichgewicht zu verlieren.

An Wetter und Naturerlebnissen hatten sie alles mitgenommen. An einem Tag war es noch mal so warm geworden, dass sie sich eine Dusche unter einem der zahlreichen Wasserfälle gegönnt hatten. An einem anderen Abend hatten sie kurz vor Erreichen ihres Tagesziels einen Mistral erlebt. Mit unglaublicher Kraft war der Fallwind aus nordwestlicher Richtung über sie hinweggefegt. Er hatte die Bäume gebogen wie Schilfgras. Sie hatten keinen Schritt mehr gehen können. Zwei Stunden mussten sie hinter einem Felsvorsprung kauern und warten.

Es blieb nicht das einzige Naturschauspiel. Sie hatten auf Bergen gestanden, von denen aus sie in drei Richtungen das Meer erblicken konnten. Sie fanden Gesteinsformationen wie von Künstlerhand geschaffen, Seen, die wie angelegt wirkten. Unterschiedlichste Wälder und Baumarten, deren Namen er bis dahin noch nie gehört hatte. Immer wieder hatte Jens das Gefühl, dass diese Strapaze weit über seine Kräfte ging. Aber die Insel war jede Anstrengung wert.

Wenn ihn etwas zunehmend störte, dann war es die Art zu essen. Mats hatte ihm einen seiner unvergleichlichen Vorträge gehalten, warum flüssige Ernährung die beste, schnellste und verträglichste Art der Versorgung sei. Er hatte ihn gelehrt, in Nährstoffdichte zu denken, und ihm vermittelt, dass feste Nahrung den arbeitenden Muskeln nur das notwendige Blut entziehe.

Schon möglich, dass Fleisch und Käse nur Blähungen und Lethargie bewirkten. Aber im Gegensatz zu Mats lechzte er danach, endlich wieder ein gutes Essen in gepflegter Umgebung genießen zu können. Und, wie er zu seinem eigenen Erstaunen merkte: Er sehnte sich nach Reto, der ihm im Vergleich zum spaßlosen Mats, der nichts, aber auch gar nichts dem Zufall überließ, plötzlich wie ein impulsgesteuerter Genussmensch vorkam.

Am neunten Tag schließlich kamen sie in der *Bocca Minuta* an. Sie fanden eine windgeschützte Stelle, an der sie ihr Zelt aufschlugen, umgeben von Bergen, die alle 2.000 Meter überragten. Die *Punta Minuta* brachte es sogar auf über 2.500 Meter. Von dem gigantischen Kessel, der jetzt unmittelbar vor ihnen lag, konnten sie nichts erkennen.

Mats setzte noch einen Tee auf. „Wir sollten heute früh schlafen gehen“, sagte er und auf einmal war sein Augenlidzucken wieder da. „Der *Cirque de Solitude* ist der absolute Höhepunkt unserer Reise. Es geht wirklich steil bergab, zwar nur etwa 240 Meter, aber mit extremer Neigung. An allen gefährlichen Stellen können wir uns an den Ketten festhalten. Ich kann dich dort aber nicht wie bisher im Tritt absichern. Wir müssen gehörigen Sicherheitsabstand halten, da sich dort immer wieder Felsbrocken lösen können. Wenn wir bei Sonnenaufgang starten, müssen wir zumindest nicht auf entgegenkommende Wanderer Rücksicht nehmen. Hölle mit Gegenverkehr sollten wir vermeiden." Mats grinste schief.

Es blieb dabei. An Mats' Humor konnte Jens sich beim besten Willen nicht gewöhnen. Da blieb einem jedes Lachen im Hals stecken. Allein deshalb würden sie keine Freunde fürs Leben werden. Aber zumindest war Mats ein zuverlässiger und vor allem erfahrener Wandergefährte. Umso erstaunlicher seine jetzige Ansage. Hölle? Das passte nicht zu seinem sonst so nüchternen Wesen. Es kam ihm fast vor, als wollte Mats ihm Angst machen. Aber was hätte das für einen Sinn?

„Wenn wir den Kessel hinter uns haben, sind es noch knappe zwei Stunden bis zur Ankunft in Haut Asco", fuhr Mats fort und plötzlich zuckte sein Auge heftiger denn je. „Dann hat uns die Zivilisation wieder. Es gibt dort sogar ein richtiges Hotel. Und für uns etwas zu feiern."

Danach sprachen sie nicht mehr viel, Jens war ohnehin erschöpft. Einen Moment lang standen sie noch mit ihren Teetassen vor dem Zelt und sahen in den unvergleichlichen Sternenhimmel, dann legten sie sich schlafen.

38.

Eine halbe Stunde nach Dienstbeginn schlich Doro zu Susanns Büro und klopfte zaghaft an die Tür. Nossen hatte sie angerufen und ihr blumenreich erklärt, dass er einen „Fachvortrag" halten müsse. „Ich möchte gern wissen, in welchem Alter in den vergangenen fünfzig Jahren Klienten bei uns aufgenommen und wie lange sie durchschnittlich bei uns betreut wurden", hatte er gesagt und dann hinzugefügt: „Es reicht mir, wenn Sie mir das Material bis morgen

Mittag reinreichen. Lassen Sie sich von den Computerheinis helfen, damit es ein paar übersichtliche Diagramme werden."

Jetzt sah Doro Susann verzweifelt an: „Ich habe keine Ahnung, wie ich das in der kurzen Zeit hinbekommen soll. Nein, eigentlich ist es sogar noch schlimmer. Ich habe überhaupt keine Ahnung, wie ich so was anstellen soll."

Susann machte Doro zunächst mal einen handgeschäumten Latte und tröstete sie dabei so gut wie möglich. Dann rief sie bei der Verwaltung an und fragte, ob Andreas ihr so schnell wie möglich aushelfen könne.

„Das wird schon, Doro. Ich glaube, ich muss dir mal eine Gebrauchsanweisung für Nossen geben. Sonst arbeitest du dich am Ende genauso sinnlos an ihm ab wie Ulf. Dabei ist es gar nicht so schwer, mit ihm klarzukommen. Wahrscheinlich habe dir nie erzählt, wie ich in die Stiftung gekommen bin und was ich hier eigentlich genau mache."

Doro nickte. In der Tat hatte sie sich vor allem Letzteres schon häufiger gefragt. Der Platzhalter für Susanns Position im Organigramm war ihr schlicht unverständlich: „Stabsstelle für fachliche Revision". Doch irgendwie hatte sich bisher nicht die Gelegenheit ergeben, sie danach zu fragen.

„Ich habe Nossen auf einem unserer Hearings kennengelernt, die wir von der Humboldt-Uni in unregelmäßigen Abständen durchgeführt haben", fing Susann an. „Nossen war als 'Stimme der Praxis' eingeladen und hat dort einen seiner berühmten Fachvorträge gehalten. Mit absolutem Pathos präsentierte er irgendwelche Selbstverständlichkeiten, dass geistig Behinderte auch psychisch erkranken könnten und so weiter … Ich hatte die Gesamtmoderation und habe versucht, aus seinem Vortrag die wenigen verwertbaren Gedanken rauszufiltern."

Doro sah sie gespannt an: „Vermutlich hat er gedacht, du wärest seinem Charme erlegen. Aber mal ernsthaft, warum hast du dir die Mühe gemacht?"

„Die sogenannten Praxispartner sind für viele Forschungsaufträge wichtig, die man nur bekommt, wenn ein Partner aus der Praxis beteiligt ist. Natürlich sind sie häufig auch die interessanteren Gesprächspartner."

„Zu denen du aber Nossen nicht rechnest?"

„Naja, zunächst war ich da nicht so sicher." Susann spielte mit einem Notizblock auf ihrem Schreibtisch. „Nossen hat mir noch am Abend ein Stellenangebot gemacht. Fachliche Revision. Er hat mir lang und breit erklärt, dass es bisher in Sozialunternehmen nur eine Revision für ökonomische Fragen gibt. Nossen wollte eine Stelle schaffen, bei der die fachlichen Gesichtspunkte entscheidend sind. Sämtliche Abläufe sollten überprüft werden, ob sie im Sinne der Klienten angemessen sind. Das klang, wie ich damals fand, sinnvoll und spannend."

„Und dann?"

„Kam ich nach Hamburg, fand mein schönes Büro vor, mein PC war angeschlossen, ich hatte eine schicke Visitenkarte im CD von Alsterdorf. Und das war's. Keine Einarbeitung, keine Stellenbeschreibung, keine klar definierten Befugnisse. Nur alle vierzehn Tage Dienstgespräch bei Nossen. Aber auch das fällt meistens aus. Erst habe ich gedacht, ich schmeiße alles wieder hin. Aber dann habe ich mir meine eigene Stelle gebastelt, und seitdem kommen wir bestens miteinander aus. Ich versuche, die Arbeit der Kollegen zu verstehen. Ich berate, wo ich das mit meinem Wissen kann. Ich vernetze Abteilungen, organisiere Schulungen. Und bin in all dem unglaublich frei. An meiner Arbeit hat Nossen, seitdem er sich mit der Stelle schmücken kann, eigentlich kein Interesse mehr. Nur noch an mir oder genauer gesagt an meinem Äußeren."

„Das Problem bleibt mir mit Nossen wohl erspart. Aber verstehe ich dich richtig: Er gibt mir einen Auftrag, aber was dabei herauskommt, ist eigentlich egal?"

„Ja, außer dass es hübsch aussehen soll …"

Ein Klopfen unterbrach ihre Ausführung. Andreas stand in der Tür. „Die in der Verwaltung haben mir gesagt, ich soll sofort zu dir kommen. Ist dein Rechner abgestürzt?"

Wieder einmal fiel Doro seine besondere Stimme auf. Aber erst jetzt wurde ihr klar, woran sie seine Stimme erinnerte. Andreas hatte einen kräftigen Bass, der in krassem Gegensatz zu seiner monotonen Sprechweise stand. Wenn er sprach, hörte sich das genauso an wie die Sprachgeneratoren der ersten Generation bei der telefonischen Zeitansage. „Beim nächsten Ton ist es 13 Uhr und 15 Minuten." Gab es so was heute eigentlich noch?

Irgendwie passt bei Andreas auch sonst nichts zueinander, dachte Doro. Seine enorme Größe, der scheue Blick aus den wachen hellblauen Augen, die gleichzeitig eine große Klarheit ausstrahlten. Die akkurate Frisur und der Drei-Tage-Bart in seinem schmalen Gesicht. Die verwaschene, viel zu weite Jeans und das braune Tweedjackett im Fischgrätmuster. Sein Alter war schwer zu schätzen. Sicher älter als fünfundzwanzig, aber noch keine vierzig, so viel war klar. Andreas hatte keine einzige Falte, aber eine graue Strähne, die er immer wieder mit einem Finger aus der Stirn strich. Sein Gang war ohne jede Elastizität, aber die Haut an seinen Händen war ganz straff.

„Hallo, Andreas." Doro lächelte ihn an, er nickte ihr jedoch nur wortlos zu und richtete den Blick sofort wieder auf Susann.

„Guten Morgen, Andreas", sagte diese munter, „schön, dass du so schnell kommen konntest. Nein, diesmal ist es nicht mein Rechner. Doro braucht dringend deine Hilfe. Herr Nossen will bis morgen eine Übersicht über die Entwicklung des durchschnittlichen Eintrittsalters und der Verweildauer unserer Klienten. Über die letzten fünfzig Jahre."

Die Anforderung schien Andreas keineswegs zu erschrecken. Er sah Doro an: „Kannst du R?"

Doro zog die Schulter hoch und sah Susann hilfesuchend an. Was meinte er bloß mit R?

Andreas' Blick wanderte zwischen den beiden hin und her. „Du brauchst Susann gar nicht zu fragen. Sie beherrscht keine einzige Programmiersprache. Erst recht keine für explorative und analytische Statistik. Dabei ist R für einfache Statistik sehr leistungsfähig und liefert hervorragende Grafiken."

Jetzt schauten ihn Doro und Susann gleichermaßen ratlos an. Susann brach als Erste das Schweigen: „Andreas, ich glaube, Doro ist wie ich. Nur eine einfache Computernutzerin ohne höhere Ansprüche."

„Dann bleibt wohl nur Excel. Ich erstelle dir eine Tabelle, Doro, die du dann verfeinern kannst."

Ungefragt setzte Andreas sich an Susanns Rechner und loggte sich ein. Seine Hände flogen über das Keyboard. Mit ruckartigen Kopfbewegungen wanderte sein Blick zwischen Bildschirm und Tastatur hin und her.

Doro und Susann standen hinter ihm und starrten verblüfft auf den Bildschirm. Ein paar Mal wollte Doro zu einer Bemerkung ansetzen, aber Susann legte ihr nur die Hand auf die Schulter. Nach nicht einmal zehn Minuten drehte sich Andreas auf dem Drehstuhl um und blickte kurz zu Doro auf: „So, Doro. Ich erkläre dir kurz die Funktionalität und die Grafikerstellung. Dann brauchst du nur noch die wesentlichen Daten einzugeben." Er wandte sich wieder dem Rechner zu, teilte mit einer Tasteneingabe den Bildschirm, rief auf der linken Hälfte die Tabelle auf und auf der rechten ein Tortendiagramm. Dann gab er die ersten Zahlen ein und erklärte Doro zugleich, was sie zu machen habe.

So sehr sie sich auch bemühte, Doro kapierte überhaupt nichts. „Entschuldige, Andreas", sagte sie unglücklich, „aber ich habe noch nie mit Excel gearbeitet. Ein Computer ist für mich immer noch so was wie eine Schreibmaschine mit Suchfunktion."

Andreas sah sie ausdruckslos an.

„Andreas", kam Susann ihr zu Hilfe, „kannst du vielleicht selbst die Übersichten für Herrn Nossen fertigmachen? Ich glaube, das wird sonst nichts."

Doro nickte heftig. „Das wäre wirklich total nett. Ich helfe dir auch gerne."

Andreas' Augen flackerten leicht. „Es tut mir leid, Doro, aber ich arbeite nie mit anderen zusammen. Es kostet einfach zu viel Zeit zu erklären, wie ich vorgehen will." Er sah auf seine Hände, als warte er darauf, dass sie von selbst alle Daten eingeben würden. „Du kannst mir den Transponder für das Archiv geben. Ich weiß, wo die Bewohnerjournale stehen. Wenn ich nach dem Zufallsprinzip vorgehe, könnte ich dir in zwei bis drei Stunden eine Auswertung erstellen."

„Das würdest du für mich machen, Andreas?", sagte Doro entzückt. Sie merkte, wie ihr ein Stein vom Herzen fiel. „Du bist großartig. Kann ich mich bei dir irgendwie revanchieren?"

Andreas lehnte sich zurück und schloss die Augen. Nach einer Weile, die Doro wie eine Ewigkeit vorkam, sah er sie kurz an: „Nein, mir fällt nichts ein. Gib mir bloß den Transponder."

Als Andreas gegangen war, setzten sich beide Frauen an das kleine Bistrotischchen. „Das war schnelle und unkonventionelle Hilfe. Andreas ist unglaublich", resümierte Doro.

Susann blickte aus dem Fenster. „Andreas ist Asperger-Autist, hat einen getesteten IQ von 143 mit einer mathematischen Inselbegabung. Wenn du mit ihm zusammen auf die Abfahrtstafel am Bahnhof schaust, hat er schon sämtliche Abhängigkeiten zwischen der Gleisnutzung und den Zugabfahrten analysiert, während du noch nach dem richtigen Zug suchst. Aber wenn er soziale Beziehungen durchschauen oder eigene Gefühle ausdrücken soll, fehlen ihm oft die einfachsten Worte. Doch letztlich sagen Bezeichnungen wie 'Autist' und 'Asperger' eher etwas über unsere Unfähigkeit aus, mit besonderen Menschen umzugehen."

Es war nicht mehr zu erkennen, ob Susann noch zu ihr sprach oder nur laut dachte. Gerade als Doro etwas sagen wollte, klingelte die Terminfunktion an Susanns Rechner: „Oh Mist, Schluss mit der großen Freiheit. Ich muss rüber in den Besprechungsraum zu einer Teamberatung. Doro, wollen wir uns für später verabreden? Sagen wir 16 Uhr? Bis dahin ist Andreas längst fertig und ich möchte gern etwas über deine weiteren Funde in Karton Nummer 5 hören."

„Einverstanden", sagte Doro und Susann nahm sie flüchtig in den Arm. Erstmals bemerkte Doro ihr dezentes Parfum. Geschmackvoll und unaufdringlich wie alles an Susann, dachte sie. Dann machte sie sich auf den Weg in die Stadt, um ein paar Einkäufe zu machen. Das war schon lange überfällig und im Archiv war sie Andreas sowieso nur im Weg.

39.

Beladen mit diversen Tüten kehrte Doro aus der Stadt zurück. Sie verstaute alles im Auto, das sie in Alsterdorf hatte stehen lassen, und holte Ulfs alte Aktenmappe mit den Kopien von Kahlenbaums Briefen aus dem Kofferraum. Sie war noch nicht dazu gekommen, den letzten Brief abzutippen. Aber sie hatte ihn kurz überflogen. Er schien ihr der spannendste von allen zu sein. Und er warf definitiv die meisten Fragen auf.

Als sie pünktlich um 16 Uhr wieder an Susanns Bürotür klopfte, kam als Antwort nur ein knappes „Herein!"

Susann saß stirnrunzelnd am Rechner. Bei Doros Eintreten hob sie den Kopf und lächelte gequält. „Ich hasse diese neue Zeiterfassung. Es nervt dermaßen, dass man den Leuten hinterherschnüffelt, wann sie zu arbeiten angefangen haben und ob sie sich zur Pause abgemeldet haben. Erstaunlich, dass wir nicht auch noch die durchschnittliche Kloaufenthaltszeit eingeben müssen. Und am Ende soll ich dann feststellen, ob der Personaleinsatz im Vergleich zu anderen Standorten zu hoch ist. Das kostet alles nur Arbeitszeit, die man sinnvoller nutzen könnte!“

Wenn sie sich aufregte, sah Susann noch schöner aus, fand Doro und kam sich daneben wieder einmal mausgrau vor. Sie sprühte vor Energie. Sie wäre die Idealbesetzung für einen Stummfilm gewesen. Denn aus ihren Gesten und ihrer Mimik heraus konnte man alles verstehen, auch ohne Worte.

„Ach ja“, fuhr Susann etwas ruhiger fort, „hier ist dein Transponder, die Aufstellung für Nossen liegt schon auf seinem Schreibtisch. Andreas ist echt ein Schatz, was?“

Ohne Doros Antwort abzuwarten, erhob sie sich und zog Doro in die kleine Teeküche. „Schau mal, den hab ich gestern Abend für uns beide gebacken, zusammen mit Dr. Oetker. In Berlin nennen wir ihn ‘Kalte Schnauze’, weil er an eine kalte, feuchte Hundeschnauze erinnern soll. Da allerdings beginnt die Mertén‘sche Eigenkreation. Wir hatten nämlich früher einen Labrador. Ich weiß nicht, wer wen mehr geliebt hat. Er uns oder Mirjam und ich ihn. Er fraß immer nur, wenn wir zum Schlafen ins Obergeschoss gegangen waren und er wusste, dass er nicht mehr auf uns aufpassen musste. Zu seinen vielen besonderen Eigenschaften gehörte auch, dass er eine ganz helle Nase hatte. Deshalb mache ich meine Kalte Schnauze immer mit weißer Schokolade. Und das Kokosfett habe ich durch reine Butter ersetzt. Die Kalorienzahl geht dadurch natürlich ein bisschen nach oben. Aber dafür ist man danach richtig satt.“

Nicht sehr begeistert beobachtete Doro, wie Susann ihr ein riesiges Stück abschnitt und auf einen Teller legte. Sie machte sich nichts aus weißer Schokolade. Und bereits nach dem ersten Bissen hatte Doro das Gefühl, nie mehr essen zu müssen.

Susann setzte sich mit ihrem Teller an den kleinen Bistrotisch und lud Doro mit einer Handbewegung ein, sich zu ihr zu gesellen. „Gleich.“ Doro ging hinüber zu Susanns Schreibtisch, zog den letzten Brief von Kahlenbaum aus ihrer

Aktenmappe und ließ sich dann mit Brief und Teller auf einem der gusseisernen Stühle nieder. Kauend zog Susann das Schriftstück zu sich heran und las:

Hamburg, den 16. November 1945

Lieber Freund!

Wie viel ist in diesen letzten Monaten doch für uns beide zusammengebrochen! Man wird beschimpft, bekämpft und gemieden, und das von denselben Menschen, die einen eben noch hofiert haben. Unser eigener Vorstand erklärt uns für „untragbar", uns, die wir unsere Anstalt durch diese schwierige Zeit geführt haben. Gestern haben sie mir noch applaudiert, heute beteuern sie, in ihrer christlichen Gesinnung innerlich stets gegen den Führer gewesen zu sein. Erbärmlich!

Immerhin war es anständig, dass sie die Herausgabe der Akten verweigert haben. Wie die groß angekündigte Aufarbeitung der Kriegsschuldfrage aussehen wird, scheint im Moment von der Tagesstimmung abhängig zu sein. Es gibt immer noch keine Durchführungsverordnung für die sogenannte Entnazifizierung und man verfährt nach einer Regelung, die eigentlich nur für die Finanzverwaltung gedacht war. Wie gut, dass Sie aufgrund Ihrer Sprachkenntnisse direkt die richtigen Kontakte gefunden haben! Mit Genuß habe ich Ihre Formulierung gelesen, dass die Engländer bereits vom „Holocaust of sudden dismissal" sprechen. In der Tat, dort liegt die praktische Gefahr für unser geschundenes Volk und auch wir sind hier zu Leidtragenden geworden.

Allenthalben finde ich Ihre Einschätzung bestätigt: Die Engländer gehen rein pragmatisch vor. Sie haben, anders als man es von den Amerikanern hört, gar kein Interesse an größeren Säuberungsaktionen. Wahrscheinlich haben Sie deshalb recht, dass auch ich schon bald wieder meinem Beruf nachgehen darf, so schwer es mir fällt, den Entzug meiner ärztlichen Approbation zu akzeptieren und finanziell zu verkraften. Von einem Kollegen aus Köln, der auch Parteimitglied war, hörte ich, dass unsere neuen Siegermächte anstreben, die Untersuchungen baldmöglichst auf die „Verbrechen gegen die Menschlichkeit" zu konzentrieren, dabei zunächst auf die letzten Kriegsjahre. Mein Kollege riet dazu, alles zu unternehmen, um möglichst schnell zu den leichten Fälle gerechnet zu werden.

Teilen Sie, verehrter Freund, diese Ansicht, dass man nun auf den blauen Ausweis hinarbeiten sollte? Sie wissen, wie sehr es mir zuwider ist, mich als Mitläufer einstufen zu lassen. Aber vielleicht müssen wir dies aushalten in der Stunde der Heuchler und Pharisäer. Haben Sie auch gehört, dass mit den Entlastungszeugnissen bereits ein veritabler Handel betrieben wird? Sie können sich vorstellen, dass ich bei all diesem Taktieren schwerste moralische Bedenken habe. Wie sehr sehe ich Ihrem seelsorgerlichen Rat entgegen.

Von Herzen habe ich mich gefreut, dass Sie und Ihre liebe Familie direkt am Falkensteiner Ufer nun eine Bleibe gefunden haben. Ich hoffe für Sie, dass Sie in naher Zukunft auch Ihren geliebten Pfarrberuf wiederaufnehmen können.

Und wer weiß: Vielleicht ist uns doch die Stunde der biblischen Rache an den Heuchlern in unserem Vorstand vergönnt. Dann werden sie merken, dass die Klugheit nicht allein ein Privileg der Feigen und Vaterlandsverräter ist.

In Verbundenheit grüßt Sie

Ihr Wilhelm Kahlenbaum

40.

Mats weckte ihn. Es war noch dunkel. „Auf ins Abenteuer! Uns bleibt noch eine halbe Stunde bis Sonnenaufgang und wir haben einen harten Tag vor uns."

Schweigend packten sie die Sachen zusammen. Mats hatte die Flüssignahrung bereitgestellt. Beim ersten Mal hatte Jens noch gedacht, dass das Espresso-Gel gar nicht so schlecht schmeckte! In der Zwischenzeit sehnte er sich nur noch nach einem echten Cappuccino mit geschäumter Milch.

Die aufgehende Sonne hob die umliegenden Berge als klare Silhouette hervor, nur der vor ihnen liegende Kessel wirkte wie ein dunkles Loch.

„Sollten wir nicht warten, bis es richtig hell ist?“ Jens merkte, dass seine Stimme nervöser klang, als es ihm lieb war. „Wir sehen den Weg doch gar nicht richtig.“

„Wir orientieren uns erst mal an der rot-weißen Markierung und den Steinmännchen. Die sind nicht zu übersehen. Und in einer Viertelstunde wird es schon deutlich heller sein“, beruhigte ihn Mats. „Ich schlage vor, dass ich vorangehe. So kannst du dich an mir orientieren. Aber bitte halt genügend Abstand und achte darauf, dass du nie auf Fallhöhe hinter mir gehst.“

Ohne zu warten, lief Mats los. Jens hoffte, dass sich die Unsicherheit in seinen Knochen bald verlieren würde, wenn sein Körper richtig warm war. Er musste sich beeilen, um mit Mats Schritt zu halten. Schon nach kurzer Zeit ging es so steil bergab, dass er sich erstmals an einer Kette festhalten musste. Jens merkte, dass sein Rucksack zu locker saß und die Gewichtsverteilung nicht stimmte. Mit Mühe hangelte er sich an der Kette hinab. Mats war schon außer Sichtweite.

„Mats, warte mal kurz!“, rief Jens. „Ich muss meinen Rucksack nachstellen.“ Das unter ihnen liegende Tal gab seiner Stimme einen veränderten Klang. Jens wusste nicht, ob Mats ihn gehört hatte. Der Wind pfiff ihm um die Ohren, möglicherweise bekam er deshalb Mats' Antwort nicht mit. Es blieb ihm nichts anderes übrig, als weiter hinabzusteigen. Unmittelbar vor ihm lag eine breite Steinplatte, die größtenteils überwachsen zu sein schien. Ähnliche Platten hatte er in den vergangenen Tagen schon zu Hunderten überquert. Meistens war es Moos, das dem Fuß einen festen Halt gab und angenehm zu begehen war. Die Neigung der Steinplatte war nicht besonders stark, sodass Jens sich ein wenig entspannte. Als er den rechten Fuß auf das Grün der Steinplatte setzte, merkte er, dass es nicht so leicht wie Moos nachgab. Zu spät. Sein rechtes Bein rutschte weg und er drehte sich talwärts. Jens spürte einen Stich im linken Knie, das der plötzlichen Bewegung nicht so schnell folgen konnte. Er verlor seinen Halt und fiel auf den Rücken. Im Fallen versuchte er noch, nach der Kette zu greifen, konnte sich aber nicht schnell genug in Bauchlage bringen.

Zusammen mit mehreren Geröllbrocken geriet Jens ins Rutschen. So sehr er sich auch anstrengte, er konnte sich nur noch mit dem rechten Fuß gegen die Fallbewegung stemmen, im linken Bein hatte er überhaupt keine Kraft mehr. Dafür aber einen höllischen Schmerz. Verdammt, dachte Jens, das ist was echt Schlimmes. Er hatte keine Ahnung, woher er das wusste, er wusste es einfach.

Mit den Händen und dem rechten Bein versuchte er verzweifelt, irgendwo einen Widerstand zu finden. Vergeblich. Wie ein hilfloser Käfer in Rückenlage rutschte er weiter bergab. Unten hörte er Mats fluchen: „Verdammte Scheiße. Kannst du nicht aufpassen?“

Weitere Gesteinsbrocken stürzten polternd hinab in den Kessel. Nach vielleicht fünf Metern blieb sein rechtes Bein jäh an einem herausstehenden Felsen hängen. Jens verspürte einen dumpfen Schmerz an der Innenseite seines rechten Oberschenkels – als hätte ihn einer mit dem Vorschlaghammer getroffen. Es riss ihn herum, sodass er mit dem Kopf talabwärts zu liegen kam. Aber wenigstens rutschte er nicht mehr. Weiter unten im Kessel war wieder das Geräusch aufschlagender Steine zu hören.

Jens war zu geschockt, um sich bewegen zu können. Erst nach wenigen Sekunden meldete sich der Schmerz an verschiedenen Stellen. An seinem rechten Bein erkannte er die aufgerissene Hose und eine großflächige Schürfwunde. Es brannte ordentlich, war aber wohl nicht so schlimm. Seine Hände bluteten an mehreren Stellen. Er vergewisserte sich, dass er noch alle Finger bewegen konnte. Am meisten irritierte ihn, dass sich sein linkes Knie überhaupt nicht mehr belasten ließ. Er versuchte es zu bewegen, aber es schien irgendwie nicht mehr mit ihm verbunden zu sein. Vorsichtig tastete er es vom Unterschenkel her ab. Ausgerenkt war offensichtlich nichts. Von der linken Seite näherten sich Schritte. Mats war zurückgekommen. Endlich.

„Verdammt noch mal", zischte Mats. Ich hatte dir doch gesagt, dass du aufpassen musst, wenn du direkt oberhalb von mir bist. Um ein Haar wäre ich erschlagen worden."

Jens schnappte nach Luft. Hatte er richtig gehört? Er lag verletzt am Boden und Mats fiel nichts anderes ein, als ihm Vorwürfe zu machen? Leider war er definitiv nicht in der Verfassung, sich zu streiten.

„Was ist passiert?", fragte Mats und blickte mürrisch auf ihn herab. „Bist du verletzt?"

„Ich bin direkt beim Kesseleintritt auf der bemoosten Steinplatte ins Rutschen geraten."

„Das war kein Moos. Das waren Flechten. Die sind immer rutschig, wenn sie nass sind."

„Ok, dann Flechten. Aber ehrlich gesagt, hab ich jetzt andere Probleme. Mit meinem linken Knie stimmt was nicht."

Mats setzte seinen Rucksack ab. Er half Jens, von der Felskante wegzukommen. Nachdem er Jens ebenfalls den Rucksack abgenommen hatte, begutachtete Mats dessen Schürfwunden. „Sieht schlimmer aus, als es ist", urteilte er. Ich werde die Blutungen stoppen und die Wunden desinfizieren. Was ist mit dem Knie? Kannst du aufstehen?"

Er streckte Jens die Hand entgegen. Jens richtete sich über das rechte Bein auf. Als er sein linkes Bein vorsichtig belastete, zuckte ein Schmerz durch sein Knie, als hätte ihn ein elektrischer Schlag getroffen. Er stieß einen kurzen Schrei aus.

„Setz dich wieder und mach dein Bein frei, wenn du kannst“, befahl Mats.

Jens konnte das linke Bein nicht mehr richtig durchstrecken und er hatte auch den Eindruck, als sei das Knie bereits angeschwollen. Mit Mühe zog er die Hose bis zu den Waden herunter. Äußerlich war nicht viel zu sehen. Mats tastete wechselweise die rechte und die linke Seite des Knies ab. Als er in der Mitte der Außenseite angekommen war, hielt Jens den Schmerz nicht mehr aus und schrie.

„Sieht nach Außenmeniskusriss aus. Vielleicht ist auch das Kreuzband angerissen. Mit etwas Glück keine schlimme Sache, aber um eine kleine OP wirst du kaum herumkommen.“ Mats richtete sich wieder auf und kramte in seinem Rucksack nach Verbandszeug. „Und was willst du jetzt machen?“

„Hast du gerade gefragt, was *ich* jetzt mache?“, fragte Jens fassungslos.

„Reg dich nicht auf, Jens. Ich verbinde dich erst mal und lege dir eine provisorische Schiene an.“

Mats schnitt das linke Hosenbein von unten auf. Beim rechten Hosenbein setzte er den Schnitt oberhalb der Schürfwunde an. Trotz der Schmerzen und des Schocks war sich Jens überdeutlich bewusst, wie lächerlich er jetzt aussah.

Mats reinigte die Schürfwunde und sprühte Desinfektionsmittel darauf. „Zum Glück sind die heutigen Mittel jodfrei. Ansonsten würde dir der Schmerz in deinem Knie dagegen jetzt wie ein Mückenstich vorkommen.“

„Bitte, Mats, verschon mich mit deinem Humor.“

Wortlos holte Mats sein Schweizermesser und die Wanderstöcke aus dem Rucksack. Er zog sie ganz auseinander und drittelte sie mit dem Sägeblatt auf etwa vierzig Zentimeter. Dann zog er ein Kühlkissen hervor, aktivierte die Kühlflüssigkeit durch Kneten und legte sie auf Jens’ Knie. Er wickelte eine erste Verbandsschicht darum. „Bitte gib mir deine Schmutzwäsche aus dem Rucksack“, wies er Jens dann an.

Mithilfe zweier Mullbinden verband Mats die Stockteile zu einem Gittergerüst.

Fehlt nur noch, dass er sich einen Arztkittel überwirft und die Krankenschwester ruft, dachte Jens. Er bewunderte die Professionalität und Schnelligkeit, mit der Mats agierte.

Aus den wenigen Kleidungstücken wählte Mats einige aus, die er als Polster um das Knie wickelte. Dann legte er die Stockschiene an und umwickelte auch sie mit einem strammen Verband: „Schau mal, ob du jetzt aufstehen kannst."

Es ging deutlich besser. Das Knie war jedenfalls so ruhig gestellt, dass es nicht bei jeder Bewegung schmerzte. Jens merkte aber, wie die Schwellung zunahm. Als er stand, war ihm etwas wohler. Er schaute zu Mats hinab, der gerade seine Sachen wieder einpackte. „Mats, hast du eben wirklich gefragt, was ich jetzt mache?"

In Mats' Blick lag etwas Provokatives. „Ja klar, mit diesem Knie kannst du die Wanderung nicht zu Ende bringen. Ohne Bergwacht wirst du nicht unten ankommen. Ich habe keine Ahnung, ob sie hier irgendwo einen Hubschrauber landen lassen können oder ob sie eine Art von Tragbahre haben. Die Wandertour ist für dich jedenfalls definitiv zu Ende."

Jens' Beine zitterten und er spürte, wie trotzige Kälte in ihm aufstieg. „Na, dann sollte ich wohl entsprechend fragen: Was machst *du* jetzt?"

Mats sah ihn ausdruckslos an, nur sein Augenlid zuckte. „Ich werde vorgehen und Hilfe organisieren. Hier haben wir keinen Handyempfang. Mit ein wenig Beeilung müsste ich in vier Stunden in Haut Asco sein. Von dort erreiche ich die Bergwacht oder was es hier gibt. Ehrlich gesagt habe ich mir vorher keine Gedanken gemacht, wie man mit einem Fall wie dir umgeht. Außerdem …"

„Mit einem Fall wie mir?", unterbrach ihn Jens zornig. „Drehst du jetzt völlig durch? Wir sind über eine Woche zusammen gewandert. Wir haben auf drei Quadratmetern nebeneinander geschlafen. Wir haben vierundzwanzig Stunden am Tag unser Leben geteilt. Und du redest von 'einem Fall' wie mir?"

Mats betrachtete ihn mit einem Ausdruck aufgesetzten Mitleids. „Ich kann verstehen, dass du erregt bist, und entschuldige mich für meine Wortwahl", sagte er kühl. „Aber es ändert nichts. So kannst du nicht weiterlaufen. Und ich habe von vorneherein klargemacht, dass es auf der Reise für mich etwas zu feiern gibt. Ich werde heute fünfundfünfzig Jahre alt. Und ich hatte mir vorgenommen, den GR 20 exakt bis zu dem Zeitpunkt zu schaffen, an dem ich geboren wurde, und das ist um 19.22 Uhr. Genau dann wird ein gut gekühlter Crémant in einem Sektglas vor mir perlen."

Jens konnte sich nicht daran erinnern, dass er jemals eine solche Wut verspürt hatte. Er bebte vor Zorn. „Dann hau ab, du Arsch!", brüllte er. „Kümmer dich um deinen Scheiß-Wanderrekord! Und sieh zu, dass du bald zu deinem Crémant kommst. Eine so eine erbärmliche Figur wie dich hab ich noch nie erlebt! Du hast komplett vergessen, was ein Mensch ist."

„Oho, große Worte, ein Philosoph mit Fäkalsprache!", gab Mats sarkastisch zurück. „Ich erspare dir eine Analyse deiner eigenen Jämmerlichkeit. Aus ärztlichem Pflichtbewusstsein frage ich dich trotzdem: Brauchst du noch irgendeine Hilfe?"

„Ja, verschwinde endlich!" Jens merkte, wie seine Hand krampfhaft einen Stein umfasste. Zum ersten Mal in seinem Leben hatte er den Wunsch, jemanden umzubringen. Der Stein war zu schwer. Nein, er konnte nicht töten. Und er wollte es auch nicht.

Mats packte in aller Ruhe seinen Rucksack, setzte ihn auf und machte sich auf den Weg. Ohne sich noch mal umzudrehen, ohne ein Wort. Jens starrte ihm fassungslos hinterher. Er merkte, wie ihm Tränen in die Augen schossen. War es Selbstmitleid? Verzweiflung? Enttäuschung?

Er wusste es nicht genau. Vielleicht etwas von allem.

41. Susann ließ Kahlenbaums Brief sinken und stieß einen gekonnten Pfiff aus. „À la bonne heure, der werte Kollege wird einem immer sympathischer. Behandelt Menschen wie Dreck und erweist sich dann als skrupelbelasteter, aufrechter Christ und sensibler Freund. Voll Wärme für den armen Pastor. Einiges – wie zum Beispiel die Anspielung auf die Bleibe am Falkensteiner Ufer – kann ich leider nicht richtig nachvollziehen."

„Da kann ich dir auf die Sprünge helfen", sagte Doro trocken. „Wie es scheint, ist Rante weich gefallen. Das Falkensteiner Ufer ist eine der besten Gegenden in Hamburg. Es liegt ein kleines Stück elbabwärts hinter Blankenese. Am Hügel oberhalb des Strands halten sich ein paar Villen in unscheinbaren Parks versteckt, die selbst in Hamburg ihresgleichen suchen. Axel Springer lebte dort und auch Reemtsmas haben dort ihren Familiensitz. Unterhalb eines ordentlich gefüllten Jackpots solltest du da nicht nach einer Immobilie gucken. Wie allerdings Rante dorthin passen sollte, weiß ich nicht. Da wohnen eigentlich keine Leute, die kleine Pastoren auf ihre Gästelisten setzen."

Susann zupfte ein paar Fussel von ihrem dunkelroten Pullover. „Vielleicht unterschätzt du die klassensprengende Kraft brauner Gesinnung. Jedenfalls leuchtet ein, dass Rante nach seinem Rausschmiss aus der Anstalt wahrscheinlich auch bald seine Direktorenvilla räumen musste."

„Na, von Rausschmiss kann nicht die Rede sein", konstatierte Doro. Sie schob ihren Teller mit dem halb aufgegessenen Kuchenstück hin und her. „Bei Kahlenbaum klingt es eher nach vorsichtigem Aufräumen.

„Schon komisch, dass keiner von uns dreien je gründlich recherchiert hat, was aus Rante und Kahlenbaum nach dem Krieg geworden ist", sinnierte Susann. „Ulf hat nur erzählt, dass Rante später Pastor in den Elbvororten wurde. Kahlenbaum muss relativ schnell wieder praktiziert haben. Vielleicht weiß Jens mehr über diese Zeit. Aber der ist ja gerade auf Korsika."

Doro nickte. Sie gönnte Jens den Urlaub. Aber sie merkte zugleich, dass sie nicht einfach tatenlos auf seine Rückkehr warten wollte. Der letzte Brief weckte ihre Neugierde. Doro wollte wissen, wie es weitergegangen war. Was war aus den Opfern geworden, die überlebt hatten? Was war mit den Tätern geschehen? Hatten sie sich verändert oder lebten sie nur unauffällig weiter mit der gleichen Gesinnung? In die Neugier mischte sich auch blankes Unverständnis. Sie hatte die englische Kultur lieben gelernt. Bisweilen hatte sie den bizarren Stolz der Briten auf ihr Königshaus belächelt. Oder die Weigerung Großbritanniens, sich in Europa schlicht und einfach als ein Partner unter anderen zu verstehen. Aber dennoch: Es war das Land Humes und Shakespeares. Konnte man sich wirklich vorstellen, dass England als Siegermacht jedes Gefühl für Menschenrechte verloren hatte und zwischen Nachkriegsnot und Holocaust nicht mehr unterscheiden konnte?

Entschlossen blickte sie Susann an. „Wäre es für dich und Jens in Ordnung, wenn ich zu dem Thema einen Experten befragen würde, der uns eventuell weiterhelfen kann?"

„Für mich allemal. Und ich glaube, Jens hat unsere Forschungsgemeinschaft auch nie als 'geschlossene Gesellschaft' gesehen. Kennst du denn jemanden?"

„Ja, mir ist eben jemand eingefallen. Du weißt von Lara, oder?"

Susann sah auf den Bistrotisch und nickte: „Ja, aber natürlich nicht von dir."

„Das kommt vielleicht noch. Es fällt mir nach wie vor schwer, darüber zu sprechen. Als Lara damals nicht nach Hause kam, hat die Polizei noch ein Jahr lang intensiv nachgeforscht. Irgendwann bekamen wir dann die Mitteilung, die Ermittlungen seien eingestellt worden. Rücksichtsvollerweise kam diese Nachricht nicht mit der Post. Der Staatsanwalt, bei dem die Ermittlungen zusammenliefen, ist persönlich bei uns vorbeigekommen. Ulf war nicht da und wir haben uns über eine Stunde unterhalten. Damals hat er zu mir gesagt: 'Ich werde nie aufgeben, nach Ihrer Tochter zu suchen. Was immer ihr zugestoßen ist, ich will und werde es herausbekommen. Mit einem ungelösten Fall wie diesem kann ich keinen Frieden schließen.' Du glaubst gar nicht, wie gut mir die Entschlossenheit in seiner Stimme getan hat."

„Scheint ein feiner Mensch zu sein", bemerkte Susann leise. „Hast du danach noch Kontakt zu ihm gehabt?"

„Ja, nicht nur einmal. Er hat mir angeboten, dass ich mich jederzeit an ihn wenden kann. Und das habe ich getan, wieder und wieder. Ich hatte keine Ahnung von organisierter Entführung von Kindern, keinen Schimmer vom Vorgehen der Polizei, von Ermittlungstechniken, von ..." Mit dem Zeigefinger drückte Doro die Krümel auf ihrem Teller platt. „Ach, eigentlich wusste ich gar nichts. Michael hat mir immer wieder geholfen. Er war unendlich geduldig."

„Du bist per Du mit ihm?"

„Ja, wir sind vielleicht nicht wirklich Freunde geworden. Aber so was wie gemeinsame Streiter. Ich mag das Wort 'Gerechtigkeitsfanatiker' nicht. Es hat etwas Unmenschliches und Hartes. Das ist es bei Michael nicht. Aber er ist zäh, klug und verliert das Ziel nicht aus den Augen. Michael hat sich wie kein anderer für Lara eingesetzt, obwohl er sie nicht kannte und obwohl es sinnlos zu sein schien. Als ich ihn irgendwann mal zu Hause besucht habe, bekam ich eine Ahnung, warum. Er hat selbst eine Tochter, auch nur die eine." Doro merkte, wie die Bitterkeit wieder in ihr hochstieg. „Für mein Gefühl hat er mir in dieser schrecklichen Zeit mehr zur Seite gestanden und gemeinsam mit mir um Aufklärung gekämpft, als Ulf es je getan hat", presste sie hervor.

„Vielleicht konnte Ulf nicht oder vielleicht hat er nur anders gekämpft", versuchte Susann zu erklären.

„Egal. Michael hat dafür gesorgt, dass Lara nicht einfach zu den 'Unerledigte Fällen' wanderte. Und das hat mir sehr viel bedeutet. Warum ich aber überhaupt auf ihn komme: In seine Zuständigkeit fällt auch die Verfolgung von Naziverbrechen. Er ist Bansierskis Nachfolger. Ich bin sicher, dass er alles über die Zeit der Entnazifizierung weiß."

„Dann fände ich es wunderbar, wenn du ihn anrufst. Der letzte Brief wirft doch einige Fragen auf, die wir in unserem Buch allenfalls angerissen haben", sagte Susann und legte Doro die Hand auf den Arm. „Wenn du es für passend hältst, komme ich gern mit."

42.

Zum Glück hatten sie alle überlebt. Mit den Jahren hatte er Erfahrungen gesammelt, wie er die Bewässerung und Nährstoffversorgung so einstellen konnte, dass eine Abwesenheit von bis zu drei Wochen keinen irreparablen Schaden anrichtete. Die drei Vivarien standen vor der großen Fensterfront im Wohnzimmer. Eine Grundversorgung mit Licht war damit gewährleistet. Entscheidend war aber die künstliche Beleuchtung.

Aus dem Hobby der Kindheit war eine erfüllende Passion geworden. Aufbau und Anlage folgten einem festen Rhythmus. Ein Terrarium diente seiner eigenen Reisevorbereitung. Ein Jahr vor Abreise war die jeweils neue Landschaft fertig. Wenn möglich, brachte er dann von seiner Reise ein Reptil, ein Insekt oder eine Amphibie mit, die den geschaffenen Lebensraum füllen durfte. Anfangs hatte er die Landschaft wieder abgebaut, wenn das jeweilige Lebewesen erkrankte oder starb. Aber in den letzten Jahren war er etwas nostalgisch geworden und hatte sich je ein Quarantäneterrarium dazugebaut, in dem er kranke Tiere sogar pflegen konnte. Arzt blieb Arzt. Das dritte Terrarium war das Riparium, das er nach Vaters Tod wieder in ihr Haus zurückgeholt hatte.

Vorsichtig legte er die drei kleinen Kotkugeln in das mittlere Vivarium und erhöhte die Temperatureinstellung der Wärmelampe um 2 Grad. Er hatte sie am Tag vor seinem Abflug noch eingesammelt. Die kleinen Eier waren nur mit der Lupe zu sehen. Aber mit etwas Glück würden schon in den nächsten Tagen die Pillendreher aus der Brutpille schlüpfen. Es wäre eine schöne Erinnerung an den erfolgreichen Korsika-Aufenthalt.

Entstehendes Leben hier, vergehendes Leben dort. Obwohl rein biologisch gesehen war das Unsinn. Denn wenn, wahrscheinlich schon in wenigen Tagen, das Immunsystem von Nord zusammenbrechen würde, wäre es ja eigentlich nur die stärkere Spezies, die ihr Überleben gesichert hätte.

Die nüchterne Betrachtung der Natur verdankte er seinem Vater. Leben ist immer auch die Durchsetzung von Interessen durch Stärke und Überlegenheit. Vater hatte das nicht romantisiert. Aber er war auch kein kalter Darwinist, wie man ihm immer wieder vorgeworfen hatte. Er hatte sich stets für die Pflege und den Schutz seiner Behinderten eingesetzt. Natürlich nicht so wie Mutter. Die geborene Krankenschwester, die sich an den Betten kranker und behinderter Kinder aufgeopfert hatte. Was ihr aber auch nichts genützt hatte, als Bansierski zur großen Treibjagd auf die vermeintlichen Nazis im weißen Kittel geblasen hatte.

Sein Blick glitt über die drei Vivarien. Den Gedanken hatte er schon öfter gehabt. Vielleicht würde er ihnen einen Namen geben. Wenn, dann würde er das Quarantäneterrarium nach seiner Mutter benennen. Aber das war vermutlich nur dumme Sentimentalität.

43.

„Susann, ich glaube, ich brauche eine Freundin." Eigentlich wollte Susann antworten: „Ich habe schon lange darauf gewartet, dass du zu dieser Einsicht kommst." Aber irgendwas in Jens' Stimme hielt sie davon ab.

„Seit wann bist zurück?“

„Ich bin noch auf Korsika“, erwiderte Jens in gedämpftem Ton, als käme seine Stimme aus einem wattierten Tunnel. Aber das konnte auch am Handyempfang liegen.

„Wir haben uns schon gewundert, dass du dich am Wochenende nicht gemeldet hast. Ist alles in Ordnung mit dir?“

„Ja, nein. Ach, Susann, das Ganze ist kompliziert. Ich bin beim Wandern gestürzt und hatte einen Meniskusriss. Der Fluggesellschaft schien der Rücktransport zu riskant, deshalb hab ich die OP gleich hier machen lassen. Aber es ist alles nicht so schlimm.“

„Natürlich ist das schlimm! Du Ärmster! Kann ich was für dich tun? Soll ich kommen?“, sprudelte es aus Susann heraus.

„Schon gut, ich bin wieder einigermaßen mobil. Und ich lande morgen um 10.40 Uhr in Fuhlsbüttel. Kannst du mich abholen und dann nach Hause fahren? Vielleicht könntest du auch noch ein bisschen was für mich einkaufen?“

Susann hatte Jens noch nie so verzagt erlebt. „Geht klar“, sagte sie betont fröhlich. „Ich werde da sein, und zwar mit einem Kofferraum voller Leckereien. Und dann will ich einen detaillierten Bericht.“

„Danke, Susann. Dann bis morgen.“

Als sie aufgelegt hatte, merkte Susann, dass sie eine rauchen musste. Sie, die noch nie selbst eine Schachtel gekauft hatte und sonst nur auf Partys rauchte.

„Du hast vergessen abzuspeichern.“

Sie hatte gar nicht gemerkt, dass Andreas in der Tür stand.

„Mann, hast du mich erschreckt. Egal, macht nichts. Kannst du das bitte für mich machen? Sonst ist die Datei gleich wieder futsch.“

Andreas war Susanns „Computerseelsorger“. Er hatte ihr eine Ordnerstruktur angelegt und räumte zwischendurch regelmäßig ihre Festplatte auf. Das war zwar nicht ganz im Sinne der IT-Richtlinien der Stiftung, aber praktisch.

Sie ging zum Kiosk am Alsterdorfer Markt und holte sich blaue Gauloises. Wenn schon, denn schon. Einen Moment zögerte sie. Dann öffnete sie die Packung und zündete sich an Ort und Stelle eine Zigarette an. Hoffentlich sah sie jetzt niemand. Sie hatte keine Lust auf eins der üblichen entrüsteten „Du rauchst?"-Gespräche. Sie hatte überhaupt keine Lust, angesprochen zu werden.

Das Nikotin tat sofort seine Wirkung. Sie versuchte, für sich klarzukriegen, was sie so unruhig machte. Irgendwas war passiert. Das ganze Telefonat war ungewöhnlich gewesen. Dass Jens sich nicht zuerst nach ihr erkundigt hatte. Dass sein erster Satz wie ein Hilferuf geklungen hatte. Dass er so kurz angebunden gewesen war.

Vielleicht stand er unter Medikamenteneinfluss? Wie auch immer – das würde sie morgen herausfinden. Susann bekam einen Hustenanfall. Rauchen war definitiv nicht ihr Ding. Sie zündete sich gleich noch eine Zweite an und überlegte, ob sie zu Doro gehen sollte.

Doch was sollte sie ihr erzählen? Dass sie das vage Gefühl hatte, irgendwas stimme nicht? So war es ja auch, denn immerhin war Jens gestürzt und sogar operiert worden. Vielleicht erklärte allein das sein seltsames Verhalten.

Am besten war, sie ging jetzt gleich für Jens einkaufen.

Im Supermarkt wählte sie Obst, Brot, Aufschnitt, ein paar Fertiggerichte und Lebensmittel für einen Brunch aus. Auf den Sekt verzichtete sie.

Dann ging sie zurück ins Büro. Sie würde alle Termine für den kommenden Tag absagen, denn sie hasste es, Termine im Nacken zu haben, wenn etwas Wichtiges anstand. Und Jens war wichtig. Definitiv.

Andreas saß noch an ihrem Rechner. Er sah nicht vom Bildschirm auf. „Mit deinem Rechner stimmt was nicht", murmelte er.

Jedem anderen hätte Susann jetzt geantwortet, es sei in der

Stiftung völlig normal, dass in der EDV etwas nicht stimmte. Doch Andreas konnte mit Ironie nichts anfangen. Daher fragte sie nur: „Was meinst du, Andreas?“

„Dein Rechner verhält sich so träge“, erklärte er und sah sie mit ernster Miene an. „Hast du über einen externen Stick Dateien direkt auf deinen Rechner gezogen? Bist du schon mal mit einem Virenscanner über deine lokale Festplatte gegangen? Wann ist der letzte reguläre Virencheck erfolgt?“

Susann wusste genau, dass ihre Antworten ihn keinesfalls zufriedenstellen würden. In den vergangenen zwei Jahren hatte sie Andreas' ganz eigene Denkstruktur ein wenig kennengelernt. Zwar machte seine besondere Art den Kontakt mit ihm manchmal anstrengend, aber andererseits auch nicht: Denn Andreas sagte immer, was er dachte.

„Sticks benutze ich eigentlich ständig“, sagte sie achselzuckend. „Ich habe eine besondere Berechtigung dazu. Einen eigenen Virenscanner habe ich nie installiert. Und wann der letzte Sicherheitscheck erfolgt ist, weiß ich nicht.“

„Sticks stellen ein hohes Sicherheitsrisiko dar“, belehrte Andreas sie in neutralem Ton. „Ich werde dir einen besseren Virenscanner besorgen und installieren. Auf eine gesonderte externe Überprüfung können wir dann erst mal verzichten. Ich finde heraus, warum dein Rechner langsamer ist. Ich komme morgen wieder und checke das.“

„Andreas, vielen Dank. Aber morgen werde ich nicht im Büro sein. Vielleicht finden wir in der kommenden Woche einen passenderen Zeitpunkt. Ich kann mich im Augenblick nicht richtig auf meinen Computer konzentrieren.“

„Du musst dich nicht bedanken, Susann. Und einen passenderen Zeitpunkt zu suchen ist überflüssig. Es scheint mir besonders praktisch zu sein, dass du morgen nicht im Büro bist. Denn dann störe ich dich nicht bei deiner Arbeit und kann selbst ungestört deinen Computer überprüfen. Ich werde etwa zwei bis drei Stunden brauchen.“

„Na schön“, gab Susann sich geschlagen. „Danke. Es ist gut, dass du das machst. Sag mir Bescheid, wenn du was findest.“

Andreas schaltete Susanns Computer aus und stand auf. Sein Gang war unverwechselbar. Sie würde ihn unter Tausenden an seinem Gang erkennen. Die Schritte waren geplant, leicht verzögert und hatten keinen Fluss. In der Tür drehte er sich noch mal zu ihr herum, aber er sah sie nicht an.

„Auf Wiedersehen, Susann. Ich gehe jetzt nach Hause. Ich muss noch Wäsche waschen.“

Nachdem sie ihre Termine für den nächsten Tag abgesagt hatte, fuhr Susann ebenfalls nach Hause. Sie überlegte, was sie tun könnte, um ihre Unruhe loszuwerden, und war froh, als das Handyklingeln ihre Grübeleien unterbrach. Im Display sah sie Doros Namen.

„Hallo Susann, ich habe eben mit Michael gesprochen. Er hat mich spontan für heute Abend eingeladen. Wenn du willst, bist du ebenfalls herzlich willkommen. Passt das zufällig?“

„Ja, warum nicht. Ich glaube, ich kann ein bisschen Ablenkung gut gebrauchen. Wann soll ich wo sein?“

„Wir treffen uns um 18 Uhr am S-Bahnhof Kornweg. Von da aus nehme ich dich mit.“

Als sie aufgelegt hatte, merkte Susann, dass sich in ihre Unruhe noch etwas anderes mischte. Irgendwie hatte sie das Bedürfnis, Mirjam anzurufen und von ihrem Treffen heute Abend zu erzählen. Vielleicht lag es daran, dass Doro mit so viel Bewunderung von diesem Michael gesprochen hatte. Sie fragte sich, wann sie endlich erwachsen werden würde. Aber umziehen würde sie sich auf jeden Fall nicht mehr.

44.

Die Einladung zu Michael nach Hause war viel schneller gekommen, als Doro erwartet hatte.

„Hast du gleich heute Abend Zeit?“, hatte er am Telefon gefragt. „Anna und Merle gehen ins *Meridian*.“ Er seufzte hörbar. „Ich weiß nicht, bei wem von beiden die Pubertät momentan stärker durchschlägt.“

Das war mehr Privates, als Doro von Michael sonst zu hören bekam. Sie überlegte, ob sie nachhaken sollte. Aber das machte bei ihm keinen Sinn. Er würde nichts mehr sagen. Persönliches nie auf Nachfrage. Typisch hanseatisch eben.

„Ich komme gerne. Hast du was dagegen, wenn ich eine Kollegin aus der Stiftung mitbringe? Susann Mertén ist leitende Psychologin und hat an dem Buch über die Alsterdorfer Anstalten im Nationalsozialismus mitgearbeitet.“

„Na, jetzt wird es immer spannender. Bring sie ruhig mit. Kann ich noch irgendwas vorbereiten, ich meine außer Tee?“

Doro dachte einen Moment nach. „Such doch schon mal raus, was du über die Entnazifizierung von Ärzten und Theologen weißt.“

Michael wohnte im Herzen von Klein Borstel. Klein Borstel war so wie der Name. Ein kleines gallisches Dorf, das sich seit Jahren erfolglos, aber hartnäckig gegen einen Mobilfunkmast wehrte. Und dafür einsetzte, dass die S-Bahn-Station den Titel „Klein Borstel“ nicht verlor, wenn auch nur in Klammern.

Michael besaß ein kleines Dreißiger-Jahre-Backsteinhäuschen in der Frank'schen Siedlung, die wie eine trutzige Idylle der Entwicklung Hamburgs zur Metropole Widerstand leistete. Wer hier einzog, wollte nicht mehr weg. Wurden die Häuser zu klein, legte man lieber den Keller tiefer oder verlegte das Wohnzimmer in den Wintergarten als aufzugeben.

Auf ihr Klingeln öffnete er die kleine Holztür, bei der selbst Doro den Eindruck hatte, sich bücken zu müssen, um ins Haus treten zu können.

Susann war schon auf dem Weg vom Parkplatz bei der Kirche zu Michaels Haus aus dem Staunen nicht herausgekommen. „Das ist echte Hamburger Backsteinromantik, falls es den Begriff überhaupt gibt“, hatte sie bemerkt.

Michael sah müde aus. Doro fiel auf, dass die braunen Augen in seinem fein geschnittenen Gesicht irgendwie tiefer lagen als sonst. Sein Lächeln wirkte bemüht und stand im Kontrast zu den Sorgenfalten auf seiner Stirn.

„Kommt rein. Ich habe uns Tee gemacht." Er nahm Doro kurz in den Arm und begrüßte dann Susann mit Handschlag und einem warmen: „Ich freue mich, dass Sie so spontan Zeit haben. Herzlich willkommen."

Dann ging er vor ihnen her ins Wohnzimmer. Doro gefiel seine klassische dunkle Strickjacke aus feiner Wolle, die farblich perfekt zu seiner Hose und dem wie frisch gebügelt aussehenden Hemd passte. Das Hemd war tailliert trotz der fünfundvierzig Jahre, die Michael mindestens alt sein musste. Als Doro zu Susann hinübersah, hatte sie das Gefühl, als machte Michael in seinem Understatement gleichfalls einen starken Eindruck auf sie.

Er goss den Tee in drei hauchdünne Bone-China-Tassen und reichte zwei davon Susann und Doro. „Jetzt erzählt mal: Was interessiert euch an der Entnazifizierung?"

In kurzen und präzisen Worten berichtete Susann von ihrer Veröffentlichung und Doro von ihrer neuen Arbeit in Ulfs Fußstapfen: „Danke für deinen Brief zu Ulfs Tod, Michael. Du bist mir mit deinen Zeilen ganz nahgekommen. Wahrscheinlich kannst du deshalb auch mit am besten verstehen, warum ich seine Arbeit übernommen habe."

Schließlich holte Doro aus der alten Aktenmappe eine Kopie von Kahlenbaums letztem Brief hervor. „Könntest du den bitte mal durchlesen und uns sagen, was du davon hältst?"

Michael hatte den beiden Frauen die ganze Zeit über intensiv zugehört, ohne etwas zu sagen. Jetzt griff er nach der Goldrandbrille, die auf einem Beistelltisch lag. Wenn er las, war er nicht einfach nur konzentriert. Er nahm den Text in sich auf. Und während er das tat, meinte Doro erkennen zu können, wie er eine innere Ordnung schuf für das, was er sagen würde.

„Es stimmt, was dieser Kahlenbaum schreibt. Mit seiner Einschätzung lag er weitestgehend richtig. Wie genau möchtet ihr es wissen?“

„Leg einfach los“, antwortete Doro. „Wir melden uns, wenn wir nicht mehr durchblicken.“

Michael lehnte sich in seinem Sessel zurück. „Na, die Befürchtung habe ich bei keiner von euch. Also, das Problem der Engländer war, dass sie zwar als Siegermacht, aber im Grunde völlig desolat aus diesem Krieg herauskamen. Es gab eigentlich nichts, keine klaren Verfahren, keine Richtlinien und keine Durchführungsverordnungen.“

Sein Gesicht war jetzt sehr ernst. „In ihrer heillosen Überforderung übernahmen sie deshalb das Verfahren der Amerikaner, aber ohne deren Mittel zu haben. England war bankrott. Es wäre im eigenen Land nicht vermittelbar gewesen, wenn man das Geld in aufwändige Entnazifizierungsmaßnahmen gesteckt hätte. So gab es bis Anfang 1946 gar keine eigene Regelung für den Umgang mit Nazis. Man richtete sich nach der Verordnung, die die Entnazifizierung der Finanzverwaltung regelte. Das Verfahren war sehr schlicht. Jeder Mitarbeiter, der vor 1938 eine höhere Stelle innehatte, füllte einen Fragebogen aus, den der jeweilige Behördenchef auf die Glaubwürdigkeit hin überprüfte. Daraus resultierte dann die vorläufige Einstufung in die Klassen 1-5, also von Hauptschuldigen über Belastete, Minderbelastete bis hin zu den als unproblematisch eingestuften Mitläufern und Entlasteten.“

„Da müsste Wilhelm Kahlenbaum ja eigentlich in Klasse 1 eingestuft worden sein“, warf Susann ein. „Als ‘untragbar’ gekündigt war er jedenfalls. Und seinen netten Pastorenkollegen wird es wohl ebenfalls getroffen haben.“

„Kahlenbaum und Rante waren exzellente Taktiker mit besten Verbindungen. Aber dazu später. Entscheidend für die Verfahren in der britischen Besatzungszone wurde jedenfalls, dass man sehr pragmatisch vorging. Man konzentrierte sich zunächst auf die vielen sogenannten Mitläufer, damit diese möglichst schnell wieder in Brot und Arbeit kamen."

„Und der schreckliche Ausdruck *Holocaust of sudden dismissal?*" Susanns Gesicht hatte mittlerweile eine leicht rötliche Farbe angenommen.

„Den hatte ich bisher noch nicht gehört. Aber in der Tat, die Engländer fürchteten, dass ihnen der ganze Laden zusammenbrechen würde. Keine Verwaltung, keine Ärzte, keine Lehrer – stattdessen eine frustrierte, arbeitslose Führungsschicht, die den ganzen Tag nichts anderes zu tun hatte, als den verlorenen Posten hinterherzuweinen und sich nach dem seligen Führer zurückzusehnen. Das war gefährlich."

„Und dann haben sie kurzen, das heißt milden Prozess gemacht", warf Doro ein.

„Ich glaube, Doro, sie hatten keine wirkliche Alternative. Stell dir vor, es waren über eine halbe Millionen Fragebögen, die der *Public Safety Branch* als zuständiger Einheit bis Ende 45 vorgelegt wurden. Ende 47 harrten über zwei Millionen dieser seitenlangen Bögen ihrer Überprüfung. Beim ersten Schwung stuften die Engländer fast jeden zehnten als Entlassungskandidaten ein. Stell dir die Unruhe vor."

Michael nippte an seinem Tee und schaute nachdenklich zur alten Standuhr in der Ecke. „Danach hatten die Engländer vor allem eins im Blick: die Versorgung der Bevölkerung. Moralische Maßstäbe wurden untergeordnet. Letztlich hatten sie vielleicht aus den Reparationszahlungen von Versailles gelernt."

„Das macht ihr Vorgehen zumindest etwas sympathischer." Immer noch war Susanns Entrüstung spürbar.

„Zumindest macht es das erklärlicher. Leute wie dieser Kahlenbaum haben das schnell als Chance begriffen. Wurde man insbesondere in Landwirtschaft, Bergbau oder Gesundheitswesen gebraucht, ließ man sich als Mitläufer einstufen und war schon bald wieder in Amt und Würden. Die alten

Netzwerke funktionierten noch und so half ein Gesinnungsbruder dem nächsten."

„Im großen Stil dann durch die bekannten Persilscheine, oder?", wollte Doro wissen.

„Genau. Auch darin hat dein Kahlenbaum übrigens recht. Insbesondere in Hamburg gab es einen florierenden Handel mit den Entlastungszeugnissen. Darauf wird er allerdings ebenso wenig angewiesen gewesen sein wie sein theologischer Mentor."

„Was meinen Sie damit?", fragte Susann.

„Ich weiß das aus den Ermittlungsakten von Bansierski. Kahlenbaum hatte ausgezeichnete Beziehungen. Kurz nach seiner Einstufung als Mitläufer war er nicht nur wieder im Beruf, sondern wurde auch Gutachter für die Überprüfung der Ersatzansprüche von Behinderten, die Opfer des Naziregimes waren."

„Entschuldige bitte, aber das ist doch zum Kotzen", sagte Doro wütend.

„Da kann ich dir leider nur recht geben", pflichtete Michael ihr bei. „Kahlenbaum hat in dem Zuge noch die Alsterdorfer Anstalten auf Ungültigkeit seiner Entlassung verklagt. Und Recht bekommen. Alsterdorf hat ihm daraufhin als Wiedergutmachung Belegbetten am eigenen Krankenhaus angeboten."

„Wozu es aber hoffentlich nie gekommen ist, oder?" Susann saß jetzt auf der Sofakante und hing an Michaels Lippen. So hatte Doro sie noch nie erlebt.

„Doch, die hat der ehrenwerte Herr Doktor dankend angenommen und bis 1964 genutzt. Rehabilitiert, private Liquidation und Richter seiner ehemaligen Opfer – das sind die Bausteine einer Nachkriegskarriere. Genau das hat Bansierski auf die Palme gebracht. Und vielleicht noch mehr der Weg von Rante."

„Kam der etwa auch so glimpflich davon?", fragte Doro entsetzt.

„Das kann man so sagen. Bansierski hat die evangelische Kirche in Hamburg immer schärfstens kritisiert. Denn hier waren es sonderbarerweise gerade die unbescholtenen, teilweise sogar ideologisch sauberen Kirchenmänner, die statt aufzuräumen Nebelbomben geworfen haben. Rante war binnen kurzem wieder Pastor, zog bei einem Großindustriellen in den Westflügel seiner Villa und führte von dort aus nach dem Muster Kahlenbaums einen Prozess auf Auszahlung der entgangenen Gehaltsdifferenz. Du bist Sprachwissenschaftlerin, Doro, hast du dafür einen treffenden Ausdruck?"

„Wie wär's mit perfide? Heißt so viel wie 'durch Glauben'."

„Da könnte ich von Berufs wegen gern noch ein paar Krankheitsbezeichnung beisteuern", murmelte Susann.

„Vielleicht gibt es dafür gar keinen passenden Ausdruck", meinte Michael nachdenklich. „Bansierski jedenfalls hatte sich geschworen, dass er diese Verlogenheit gnadenlos aufdecken würde. Er war so unglaublich enttäuscht, dass das Verfahren gegen Rante und Kahlenbaum nicht eröffnet wurde. Getobt hat er. Geflucht gegen die braunen Netzwerke."

„Wie es scheint, hast du ihn gemocht", sagte Doro.

„Gemocht? Ach, ich weiß nicht. Geschätzt, ja. Bewundert, ja. Als Vorbild gesehen, ja. Irgendwie so was. Als Jurist war er glänzend und als Staatsanwalt besessen. Aber besessen von Gerechtigkeit. 'Ich werde im Einsatz für die Gerechtigkeit sterben', hat er oft gesagt. Wir, die ihn kannten, haben das alle geglaubt. Deshalb konnten wir es gar nicht fassen, als er an Herzversagen starb. Irgendwie passte das nicht."

Michael blickte traurig vor sich hin. Doro hatte den Eindruck, als ob seine Trauer nicht unbedingt nur mit Bansierki zu tun hatte. Er war nur der Auslöser.

Gedankenverloren führte Michael seine Tasse zum Mund. Die Traurigkeit nistete sich in seinen Zügen ein, auch als er zu lächeln versuchte: „Habe ich euch bei euren Fragen helfen können?"

Beide Frauen nickten. Doro wollte gerade aufstehen und sich verabschieden, als sie Susann sagen hörte: „Das haben Sie wirklich. Darf ich mich, falls ich noch Fragen habe, nochmals an Sie wenden, Herr Dr. Berner?"

Doro glaubte ihren Ohren nicht zu trauen – vor allem, als sie Michaels Antwort hörte: „Sehr gerne, aber nur, wenn wir beide auf den Namensbestandteil nach dem Dr. wechseln, Susann."

„Dann vielleicht auf bald, Michael", sagte Susann und wurde tatsächlich rot.

Als sie sich auf dem Weg zum Parkplatz machten, war Doro immer noch sprachlos. Bis Susann plötzlich stehen blieb und sie ansah. „Doro, was war das gerade? Habe ich eben ein weiteres Treffen eingefädelt? Das bin doch nicht ich?"

Doro versuchte ihr Schmunzeln zu verbergen. „Dann ist es ja gut. Denn das eben war auch nicht Dr. Berner, der jemand nach gerade einer Stunde Bekanntschaft das Du anbietet."

45.

Susann machte sich zeitig auf den Weg zum Flughafen. Sie hatte sich dezent geschminkt und das eng sitzende Kostüm von Max Mara angezogen, das Jens so gut gefiel. Sie wollte schön sein, wenn sie ihn abholte.

In der Abflughalle kaufte sie eine rote Rose.

Das Flugzeug landete pünktlich. Nach kurzer Zeit wurde sie ausgerufen, von einem Securitybeamten in die Gepäckhalle geleitet und dort zu einem Förderband geführt.

Susann entdeckte Jens sofort. Aber es waren nicht die beiden Krücken, die ihr als Erstes ins Auge stachen. Es war seine Haltung. Ihr kamen die Bilder von Kriegsheimkehrern in den Sinn. Männer, die in Jahren um Jahrzehnte gealtert waren und endlich wieder vor ihren alten Haustüren standen. Was für ein blöder Vergleich, dachte sie. Manchmal konnte sie so bescheuert theatralisch sein. Vielleicht hatte sie auch zu viele schlechte Filme gesehen.

Jens hob den Blick vom Gepäckband, und als er sie erblickte, fuchtelte er wild mit der rechten Krücke. Das Lächeln, das Susann so an ihm liebte, war wieder da.

Susann spurtete auf ihn zu. Sie fasste die Rose wie einen Staffelstab und hatte ihn in wenigen Sekunden erreicht.

Jens ließ beide Stützen fallen und umarmte Susann wie ein Ertrinkender. Sie spürte, dass er am ganzen Körper bebte.

Hinter ihnen räusperte sich jemand. „Äh, wenn Sie wollen, könnte ich Ihnen einen Rollstuhl holen", sagte der Securitybeamte etwas verlegen.

„Das ist nett von Ihnen", antwortete Susann und löste sich langsam von Jens. „Aber ich kriege meinen Bergsteiger schon so nach Hause."

Wenige Minuten später saßen sie im Auto. Jens fasste an sein linkes Knie.

„Schmerzen?"

„Mhh. Aber ich hab noch ein paar französische Schmerztabletten im Koffer. Die wirken ziemlich schnell. Danke, dass du mich abholst. Ich hätte es alleine nicht geschafft."

„Jetzt lass den Quatsch, ist doch selbstverständlich, dass ich dich abhole." Sie sah kurz zu ihm herüber. Jens' frische braune Gesichtsfarbe stand in krassem Kontrast zur Erschöpfung in seinen Augen. „Ich habe für uns beide alles für ein ordentliches Frühstück eingekauft und mir den Hunger aufgespart. Wir fahren jetzt erst mal zu dir und gönnen uns was."

In seiner Wohnung angekommen, streifte Jens die Jacke ab, ließ sich mühsam auf einem Stuhl nieder und legte das Bein hoch. Susann wuselte zwischen Küche und Esstisch hin und her und deckte den Tisch.

„Ich bin gleich soweit und leiste dir Gesellschaft. Dann will ich alles wissen!", rief sie aus der Küche. Schließlich kam sie mit zwei frisch aufgeschäumten Tassen Milchkaffee und schaute noch mal prüfend auf den Tisch: Lachs, Krabbensalat, Serranoschinken, dazu Vollkornbrötchen und Croissants. Sogar an Jens' dänische Lieblingsmarmelade hatte sie gedacht. Sie merkte, dass er mit Tränen kämpfte. „Wirken die Schmerztabletten schon?", fragte sie mitfühlend.

„Ja, und das Frühstück sieht perfekt aus." Er rang sich ein Lächeln ab, schnitt ein Mehrkornbrötchen auf und belegte es mit Krabben. Seine ganze Haltung wirkte so bemüht, dass er ihr total leidtat.

„Weißt du", sagte er und kaute dabei bedächtig, „das Schlimme ist eigentlich nicht mein kaputtes Knie. Rückblickend war der ganze Trip ein einziger Alptraum. Es lag nicht an der Insel und auch nicht an der anstrengenden Tour. Die war auch manchmal hart an der Grenze. Aber was ich mit Mats, diesem schwedischen Arzt, erlebt habe, war schlicht unsäglich. Ich habe in meinem ganzen Leben noch keinen Menschen kennengelernt, der so menschenverachtend und kalt war wie er. Ich kapiere es selbst nicht richtig, aber irgendwie hat mich sein Verhalten bis ins Mark getroffen. Er hatte etwas Zerstörerisches an sich."

Susann biss in ein Croissant und blickte ihn abwartend an. Endlich begann er zu erzählen. Vom hoffnungsvollen Start. Von den Strapazen des ersten Tages. Von seinem Konflikt mit Mats und der scheinbaren Auflösung am ersten Abend. Von den folgenden Tagen mit ihrem fast kameradschaftlichen Miteinander. Vom großen Knall am *Cirque de Solitude*. Und von seiner Rettung durch eine alpine Wandertruppe aus Heilbronn, die ihn durch den Kessel ins Tal gebracht hatte.

„Der Typ ist vollkommen krank!", schäumte Susann, als Jens fertig war. „Das soll ein Arzt sein? Wegen unterlassener Hilfeleistung gehört ihm die Berufserlaubnis entzogen. Gib mir seine Adresse, damit ich das in die Wege leiten kann. Gleich morgen bin ich bei uns in der Rechtsabteilung. Glaub mir, Dr. Bannatz wird ihn wegen seelischer Grausamkeit auf Schmerzensgeld verklagen, wenn er das hört."

Susann kam jetzt richtig in Fahrt. Wie immer, wenn sie sich aufregte, brachte das ihre Schönheit noch besser zur Geltung. Jens verzog die Lippen zu einem schmalen Lächeln, ganz offensichtlich tat ihr Zorn ihm gut. „Hast du danach noch mal Kontakt zu dem Mistkerl gehabt?“, wollte Susann wissen.

„Nicht direkt. Als die Leute vom Alpinzentrum Heilbronn mich in das kleine Hotel in Haut Asco gebracht hatten, lag dort nur eine Nachricht für mich. ‘Da wir beide wohl kein Interesse haben, uns noch einmal zu sehen, bin ich direkt nach Erbalunga weitergefahren und werde dort feiern. Morgen früh fliege ich ab. Mats’.“

„Ist das zu fassen! Kein ‘Gute Besserung’, kein Bedauern oder auch nur die zarteste Regung von Menschlichkeit. Einfach unglaublich!“

„Nicht die zarteste Regung von Menschlichkeit. Das trifft den Kern“, sagte Jens nachdenklich und lagerte sein linkes Bein ein wenig anders. „Du weißt, dass ich mich immer bemüht habe, auch schwierige Charaktere zu verstehen. Wenn ich jemanden nicht verstehen konnte, dann waren es meist historische Figuren. Ich kann Hitler nicht verstehen und auch die anderen Nazigrößen nicht. Ich habe auch Rante und Kahlenbaum nie verstehen können. Wenn ich jedoch jemanden persönlich kennengelernt habe, habe ich immer irgendeine Form von Verständnis für ihn aufgebracht. Aber bei Mats …“

„Ist es das, was dich so belastet? Dass du selbst bei diesem freischwebenden Arschloch noch denkst, du müsstest in ihm irgendwo das Gute sehen?“

„Nein … Ja … Ach, ich weiß selbst nicht genau, warum mich das so fertigmacht und runterzieht. Ich fühle mich so niedergeschlagen wie seit dem Tod von Götz nicht mehr.“

Vielleicht hat er sich trotz allem verliebt, dachte Susann. „Habt ihr was miteinander gehabt?“, fragte sie vorsichtig.

„Nein, Gott bewahre! Die einzige Zuwendung von ihm bestand in einer Spritze.“

„In einer Spritze? Susann riss die Augen auf. „Davon hast du noch gar nichts erzählt. Du meinst, dieser Kurpfuscher hat dir eine Spritze gesetzt? Warum das denn?“

„Ach, das war nicht so wild. Er ist Sportarzt und es war nur ein Vitaminpräparat. Hat auch sofort positiv angeschlagen. Vor meinem Sturz bin ich munter wie ein junger Gott marschiert.“ Jens sah Susann treuherzig an.

„Mensch, Jens, warum …“, fing Susann an, brach dann aber ab. Das Letzte, was Jens jetzt gebrauchen konnte, waren Vorwürfe. „Warum hast du dich nicht bei mir gemeldet? Ich hätte dich da rausgeholt.“

Jens schüttelte den Kopf. „Ehrlich gesagt, ich weiß bis heute nicht, in was für einem eigenartigen Film ich da war. Und ich bin mir nicht mal sicher, ob er schon zu Ende ist.“

Seine Traurigkeit drohte, sich auch auf sie zu übertragen, und Susann erhob sich rasch. „Ich räume jetzt erst mal ab. Dann überlegen wir beide, wie wir uns den heutigen Tag richtig schön machen können.“

Sie ging hinüber zu ihrer Handtsche, holte die brandneue Staffel von *True Detectives* hervor und wedelte Jens damit fröhlich zu.

46.

„Dass ich das noch erleben darf. Meine Schwester hilft mir beim Umzug in meine neue Wohnung. Und dann eine Woche lang Schweigen im Walde.“

Zum Glück klang Mirjams Stimme nur fröhlich. Susann konnte sich auch nicht erinnern, dass Mirjam ihr je Vorwürfe gemacht hatte.

„Sorry, Mirjam. Aber bei mir geht im Augenblick alles drunter und drüber. Einem guten Freund und Kollegen von mir ist ganz übel mitgespielt worden und ich muss mich um ihn kümmern. Außerdem bin ich vielleicht …“

Susann zögerte einen Moment.

„… verliebt“, ergänzte Mirjam. „Los, nun sag schon, dass ich meine Schwester gut kenne. Denn erstens habe ich es mir schon vorher gedacht und zweitens trotz Handy an deiner Stimme erkannt, was los ist. Und sag jetzt bitte gleich auch noch, dass du dir es mittlerweile endlich mal erlaubst, verliebt zu sein.“

Susann lachte. „Ja, dreimal ja. Du kennst mich. Ich bin verliebt und ich weiß, ich darf das, ohne dass du darunter leidest.“

„Genau. Übrigens mit Leiden habe ich es sowieso gerade nicht so. Susann, ich glaube, noch nie in meinem Leben ist es so gut gelaufen wie gerade. Zwar schlafe ich viel zu wenig, aber ansonsten ist alles wie im Traum. Die Wohnung ist klasse. Ich habe bei Barner 16 erste Freunde gefunden. Und ich singe endlich, endlich. Singen satt mit meinem Lehrer, mit Kolleginnen, vielleicht sogar bald in der Band. Aber jetzt erzähle ich schon wieder von mir. Auf der Stelle will ich alles wissen: Wer ist er? Was macht er? Wie sieht er aus? Ist es ernst? Wann stellst du ihn mir vor?“

Wieder musste Susann lachen. „Wir haben uns gerade erst kennengelernt. Und erst ein paar Mal getroffen. Außerdem ist er verheiratet. Also alles nicht so einfach. Und in jedem Fall nichts fürs Telefon. Du hast die Wahl, heute oder morgen.“

„Ok, wenn es nicht früher geht, dann sage ich heute. Hast du Lust, mich bei Barner 16 abzuholen? Felix würde sich bestimmt auch freuen, wenn du dich mal sehen lässt.“

„Is jerizzt, Kleene“, schnarrte Susann im Kasernenton. „Eskorte kommt um sechse.“

47.

Tatsächlich, gleich mehrere kleine Prachtexemplare hatten sich aus der Brutpille ins offene Leben gebissen. Er hatte nachgelesen. Als Koprophage war der Scarabaeus Sacer in Nahrungsfragen nicht besonders wählerisch. Ob korsischer Ziegenkot oder Ausscheidungen schonischer Schafe – für ihn würde es keinen großen Unterschied machen.

Wie einfach ein unfreiwilliger Umzug sein konnte. Bei ihnen war das damals anders gewesen. Keiner von ihnen hatte ans frühere Leben anknüpfen können. Wie auch: Lomma war nicht Hamburg, das kleine Ferienhaus des befreundeten Arztes nicht die Villa an der Bebelallee und das gesellschaftliche Leben beschränkte sich auf ein Rasenmähergespräch über den Gartenzaun. Am wenigsten war seine Mutter mit dem Ortswechsel zurechtgekommen. Sie fand keinen Anschluss, keine Aufgabe und dann nur noch den viel zu frühen Tod. Dennoch hatte Vater mit seiner Entscheidung, Hamburg zu verlassen, recht gehabt. Dieser fanatische Staatsanwalt zog ihren Familiennamen erneut in den Dreck, recherchierte überall, um seinem Vater und dessen Theologen-Freund den Mord an fünf geistig behinderten Kindern anzuhängen. Nicht Totschlag, nicht Beteiligung an Euthanasie, nein, Mord aus niederen Motiven an fünf Kindern. Vater und sein Freund hatten sich zu Vernehmungen einfinden müssen. Als er von der ersten Begegnung mit Bansierski zurückkam, sagte er nur zu Mutter: „Er ist besessen. Er wird nicht eher ruhen, bis ich hinter Gittern bin oder nur noch als üble Nachrede existiere. Aber er wird auch noch seinen Richter finden."

Drei Monate später hatte Vater den Umzug organisiert. Über fünfunddreißig Jahre sollte es dauern, bis Bansierski seinen Richter fand.

Er ging zum mittleren Terrarium. Noch unbeholfen bewegten sich die kleinen Larven. Bald würden sie durch den Kot anderer ihre eigentliche Größe erreicht haben.

48.

Doro hörte laute Stimmen, eine erregte Diskussion, Türenknallen. Es kam von oben. Sie versuchte herauszuhören, worum es ging und wer wen anbrüllte.

Vermutlich ging es sie nichts an. Aber sie hatte es sich irgendwann zur Angewohnheit gemacht, sich nicht zu entziehen, wenn es Konflikte gab. Nicht in der U-Bahn und auch nicht bei Demos. Auch wenn sie sonst nicht der Typ war, der sich in die erste Reihe drängt.

Die Geräusche kamen aus dem Stockwerk, in dem Susann ihr Büro hatte. Langsam stieg sie die Treppe hoch.

„Sie müssen sofort hier raus!"

Doro erkannte Andreas' Stimme.

„Es ist schon 5 Minuten nach 11. Ich muss eindecken." Andreas klang eher verzweifelt als wütend. „Um 11 Uhr 15 kommt die nächste Gruppe."

„Dann sag der Gruppe, dass sie sich einen anderen Raum suchen soll. Wir sind noch nicht fertig."

Inzwischen war Doro zur Quelle des Lärms vorgedrungen. Er kam aus dem Besprechungsraum, den sich die IT mit Susann teilte. Am Ende des Tisches erkannte sie Peter Nossen. Auf seiner Stirn hatten sich Schweißperlen gebildet. „Andreas, geh sofort raus hier. Wir haben zu arbeiten", sagte er mit lauter, scharfer Stimme, um jede weitere Diskussion zu unterbinden.

„Ich muss auch arbeiten." Andreas unterstrich jedes Wort mit dem Wedeln seines Tabletts. „Ich brauche für das Eindecken zehn Minuten. Sonst schaffe ich es nicht rechtzeitig."

Doro kannte die übrigen Anwesenden im Raum nicht. Fast alle hielten die Köpfe gesenkt und blickten betreten auf ihre Unterlagen.

Ein jovialer Mittdreißiger in Jeans und Jackett konnte die Anspannung offenbar nicht länger ertragen. „Herr Nossen, wir sind eigentlich fast fertig. Wenn der Raum jetzt anderweitig gebraucht wird, dann machen wir doch an dieser Stelle Schluss. Ich biete an, das Ergebnisprotokoll zu schreiben. Ich maile es dann herum und alle können noch Ergänzungen hinzufügen."

Nicht nur Doro sah ihn dankbar an. Es waren die ersten Worte, die in Zimmerlautstärke gesprochen wurden.

Nossen musterte den jungen Mann kühl. „Das Protokoll können Sie gern schreiben", sagte er mit leiser Stimme und fügte dann mit doppelter Dezibelzahl hinzu: „Aber hier geht es um etwas Grundsätzliches. Wir sind ein moderner Konzern. In einem modernen Konzern gibt es bestimmte Regeln und Gepflogenheiten. Und Behinderung setzt diese Regeln und Gepflogenheiten nicht außer Kraft. Wir tun Andreas keinen Gefallen, wenn wir ihn in Watte packen. Und jetzt arbeiten wir weiter, liebe Kollegen. Wo waren wir stehen geblieben?"

Andreas zitterte am ganzen Körper. Hoffentlich aus Zorn und nicht aus Gekränktheit, dachte Doro. Sie verspürte größte Lust, sich für Andreas in die Bresche zu werfen. Warum fiel ihr in solchen Fällen immer Shakespeare ein: *Listen to many, speak to a few.*

Kein schlechter Rat, vor allem wenn man mit Menschen zu tun hatte, die ohnehin nichts zu begreifen schienen.

Langsam ging sie auf Andreas zu. Er stand noch immer reglos im Türrahmen des Besprechungsraums. Ganz sacht legte sie ihm die Hand auf die Schulter.

„Andreas, ich brauche deine Hilfe. Kannst du bitte mit mir ins Archiv kommen? Ich kläre mit Susann die Sache mit der nächsten Gruppe und helfe dir gleich beim Eindecken."

Ohne noch einen Blick auf die Anwesenden zu werfen, drehte sich Andreas ungelenk aus dem Türrahmen. Doro ging Richtung Treppenhaus und dann den verschlungenen Weg zum Archiv zurück. Hinter sich hörte sie Andreas' gleichmäßige Schritte. Er behielt immer denselben Rhythmus bei, egal ob er die Treppe hinabstieg oder den Flur entlangging. Fieberhaft überlegte sie, was sie auf die Frage antworten sollte, die Andreas zweifellos gleich stellen würde: „Wie kann ich dir helfen?"

Als sie jedoch im Archiv ankamen, schaute Andreas sie nur ehrlich verwundert an. „Herr Nossen war wütend, oder?"

Doro nickte stumm.

„Warum ist er denn so wütend geworden? Ich habe nur gesagt, dass ich für die nächste Gruppe eindecken muss. Das ist doch meine Arbeit."

Doro dachte einen Moment nach. „Ich finde, Andreas, du hast recht. Nossen hatte keinen Grund, dich anzuschreien. Na klar kann eine Besprechung mal länger dauern. Aber er hat eben null Respekt für dich und deine Arbeit gezeigt."

Andreas nickte wie zur Bekräftigung: „Und womit kann ich dir helfen?"

Da war sie, die Frage. Doro räusperte sich, um Zeit zu gewinnen. „Äh, wir haben einen Ordner mit Unterlagen bekommen, die aus den Jahren 1934-1946 stammen. Ich weiß nicht richtig, wo ich sie einordnen soll."

„Wenn es Patientenakten sind, kommen sie in das Regal C 2, handelt es sich um Mitarbeiter, sind sie ab Regal E fortlaufend nach dem Einstellungsdatum eingeordnet." Andreas zeigte auf die jeweiligen Stellen hinter dem querstehenden Regal, an denen sich die Signaturen befanden. „Herr Dr. Raith hat für einige Mitarbeiter eigene Schuber angelegt. Es handelt sich um Loseblattsammlungen ohne jedes einsichtige Ordnungsprinzip."

Doro fragte sich, ob sich Andreas in solchen Momenten bewusst war, dass er mit der Frau von Dr. Raith sprach.

„Wie würdest du diese Personalakten einordnen?", fragte sie und zeigte auf die Schuber.

„Solange ich sie noch nicht vollständig ausgewertet habe, würde ich sie alphabetisch zwischensortieren und danach in die allgemeine Ordnung zurückführen", entgegnete Andreas. „Ich kann das gern übernehmen."

„Danke, darauf komme ich zurück." Doro zögerte einen

Moment. „Hast du eigentlich schon mal einen Blick in die Akten geworfen, Andreas?“

„Nein, das gehört nicht zu meinen Aufgaben. Das meiste würde mich auch nicht interessieren.“

„Was interessiert dich denn?“

„Die Zusammenhänge zwischen dem nationalsozialistischem Regime und der damaligen Anstaltsleitung.“

Wieder einmal war Doro über die schnelle und präzise Antwort überrascht. „Warum gerade diese Zeit?“, bohrte sie nach.

„Ich habe mich immer für den Nationalsozialismus interessiert. Und ich verstehe nicht, warum die Verantwortlichen in Alsterdorf damals die Tötung von Menschen betrieben haben, die hier Schutz suchten.“

Andreas schaute an die Decke, sein Blick folgte einem Riss im Beton. An dessen Ende war ein Bohrloch zu sehen. Vielleicht dachte er gerade darüber nach, mit welcher Absicht hier jemand eine Bohrung vorgenommen haben könnte.

Doro beobachtete ihn aufmerksam. Schließlich sagte sie seufzend: „Das verstehe ich auch nicht, Andreas, ich verstehe es überhaupt nicht.“

49.

Release Party unserer ersten CD im Atelier der Schlumper. Bring möglichst viele Leute mit, hatte Mirjam an Susann gemailt.

Mirjam und ihre Band *Soul Unlimited* hatten in den vergangenen Wochen hart gearbeitet und mittlerweile die erste CD aufgenommen.

Susann lächelte. Sie beide hatten sich in den letzten Wochen viel zu wenig gesehen. In der ersten Zeit lag es mehr an ihr. Sie verbrachte sehr viel Zeit mit Michael. Leider viel zu wenige Male, indem sie sich trafen. Aber ständig in ihren Gedanken. In den letzten acht Wochen ging der mangelnde

Kontakt dann fast ausschließlich auf Mirjams Konto. Ab und zu hatten sie telefoniert, zweimal hatten sie sich zum Frühstück in Ottensen getroffen. Das Leben, das Mirjam jetzt führte, war genau das, was Susann sich für ihre Schwester erhofft hatte. Aber es fiel ihr unglaublich schwer, Mirjams zunehmende Selbstständigkeit und Abnabelung auszuhalten. Unter der Mail stand noch im PS: *So, und jetzt geh zu deinem Kleiderschrank und such für Freitag was Hübsches raus. Wobei du ja auch im Kartoffelsack immer noch die Schönste wärst. Ich freu mich auf dich!*

Das Schlumper-Atelier war in der Alten Rinderschlachterei im Karoviertel untergebracht. Susann hatte natürlich auch Michael eingeladen. Telefonisch, denn er hatte sie gebeten, ihm wegen seiner ungeklärten familiären Situation keine SMS und auch keine Mails zu schicken. Er hatte sofort zugesagt und ganz gegen seine sonstige zurückhaltende Art hinzugefügt: „Ich bin wirklich froh, zu Hause rauszukommen. Wir hatten einen Riesenkrach."

Susann, Doro, Jens und Michael trafen sich zunächst auf einen Drink im *Yoko Mono*. „Ich bin viel zu aufgeregt, um völlig nüchtern zur Party zu gehen", gestand Susann, die ihre geliebte schwarze Lederjacke und darunter ein schlichtes schwarzes Kleid trug. Schlicht, aber kurz. Als sie jeder einen Aperol in der Hand hielten, sah sie verstohlen auf die Uhr.

„Entspann dich, Süße", sagte Jens und zwinkerte ihr zu. „Wir haben noch massig Zeit. Außerdem kommt kein Mensch pünktlich zu einer Party. Das ist total uncool."

Susann war froh, dass Jens wieder besser drauf war. Sie sah zu Michael hinüber. Er drückte gerade Doro, die sich hier eindeutig unwohl fühlte und ihren Aperol hastig hinuntergekippt hatte, ein volles Glas Rotwein in die Hand. Dann flüsterte er ihr etwas ins Ohr und sie antwortete mit zustimmendem Lächeln. Michael stand auf und ging Richtung Tresen.

Susann blickte ihm nach. Er war viel zu edel gekleidet: grauer Dreiteiler und schwarzes Hemd, die Weste aufgeknöpft. Dennoch bewegte er sich in diesem Szene-Milieu so lässig, als ob er jeden Tag hier verkehrte. Vor allem sein Gang fiel ihr auf: bestimmte, gleichmäßige Schritte, energisch, aber nicht kraftstrotzend. Er zwängte sich nicht durch die Menge, sondern tippte nur leise auf eine Schulter oder berührte einen Arm. Wie selbstverständlich machte man ihm Platz.

Nach ein paar Minuten kam er mit zwei großen Tellern zurück. Er schien das halbe Antipasti-Buffet abgeräumt zu haben und steuerte auf Susann zu. „Ich weiche nicht eher von deiner Seite, bis du dich drei Mal bedient hast."

„Dann werde ich wohl nur zweimal nehmen." Unwillkürlich schoss ihr die Röte ins Gesicht. Immer noch.

Michael zog eine Augenbraue hoch und sie lud sich langsam eine Aprikose im Speckmantel und einen Crevettenspieß auf eine Serviette.

„War es schlimm zu Hause?"

Michaels Blick war kummervoll: „Ich bin von der Anklagebank keine Sekunde lang runtergekommen."

„Ich wünsche dir einen Freispruch auf ganzer Linie!", flüsterte Susann ihm verschwörerisch zu.

Michael lächelte, wandte sich dann mit einer leichten Drehung den anderen zu und verteilte die Vorspeisen. Dabei streifte er immer wieder leicht ihren Arm.

Um Viertel nach acht gingen sie schließlich hinüber ins Schlumper-Atelier. Heute waren alle Kleinstateliers zur Bühne hin geöffnet und wie Seitenkapellen gestaltet. Auf den meisten Arbeitsbänken waren jeweils drei Bilder als Triptychon aufgebaut. Auch die Leinwand an der Bühne war dreigeteilt und bildete einen aufgeklappten, überdimensionierten Flügelaltar. An die Wände waren die Glaswände der Berliner Gedächtniskirche projiziert. Das kräftige Blau gab dem Raum eine feierliche Würde.

Auf der Bühne trafen Techniker und Bandmitglieder die letzten Vorbereitungen. Susann widerstand der Versuchung, allzu auffällig zu Mirjam hinüberzusehen.

„Das sieht richtig gut aus hier, professionell mit einfachsten Mitteln.“ Michael war unbemerkt von hinten an Susann herangetreten. „Und die Gedächtniskirche – war das Mirjams Idee?“

„Ehrlich, ich habe keine Ahnung. Aber in der Kirche sind Mirjam und ich getauft worden. ‘Hugenottinnen mit preußischem Weihwasser’ hat unser Vater immer gesagt. Naja, mein Preußentum kann ich heute gut gebrauchen. Ich bin nämlich trotz Aperol immer noch wahnsinnig aufgeregt.“

Michael strich ihr sanft über die Schulter. „Wenn du willst, helfe ich dir ein bisschen mit hanseatischer Kühle. Obwohl, garantieren würde ich dafür nicht.“

Sie wurden von der Ansage des Leiters von Barner 16 unterbrochen. „Guten Abend. Sicher sind Sie nicht gekommen, um lange Reden zu hören. Deshalb von mir aus an dieser Stelle nur: Herzlich willkommen und Bühne frei für *Soul Unlimited*!“

Damit ging das Licht im gesamten Atelier aus und nur die Leinwandinstallation war noch zu sehen. Felix, der Drummer, gab den Takt auf den Timbales vor. Mit jedem zweiten Takt löste ein Doppeltusch auf der Bassdrum einen Lichtkegel aus und tauchte ein Bandmitglied nach dem anderen in leuchtendes Blau. Der Keyboarder sagte dazu die Namen an. Als die Reihe an ihm war, wurde er mit hellem Weiß bestrahlt. „Soul lebt nicht von vielen, sondern von klaren Worten und von starken Stimmen. Deshalb spielen wir zuerst *Son of a preacher man*. Unsere Hommage an Dusty Springfield und Tina Turner.“

Es war unglaublich. *Soul Unlimited* gelang nicht nur ein durch und durch professioneller Auftritt. Sie hatten sich offensichtlich auch darauf spezialisiert, Stimmen zu imitieren.

Und es war niemand anders als Mirjam, ihre Schwester Mirjam, die Tina Turner in einer Weise nachahmte, als wäre sie deren und nicht Susanns Zwillingsschwester. Susann kamen die Tränen, aber sie drängte sie zurück. Als der Applaus einsetzte, pfiff sie dreimal in voller Lautstärke und hielt beide Daumen hoch. Mirjam sah in ihre Richtung. Ob sie Susann erkennen konnte, war nicht klar.

„Na, den Pfiff hast du aber nicht im Konfirmandenunterricht gelernt." Michael rieb sich das Ohr. „Ist sicher gut, dass deine Schwester sich für eine musikalische Karriere entschieden hat und nicht du."

Susann boxte ihm in die Seite. Sie war ihm unglaublich dankbar für die Ablenkung.

Es folgte ein abwechslungsreiches Programm. Ältere und neuere Songs waren gekonnt gemischt. Amy Winehouse neben Aretha Franklin, Rihanna und James Brown folgten auf Stevie Wonder. Einige Zuschauer begannen zu tanzen.

Die meisten der Songs wurden kurz von John, dem Keyboarder, anmoderiert. Jedes Bandmitglied hatte sich darüber hinaus ein Stück ausgesucht, das es selber einführte.

Susann war gespannt, welches Lied Mirjam ansagen würde. Kurz nach halb zehn kündigte ihre Schwester im weißen Lichtkegel ihren Song an: „Als Letzte aus unserer Band möchte ich euch den von mir ausgesuchten Titel vorstellen. Das Lied wurde vor über einhundert Jahren von Horatio Spafford geschrieben. Spafford war ein moderner Hiob. Beim großen Brand von Chicago verlor er fast sein gesamtes Vermögen. Zwei Jahre später wollte seine Familie Urlaub in Europa machen. Horatio war kurzfristig durch Geschäfte verhindert, seine Frau und seine vier Töchter reisten ohne ihn mit dem Schiff. Das Schiff geriet in Seenot und fast alle Passagiere kamen um, so auch Spaffords Töchter. Er erhielt die Nachricht durch ein Telegramm seiner Frau, das mit den Worten *Saved alone* begann. Diese Worte inspirierten Spafford zu dem Song *It is well with my soul.* Wir haben dieses Stück a cappella einstudiert. Ich denke bei diesem Stück an meine Schwester Susann."

Susann hatte das Lied noch nie gehört. Es war typisch amerikanisch. Man konnte es sich in jedem Megagottesdienst vorstellen, gesungen von einem Chor in Hunderterstärke. Aber die Kraft der einfachen Bilder übermittelte sich vielleicht noch besser über Mirjams schwebenden Sopran.

Sie spürte Michaels Blick und merkte, wie sie den Kampf mit ihren Gefühlen zu verlieren begann. Es war alles zu viel.

Michael nahm sie zögerlich in den Arm. Vorsichtig lehnte sie sich an ihn. Ein paar der umstehenden Gäste, die sie kannten, sahen zu ihr hin und lächelten ihr zu.

Das Lied berührte Susann zutiefst – vor allem, weil und wie Mirjam es sang. In ihrem Rollstuhl verkörperte sie die Schönheit des Refrains: *It is well with my soul.*

Als der letzte Ton verklungen war, trat zunächst vollständige Stille ein. Dann donnerte der Applaus los. Die Zuschauer klatschten, stampften und johlten.

Susann hatte sich Michael ganz zugewandt. Vorsichtig fasste er mit seiner Hand in ihren Nacken und drückte sie an sich. Als sie spürte, dass ihr die Tränen kamen, versuchte sie mit einer Drehung ihres Kopfes zu verhindern, dass ihr hellblauer Lidschatten sein Hemd ruinierte. Als wenn er ihre Absicht geahnt hätte, erhöhte er leicht den Druck. „Keine Sorge, in Klein Borstel haben wir sogar eine Reinigungsannahme."

Dann ertönte wieder Mirjams Stimme. „Wir haben dieses Lied bei einem Wettbewerb eingesandt. Es ging dabei um die Begleitung der *Wise Guys* bei ihrer nächsten Tournee. Gestern haben wir die Nachricht erhalten: Wir sind tatsächlich ins Vorprogramm der *Wise Guys* aufgenommen!"

Susann löste sich aus Michaels Umarmung: „Das ist ja großartig! Bei den *Wise Guys*! Ich fasse es nicht! Meine Schwester! Meine kleine Schwester!"

Sie kämpfte sich vor zur Bühne und schlang die Arme um Mirjam, als hätten sie sich seit Monaten nicht gesehen. „Ich bin unglaublich stolz auf dich, Mirjam! Das war ein wundervolles Konzert! Danke, dass du bei dem Lied an mich gedacht hast."

Mirjam erwiderte nichts. Ihre Arme konnten den Druck von Susann nicht erwidern. Sie war sichtlich erschöpft.

„Soll ich dich nach Hause bringen?", fragte Susann besorgt.

„Das wäre bestimmt vernünftig", gab Mirjam zu und versuchte, sich im Rollstuhl aufzurichten. „Aber wir fünf wollen noch etwas unter uns feiern. Du bist mir doch nicht böse?"

„Nein, überhaupt nicht." Susann zwinkerte ihr zu. „Dann feiert mal schön. Das habt ihr euch verdient. Wenn ihr mit den *Wise Guys* auftreten wollt, habt ihr ja bald ein strammes Programm vor euch."

Sie drückte Mirjam noch mal fest und ging dann zu den anderen zurück. „Und jetzt?" Unternehmungslustig blickte Susann in die Runde. „Wo feiern wir weiter?"

„Seid mir nicht böse, aber ich würde gern aussteigen und dein pauschales Übernachtungsangebot annehmen, Jens", sagte Doro und gähnte demonstrativ.

„Gern, ich bin dabei. Mein Knie ist sowieso schon wieder dick von der ganzen Steherei", verkündete Jens. „Ihr beiden Hübschen müsst euch wohl ohne uns weiteramüsieren."

Susann glaubte Doro kein Wort. Jens schon. Aber eigentlich war ihr das gerade ganz egal.

50.

„Das kann nicht sein! Das ist völlig unmöglich!" Susann sprang auf. Sie wusste gar nicht, wohin mit ihrer Verzweiflung. Sie stürzte den Gang entlang und dann die Treppe hinunter ins Archiv. Bitte, lass Doro da sein, flehte sie im Stillen.

Die Tür war nicht abgeschlossen. Doro stand am Regal, einen Ordner in der Hand. Es sah alles so unglaublich normal aus. Aber nichts war mehr normal. „Jens ist tot“, stieß Susann tonlos hervor. Ihr war abwechselnd heiß und kalt. „Ich habe gerade einen Anruf aus der Schule bekommen. Sie haben ihn heute Morgen tot in seiner Wohnung gefunden.“

Aus Doros Gesicht wich alle Farbe. Ihre Schritte zu dem alten Drehstuhl vor dem Schreibtisch wirkten unsicher wie bei einer alten Frau. Vorsichtig setzte sie sich und starrte unverwandt vor sich, als wären ihre Gesichtsmuskeln gelähmt.

Susann merkte, wie ihr die Tränen übers Gesicht liefen. „Die Schulsekretärin war völlig durcheinander“, erzählte sie stockend. Jens hat sich am Freitag krankgemeldet. Verdacht auf Grippe. Als er sich Montag nicht in der Schule zurückgemeldet hat, hat sie sich Sorgen gemacht und versucht, ihn anzurufen. Heute Morgen hat die Polizei dann die Wohnungstür aufgebrochen.“ Susann brach ab und schluchzte heftig. „Er lag tot im Bett“, weinte sie. „Ich kann es nicht glauben! Jens ist tot.“

„Ich habe doch letztes Wochenende nach dem Konzert noch bei ihm übernachtet“, brachte Doro mühsam heraus. „Es ging ihm viel besser, er war voller Pläne. Und jetzt tot?! Man stirbt doch nicht an einer Grippe.“

„Nein …“, erwiderte Susann leise. Und dann sagte keine von beiden mehr etwas. Susann kam es wie eine Ewigkeit vor. Sie wischte sich die Tränen weg. „Wir müssen was tun“, sagte sie schließlich und hob hilflos die Schultern. „Irgendeiner aus seiner Familie muss verständigt worden sein. Und ich muss wissen, was passiert ist.“

Doch noch während sie es sagte, merkte sie, wie sinnlos das alles war. Sie konnten gar nichts machen. Und was immer sie in Erfahrung bringen könnten, änderte nichts am Wesentlichen: Jens war tot.

Ganz leise hörte sie Doros Stimme. Sie klang wie aus einer anderen Welt. „Nicht auch noch Jens …“

Susann ging zu ihr, kniete sich neben sie und umfasste ihre

Taille. Doros ganzer Körper war völlig verkrampft. Also hielt Susann sie einfach nur umfangen. Nach einer ganzen Weile spürte sie, wie Doro sich regte und sich dann langsam aus der Umarmung löste. „Kannst du mir einen Gefallen tun?", sagte sie mit brüchiger Stimme. „Rufst du bitte meine Hofnachbarin Else an und fragst sie, ob sie mich abholen kann? Ich halte es nicht aus, hier zu sein."

Doro war in einem schlimmen Zustand, das war nicht zu übersehen. Tröstend legte ihr Susann die Hand auf den Arm, auch wenn sie selbst keine Ahnung hatte, wie sie mit ihrer eigenen Verzweiflung fertigwerden sollte. „Das mache ich, Doro. Das mache ich", erwiderte sie in beruhigendem Ton.

Gegen Mittag, nachdem Doro von einer sehr besorgten Else abgeholt worden war, verfiel Susann in hektischen Aktionismus. Sie musste etwas, irgendetwas gegen das schreckliche Gefühl in ihrem Innern tun. Als Erstes rief sie in der Personalabteilung an und ließ sich die Telefonnummer von Jens' Schwester geben, der sie auf einer seiner Geburtstagsfeiern mal begegnet war. Auch sie schien unter Schock zu stehen und erzählte Susann, was sie wusste. Der Amtsarzt, der den Totenschein ausgestellt hatte, hatte den Todeszeitpunkt auf Sonntag 18.00 Uhr geschätzt. Fremdeinwirkung ausgeschlossen. Jens war an Herzversagen infolge einer atypischen Pneumonie gestorben.

Gleich nachdem sie aufgelegt hatte, rief Susann Dr. Makranz an, den Internisten des Evangelischen Krankenhauses Alsterdorf. Normalerweise nutzte sie ihre berufliche Position nicht dazu, um sofort einen Telefontermin zu bekommen. Aber im Moment war ihr alles egal.

Erstaunlicherweise wusste Makranz bereits von Jens' Tod. „Ich habe ihn nur ein paarmal getroffen und war immer von seinem Engagement beeindruckt", sagte er mit gedämpfter Stimme. „Das ist nicht nur für die Schule ein riesiger Verlust.

Waren Sie persönlich mit ihm befreundet, Frau Mertén, wenn ich fragen darf?"

„Ja, wir standen uns nahe und ich kannte ihn gut. Deshalb verstehe ich absolut nicht, was passiert ist. Jens hatte eine kleine Knie-OP hinter sich, aber ansonsten war er gesund. Der Amtsarzt hat Lungenentzündung als Todesursache festgestellt, wie mir seine Schwester sagte. Aber daran stirbt man doch nicht? Und er war auch nicht der Typ, der niemanden verständigt, wenn er sich sterbenskrank fühlt ..."

Der Arzt räusperte sich. „Nun ja, Pneumonie wird leider immer noch unterschätzt. Tatsächlich ist sie die dritthäufigste Todesursache. Und Herr Nord war homosexuell. Wenn er HIV-infiziert gewesen sein sollte und die sogenannte vierte Phase im Vollbild eingetreten war, dann hätte sein Körper den Bakterien, Viren oder auch Pilzen nichts mehr entgegenzusetzen gehabt. Ohne Helferzellen im Blut kann schon die kleinste Erkältung gefährlich werden, geschweige denn ein massiver Pneumokokkenangriff. Vielleicht hätte ihm selbst eine Krankenhausaufenthalt nichts mehr genützt."

„Aber Jens hat nur in festen Partnerschaften gelebt", sagte Susann fast schon ärgerlich. „Er war treuer als Sie und ich."

„Da sollten Sie lieber nur für sich sprechen, Frau Mertén. Ich denke, ich verrate Ihnen nichts Neues, wenn ich Ihnen sage, dass man über manche Dinge nicht gern redet, gerade als Homosexueller. Eine einmalige Entgleisung, vielleicht auch ein Abenteuer, das schon ein halbes Leben zurückliegt. Die Latenzphase bei Infizierten kann sich über Jahrzehnte hinziehen, ohne dass es zu wesentlichen Einschränkungen kommt. Aber wenn das Vollbild da ist, reichen eventuell schon 24 Stunden. Hohes Fieber, Schüttelfrost oder starkes Schwitzen, man legt sich ins Bett mit dem Eindruck, dass es einen ordentlich erwischt hat. Wenn aber die Erreger ins zentrale Nervensystem, ins Herz oder auch ins Gehirn eingedrungen sind, dann ist das Wettrennen mit dem Tod fast sicher verloren."

„Sie meinen, es könnte sein, dass Jens mit seinem Tod bis zum Schluss nicht gerechnet und deshalb auch niemanden angerufen hat?“

„Das ist gut möglich. Vielleicht hat er nicht einmal sehr stark gelitten. Eine ganz kurze Phase von Atemnot, vielleicht Herzrasen oder heftige Kopfschmerzen, dazu elender Husten, aber nichts, weshalb man eine gute Freundin in der Nacht aus dem Bett klingelt.“

Susann hoffte inständig, dass Dr. Makranz das nicht nur zu ihrer Beruhigung so schilderte. Als sie auflegte, war sie ihm jedenfalls irgendwie dankbar. Eigentlich war es seltsam, dass medizinische Fakten eine solche Wirkung haben konnten, obwohl sie am eigentlichen Tatbestand nichts, aber auch gar nichts änderten: Jens war tot.

Susann merkte, dass sie heute nicht allein sein konnte. Natürlich hätte sie am liebsten Michael angerufen. Aber sie wusste, dass er mit seinem eigenen Leben im Moment mehr als genug zu tun hatte. Mirjam war auch nicht greifbar, sie war auf Spiekeroog. Genau wie Felix. Und Doro war von ihrer Freundin abgeholt worden. Plötzlich hatte Susann den Eindruck, als bräche alles um sie herum in Stücke.

Sie riss sich mit aller Macht zusammen und wählte Michaels Büronummer. Wenn er da wäre, würde sie sich trauen, ihn zu fragen. Beim zweiten Klingeln ging er dran. Noch ehe er seinen Namen sagen konnte, sprach Susann gegen ihre Tränen an: „Michael, bitte komm sofort her. Ich brauche dich.“

51.

Seit drei Tagen war von Nords Account keine einzige E-Mail mehr abgeschickt worden. An sich besagte das noch nichts. Aber es war zumindest auffällig. Schließlich war Schulzeit und normalerweise arbeitete der Herr Schulleiter immer mit Abwesenheitsnotizen. Jetzt aber herrschte unerklärliche Funkstille.

Vom Zeitpunkt her könnte es durchaus passen. In der zweiten Herbsthälfte meldeten sich nicht nur in seiner Praxis zahlreiche Patienten, denen er die Diagnose schon stellen konnte, wenn er nur ihre Stimmen hörte. Dass auch in Nords Vorzeigeschule irgendwelche Grippeviren im Umlauf waren, konnte man daher als gegeben voraussetzen. Genauso wie den Umstand, dass das Immunsystem von Nord solchen Viren nichts mehr entgegenzusetzen haben würde. Genauer gesagt, Nord verfügte über gar kein Immunsystem mehr. Seine Tage waren also gezählt.

Vielleicht würde er sich noch etwas gedulden müssen, bis er die Todesnachricht schwarz auf weiß nachlesen konnte, doch deshalb musste er ja nicht untätig herumsitzen.

Entsprechend engagiert wandte er sich der letzten Kandidatin auf seiner Liste zu: Dr. Susann Mertén.

Neben ihrer ausgesprochenen Freimütigkeit beim Verfassen digitaler Nachrichten hatte sie auch ansonsten im Netz zahlreiche Spuren hinterlassen. Besonders informativ war ihr Profil bei Xing.

Für seine Zwecke schien ihm jedoch vor allem eine Spur verfolgenswert: Susann Mertén hatte eine Zwillingsschwester. Er fand Bilder von ihr, die sie im Rollstuhl zeigten – mit einem Mikrofon in der Hand. Kein besonders ästhetischer Anblick. Unkoordinierte Gliedmaßen und ein verkrampftes Lachen. Offensichtlich Spastikerin. Und angeblich Sängerin. Susann Mertén hatte sie anscheinend erst vor Kurzem nach Hamburg geholt und in der Kulturarbeit der Stiftung untergebracht. Sie schien sich extrem verantwortlich für ihre Schwester zu fühlen, die sie in den Mails vorzugsweise mit „kleine Schwester" anredete. Offensichtlich hatte die kleine Schwester sich aber seit ihrem Umzug nach Hamburg etwas emanzipiert. Jedenfalls waren die Mails zwischen den beiden viel seltener geworden. Vielleicht schätzte Mirjam Mertén die Bevormundung ihrer Schwester nicht so besonders.

Da konnte er sie gut verstehen – denn seine Achtung vor neunmalklugen Psychologen war auch nicht sonderlich ausgeprägt. Deren Arbeitsweise fußte im Wesentlichen darauf, Krankheiten durch Gespräche zu therapieren. Die dazu erforderliche Akzeptanz begann dabei meistens schon mit dem Denkfehler, eine Modewelle überhaupt als Krankheit ernst zu nehmen. Und so sammelten sich je nach Zeitgeschmack Heerscharen von Depressiven, Burn-out-Geschädigten oder Borderlinern in den Wartezimmern der Psychologen. Letztere lebten gut davon und die Zeche zahlte das ohnehin schon marode Gesundheitssystem.

Am meisten hasste er die Psychologen, die ihre rudimentären Kenntnisse auch noch für umfassende Gesellschaftsanalysen nutzten. Bei allem Respekt für ihre durchaus angenehme äußere Erscheinung gehörte Susann Mertén genau zu dieser Spezies. Es war kaum erträglich gewesen, wie sie während der unseligen Buchpräsentation mit großer Leidenschaft über gesellschaftliche Traumata doziert hatte. Richtig ereifert hatte sie sich.

Je länger er darüber nachdachte, lag genau hier der Schlüssel. Das war die Todesart, die Susann Mertén am besten gerecht wurde: Sie sollte schlicht verrückt werden. Wahnsinnig. Ihr schönes Gesicht sollte sich in eine psychotische Fratze verwandeln, ihre energische Rechthaberei in hilflose Resignation umschlagen. Nein, er würde sie nicht töten. Er würde sie um den Verstand bringen. Ein veranlasster Selbstmord – der perfekte Mord.

Es war nicht besonders schwierig, die Achillesferse in Dr. Merténs Psyche zu erkennen. Zumal ihre emotionale Stabilität durch den Tod ihrer Koautoren bereits erheblich erschüttert sein dürfte. Zwar hatte sie ein breites Netzwerk von vielfältigen Kontakten, aber – wenn man von ihrem Mailverkehr ausging – es gab nur einen Menschen, der ständig im Zentrum ihrer Gedanken stand: die Krüppelschwester.

So, wie er das Ganze sah, war die Schwester der rote Faden in Susann Merténs Lebensentscheidungen. Sie war das geheime Thema ihrer Doktorarbeit. Sie war der eigentliche Grund, warum Frau Dr. jetzt in einer Behindertenanstalt arbeitete. Und sie war wahrscheinlich auch der Grund, warum Susann Mertén das in Alsterdorf angeblich begangene Unrecht an Behinderten öffentlich anprangern wollte.

Bei so viel Idealismus waren häufig Schuldgefühle im Spiel, das wusste er. Wenn nun der rote Faden gekappt würde, am besten so, dass das lose Ende als Schuldvorwurf auf die liebe Frau Dr. zurückfiel, dann würde es interessant sein zu beobachten, was von der souveränen, lebenslustigen „großen Schwester" übrig bleiben würde.

Den Kollateralschaden bei diesem Vorhaben hielt er für vertretbar. Eine Sängerinnenkarriere zu beenden, die doch nie gelingen würde, war letztlich nichts anderes als eine Art aktiver Realitätsanpassung.

52.

Wahrscheinlich war es einfach nur bescheuert, dass sie sich dazu entschlossen hatte. Aber das Wechselbad der Gefühle, das Susann während der letzten Wochen durchgemacht hatte, hatte sie mehr und mehr in einen Dämmerzustand versetzt. Jens' Tod, seine Beerdigung. Michael, den sie in der letzten Zeit fast jeden Abend gesehen und der ihr vor zwei Tagen mitgeteilt hatte, er brauche Abstand, um seine Ehe mit Anstand zu Ende zu bringen. Dazu noch Mirjam, die ihr eigenes Leben führte und für sie gerade nicht greifbar war. Alles hatte für sie nur einen gemeinsamen Nenner: Sie selbst konnte nichts, aber auch gar nichts beeinflussen. Sie konnte Jens' Tod nicht ungeschehen machen, konnte nichts an Michaels plötzlicher Distanziertheit ändern und schon gar nicht zu Mirjam nach Spiekeroog fahren, ohne dass es wieder wie eine unerträgliche Bevormundung wirkte.

Was sie wollte und fühlte, schien bei den ihr wichtigen Fragen schlicht keine Rolle zu spielen.

Und dann war über ihren Doktorvater die Einladung gekommen: „10th International Conference on Cognitive Neuroscience (ICON X)“. Der Veranstaltungsort war Bodrum; klang nach Dänemark, lag aber in der Türkei, genauer gesagt im Südwesten der Türkei. Eigentlich aber waren ihr Thema und Ort völlig egal. Wichtig war nur, dass sie mal rauskam. Fünf Tage lang. Mit Verweis auf seine Großzügigkeit bei der Förderung von Mitarbeitern hatte Nossen die Dienstreise genehmigt. Susann hatte die Flugroute über Kos gewählt und hoffte auf ein sonniges Wochenende am Strand.

Natürlich hatte sie vorher gewusst, dass sie ihrer Grübelei nicht entkommen konnte. Ständig schweiften ihre Gedanken ab und sie dachte an Michael. Wenn er nur in seiner grundanständigen Art nicht auf die Idee kam, es noch mal mit seiner Frau versuchen zu müssen. Ihren Kummer wegen Jens verdrängte sie, so gut es ging.

Von den Vorträgen bekam sie kaum etwas mit. Immer wieder sah sie auf ihr Handy, ob Michael nicht doch angerufen hätte. Am Abend kam dann zumindest eine Mail von Mirjam:

Liebstes Schwesterherz,

es ist so herrlich hier!!! Spiekeroog ist einfach kultig. Keine mondäne Bäderkultur, wie wir beide sie von unseren Ferien auf Usedom kennen, und auch keinerlei Sylt-Ambitionen. Auf der romantischen Dorfstraße mit ihren uralten Bäumen trifft man ganz normale Menschen jeden Alters, die einen offen anschauen und freundlich grüßen. Und es gibt mehrere gemütliche Cafés, wo der obligatorische Friesentee und alles Mögliche, was man aus Sanddorn machen kann, serviert werden. Du solltest mal erleben, was Felix und die anderen anstellen, um mich selbst auf das Sofa im hintersten Winkel der Teetid zu tragen.

Am schönsten ist es, wenn wir in der alten Inselkirche singen. Sie hat eine wunderbare Akustik. Das viele Holz macht den Klang unserer Stimmen ganz weich und das passt zu unserem A-cappella-Soul, auf den wir uns jetzt voll konzentrieren. Durch unsere Proben haben wir schon jede Menge neue Fans gewonnen, und der Pastor hat uns gefragt, ob wir nicht am nächsten Sonntag im Gottesdienst singen wollen. Wollen wir natürlich!

Unsere Unterkunft, das Haus Sturmeck, ist ein wenig ab vom Schuss, aber vollkommen okay. Das Haus ist gerade erst renoviert worden – und zwar von jenem Bremer Reeder, dem wir auch unseren kostenlosen Aufenthalt hier verdanken. Hier nennt ihn keiner mit Namen. Anscheinend kauft er seit einigen Jahren systematisch Häuser auf der Insel. Das gefällt den Einheimischen überhaupt nicht und jetzt arbeitet er an seinem wohltätigen Image. Ich nehme also an, das ist der Grund für seine Großzügigkeit gegenüber Barner 16.

Liebstes Schwesterherz, sei mir nicht böse, wenn ich meinen Bericht für heute beende. Du weißt, wieviel Zeit mich das Tippen immer kostet. Vor allem aber will ich – wie jeden Nachmittag – vor Einbruch der Dunkelheit noch mal Richtung Strand fahren. Das ist zwar anstrengend, aber es gibt eine kleine Stelle am Westend, zu der ich es mit Anstrengung allein schaffe. Dort kann ich etwas vom Meer sehen. Dann denke ich daran, dass Du jetzt auch an der Küste bist. Nur ist es bei Dir wahrscheinlich bei 15 Grad wärmer. Ich erwarte Dich in unserer neuen Heimat, wenn Du braun gebrannt wieder einfliegst.

Fühl Dich fest umarmt
von Deiner Mirjam

Susann las die Mail nun schon zum dritten Mal. Es tat ihr so gut, etwas Positives zu hören. Als sie die Antwort in ihr Handy tippte, merkte sie, wie wenig das mechanische Eintippen von Buchstaben zu den Gefühlen passte, die sie gern ausgedrückt hätte.

Liebe Mirjam,
wie schön das alles klingt. Ich hätte Lust, sofort meine Koffer zu packen, um die Ägäis gegen die Nordsee einzutauschen, Dich zu sehen, noch mehr zu hören und mit Dir die Insel zu erkunden. Dafür würde ich nicht nur das langweilige Konferenzprogramm schwänzen, sondern auch den warmen Herbst hier gegen das raue Klima daheim eintauschen. Was hältst Du davon, wenn wir beide uns nach Deiner Tournee mit den Wise Guys ein paar Tage Urlaub auf Spiekeroog gönnen?

Als Susann auf „Senden" drückte, dachte sie noch: Vielleicht kommt Michael sogar mit.

53.

Eine abgelegene Nordseeinsel. Tägliche Spazierfahrten an den Strand. Ebbe und Flut.

Die Krüppelschwester machte es ihm wirklich leicht. Wieder einmal würde er den perfekten Unfall inszenieren.

Um möglichst wenig Spuren zu hinterlassen, entschied er sich, mit der Bahn zu fahren. Was er allerdings bitter bereute, als er nach achtstündiger Zugfahrt in Bremen feststellte, dass er selbst von dort aus noch dreimal umsteigen musste.

Als er schließlich in Neuharlingersiel auf die Fähre ging, war er überrascht, wie viele Menschen im Spätherbst noch auf die Insel wollten. Das halbe Schiff war voll mit Leuten im Outdoor-Outfit. Da hatte er mit seiner Moncler-Daunenjacke und der extravaganten Sonnenbrille im Le-Corbusier-Vintage-Style wohl etwas danebengegriffen.

Außer einigen Rentnerehepaaren und wenigen Familien

mit kleinen Kindern fielen vor allem ganze Schulklassen auf, die laut lärmend über den kleinen Kiosk mit seinen Wiener Würstchen herfielen.

Er hatte sich im Hotel zur Linde, dem ersten Haus der Insel, die Suite reservieren lassen. Je höher man in der Preisliste einstieg, umso seltener musste man sich in Hotels ausweisen. Zur Sicherheit hatte er seiner Leihidentität noch einen Doktor hinzugefügt und nach seiner Ankunft trug er sich als Dr. Dirk Kassing aus Hamburg in den Meldebogen des Hotels ein. Der Name hatte ihm schon damals bei Bansierski gute Dienste geleistet. Wie erwartet musste er keinerlei Papiere vorlegen.

Während der nächsten Tage kundschaftete er die Insel und die Aktivitäten der Krüppelschwester gründlich aus. Alles verlief völlig reibungslos – bei der überschaubaren Größe der Insel wunderte es niemanden, wenn man sich täglich des Öfteren begegnete. Außerdem war diese sogenannte A-cappella-Band viel zu sehr mit sich selbst beschäftigt.

Ihr Tagesablauf war klar strukturiert. Gegen 8.30 Uhr verließen die Mitglieder der Band ihr Quartier, um zur alten Inselkirche aufzubrechen. Dort sangen sie sich etwa eine Stunde ein und machten diverse Stimm- und Sprechübungen. Danach wechselten sie in das Künstlerhaus, das ebenfalls zum Immobilienimperium des Bremer Reeders gehörte, wie er in Erfahrung gebracht hatte. Dort übten sie in einem Seminarraum weiter, der vom Nachbargrundstück aus gut einsehbar war. Sie unterbrachen nur für eine kurze Mittagspause.

Um 14.30 Uhr trafen sie sich wieder in der Kirche und sangen ihre neuen Stücke durch. Die Kirche war dann für Inselgäste geöffnet. Eine gute halbe Stunde später machten sie sich auf den Rückweg zum Sturmeck. Im weiteren Verlauf sah man dann nur noch einzelne Bandmitglieder außerhalb des Gebäudes. Vor allem einen großgewachsenen Mann ohne erkennbare Behinderung, der gelegentlich vor der Tür rauchte.

Genau wie sie in ihrer Mail an Susann Mertén geschrieben

hatte, verließ auch die Krüppelschwester jeden Tag einmal allein das Haus. Mit ihrem Rollstuhl fuhr sie Richtung Strand. Sie hatte sichtlich Mühe, die vielleicht 150 Meter zu der kleinen Anhöhe zurückzulegen, von wo aus der Weg zum Strand führte. Immer wieder wedelten ihre Arme unkoordiniert durch die Luft, bevor sie die Greifreifen ihres Rollis zu fassen bekam

Die Lage des Sturmeck kam seinen Plänen sehr entgegen. Das Haus war zirka anderthalb Kilometer vom Ortskern weg und es gab nur zwei weitere Häuser in der Nähe. Luftlinie 200 Meter östlich stand ein heruntergekommenes Freizeithaus, das ein Stück vom Weg zurückgesetzt lag. Westlich in gleicher Entfernung gab es noch das Old Laramie, eine auf Wild West getrimmte Kneipe, in der hauptsächlich Jugendliche aus dem Internat von der anderen Seite der Insel verkehrten.

Der Strandabschnitt gegenüber dem Old Laramie schien ihm besonders ideal. Weil auch die Surfschule diesen Strand nutzte, war der Zugang ordentlich geteert und teilweise sogar gepflastert. Er führte über eine Dünenkuppe, sodass der Strand zunächst nicht zu sehen war. Unten angelangt, konnte man den gesamten Strandabschnitt in beide Richtungen gut überblicken.

Er besorgte sich einen Tidenkalender und glich für die kommenden Tage den Einbruch der Dunkelheit mit dem Höchststand des Wassers ab. Ab etwa 16.30 Uhr war bei bewölktem Himmel am Strand fast nichts mehr zu erkennen – und in den nächsten Tagen korrelierte diese Finsternis tatsächlich perfekt mit dem Hochwasser und dem Gezeitenkoeffizienten. Was die angesagten heftigen Winde anbelangte, so war morgen der ideale Tag für eine Umsetzung seines Vorhabens.

Wenn er davon ausging, dass er die Schwester gegen 16.45 Uhr bis zu den Waden ins Wasser schieben würde, wäre ihr Unterleib spätestens um Viertel nach fünf von Wasser umspült.

Der menschliche Körper war so konstruiert, dass er es nicht lange aushielt, wenn der Wärmehaushalt ein Defizit aufwies. Interessanterweise kühlte der Mensch dabei im Wasser ungefähr 25-mal schneller aus als an der Luft. 27 Grad warmes Wasser hatte deshalb dieselbe Wirkung wie 6 Grad kalte Luft. Die Nordsee brachte es aber nur noch auf 5 Grad.

Nach zwanzig bis vierzig Minuten würde der Kältetod eintreten. Aufgrund der körperlichen Konstitution der Krüppelschwester war der untere Wert dabei erheblich wahrscheinlicher. Zu diesem Zeitpunkt würde er schon wieder im Hotel sein, auschecken und gegen 19.00 Uhr die Insel mit der Fähre verlassen.

Bedachte er die Unwägbarkeiten, fielen ihm zwei mögliche Probleme ein.

Erstens: Vermutlich würde sie schreien und um Hilfe rufen. Trotz ihres schwächlichen Körpers hatte sie ein beachtliches Stimmvolumen. Dieses Risiko bestand hauptsächlich, solange sie in der Nähe des Hauses war. Er würde deshalb erst auftauchen, wenn sie vom Sturmeck weit genug weg war. Die Wahrscheinlichkeit, dass ihnen dann noch irgendjemand vom Strand oder vom Laramie entgegenkam, war um diese Zeit nicht besonders groß. Falls dennoch jemand unterwegs war, würde er sich als peinlich berührter Bruder ausgeben und „Verzeihen Sie, aber meine kleine Schwester ist geistig behindert" sagen. Es sollte ihn wundern, wenn trotzdem einer für sie Partei ergreifen würde. Bei der Konfrontation mit Behinderten fühlten sich die meisten Menschen schnell überfordert und wichen am liebsten jedem Konflikt aus.

Zweitens: Eventuell musste er damit rechnen, dass sie sich wehren, die Bremsen anziehen oder sich gegebenenfalls aus ihrem Rolli werfen würde. Falls sie dazu überhaupt fähig war. Er hoffte inständig, dass ihm ein solches Szenario erspart blieb.

Morgen früh würde er den Plan noch einmal genau durchgehen. Sollte er irgendwelche Schwachstellen entdecken, könnte er sein Vorhaben noch zweimal verschieben. Er glaubte allerdings nicht, dass es nötig werden würde.

54. Nein, es war keine gute Idee gewesen, sich für den Kongress anzumelden. Susann hatte keinerlei Kapazitäten, um sich auf neue Forschungsergebnisse der Neurowissenschaften und deren Folgen für Verständnis und Behandlung von psychischen Erkrankungen einzulassen. Nicht einmal aufregen konnte sie sich. Grund genug gab es dafür. Denn wenn man einem Teil der neuen Hirnforschungsfundamentalisten glauben wollte, dann würden sich die kompliziertesten psychischen Erkrankungen statt durch langwierige Gesprächstherapien schon bald durch antrainierte neue Verschaltungen im Gehirn oder durch die Verabreichung von Botenstoffen heilen lassen. Früher hätten sie solche Ansichten in Rage gebracht. Doch offensichtlich funktionierten ihre eigenen Verschaltungen im Gehirn momentan nicht wie gewohnt.

Dann hatte Susann es mit Bodrum versucht. Kultur statt Konferenz. Die Stadtführung, die zum Kongressprogramm gehörte, wurde von einem Archäologie-Professor aus Istanbul geleitet. Der kam aus dem Schwärmen gar nicht mehr heraus: Bodrum, das antike Halikarnassos, wo einst eines der sieben Weltwunder der Antike stand: das prachtvolle Grabmal des Perserkönigs Mausolos. Nur die Johanniter kamen nicht gut weg, die das Bauwerk zerstört und aus den Resten ihr monströses Kastell errichtet hatten.

Susann nahm nichts davon in sich auf. Wahrscheinlich würde sie hinterher nicht einmal mehr wissen, woher der Name Mausoleum überhaupt kam. Überhaupt waren Mausoleen das Letzte, womit sie sich beschäftigen wollte. Mit Ulf und Jens war ihr der Tod schon viel zu nah gekommen. Nach dem Ende der Führung war sie noch drei Stunden die endlosen Buchten entlanggelaufen. Ohne etwas von der Schönheit der Insel zu sehen. Aber immerhin war sie müde, als sie nach Einbruch der Dunkelheit in ihr Hotelzimmer zurückkehrte.

Sie war gerade auf dem Weg unter die Dusche, als das Handy klingelte. Eine Nummer aus Deutschland, aber die

Vorwahl löste bei ihr nichts aus: 04976. Wahrscheinlich hatte sich jemand verwählt. Sie ging nicht dran.

Zwei Minuten später klingelte es erneut. Dieselbe Vorwahl. Diesmal sprach der Anrufer auf die Mailbox. Neugierig geworden hörte Susann die Nachricht ab. Sie stammte von Felix. Sein bemüht gelassener Ton beunruhigte sie mindestens so sehr wie der Inhalt der Nachricht: „Hallo, Susann, hier Felix. Bitte meld dich mal bei mir. Es geht um Mirjam. Keine Sorge, es ist alles in Ordnung mit ihr. Trotzdem, ruf sie bitte nicht selbst an, sondern erst mich. Am besten über Festnetz: 04976-329. Bis später. Felix."

Überaus kryptisch, dachte Susann und verspürte jäh einen scharfen Schmerz am linken Zeigefinger. Sie hatte den Nagel bis aufs Nagelbett abgekaut. Seit ihrer Promotion hatte sie das nicht mehr getan. Beim Eingeben der Nummer vertippte sie sich dreimal, denn ihr schossen alle möglichen Horrorszenarien durch den Kopf. Irgendetwas Ernstes musste passiert sein, sonst hätte sich Felix nicht bei ihr gemeldet.

„Verdammt, geh endlich ran, Felix", fluchte sie nach dem fünften Klingeln vor sich hin. Endlich nahm er ab.

„Hallo, Susann, gut dass du zurückrufst. Passt es dir jetzt gerade? Mirjam hat erzählt, dass du auf Konferenzreise bist."

Susann stand kurz vorm Platzen. „Verdammt, Felix, lass den Smalltalk. Was ist mit Mirjam?"

„Im Moment schläft sie. Es geht ihr gut, sie ist unverletzt."

„Wieso unverletzt? Hatte sie einen Unfall oder so was?"

Sie hörte, wie Felix tief durchatmete. „Also, Susann, am besten setzt du dich irgendwohin und hörst mir kurz zu, ohne mich zu unterbrechen. Denn ich bin selbst noch ziemlich durch den Wind."

Susann schluckte und ließ sich dann in Unterwäsche aufs Bett sinken. „Okay, ich sitze jetzt", sagte sie leise.

„Irgendein durchgeknallter Typ hat Mirjam in eine lebensgefährliche Situation gebracht. Er hat sie abgefangen, als sie nach unseren Proben noch kurz eine Spazierfahrt zu einem Strandaufgang nicht weit von unserer Unterbringung gemacht hat. Keiner kann sich erklären, warum jemand so was macht, aber er hat sie mit ihrem Rolli in die auflaufende Flut geschoben und ist dann abgehauen."

Mechanisch wiederholte Susann Felix' Worte: „Hat sie in die Flut geschoben und ist dann abgehauen?"

„Ja, Susann, wir kapieren auch nicht, was da genau passiert ist. Zum Glück haben wir sie relativ schnell gefunden. Als sie nicht zum Abendessen gekommen ist, habe ich in ihrem Zimmer nachgesehen. Und da sie dort nicht war, habe ich sofort den Inselpolizisten verständigt. Glaub mir, ich war noch nie im Leben so froh, dass wir für solche Fälle feste Vorschriften haben. Egal, der Polizist hat überhaupt nichts beschwichtigt. 'Die größte Gefahr auf der Insel ist immer noch das Meer', hat er gesagt und dann Suchtrupps zu den Stellen geschickt, die er für besonders gefährlich hält. Wir sollten den nahen Strandabschnitt am 'Westend' absuchen. Da haben wir sie dann gefunden. Ihr Rolli war schon bis zur Sitzfläche unterspült."

„Aber sie muss pitschnass gewesen sein?" Susann wunderte sich selbst, dass ihre Stimme jetzt ganz ruhig klang.

„Nein. Irgendwie hat sie es geschafft, sich auf die Rückenlehne ihres Rollis zu setzen und ihre Daunenjacke unter ihren Po zu bekommen. Ihre Stiefel waren bis zu den Knöcheln im Wasser, aber sie sind dicht geblieben. Es war echt gefährlich, aber es ist zum Glück alles gut gegangen. Ich habe sie dann aus dem Wasser getragen und sofort ins Warme gebracht."

„Hat sie Erfrierungen erlitten?", hörte Susann sich fragen. Es war, als sei sie von Milchglas umgeben – als könnte nichts mehr wirklich zu ihr durchdringen.

„Nein. Der Inselarzt hat sie sofort untersucht. Er konnte nichts feststellen. Mirjam ist auch zu jeder Zeit ansprechbar gewesen und war ganz klar."

Mirjam geht es gut. Es ist alles gut. Es ist nicht wie bei Jens und Ulf ... Mantraartig wiederholte Susann die drei Sätze in ihrem Kopf. Sie wollte jetzt nur noch bei Mirjam sein und verfluchte ihre idiotische Reise zum Kongress. Andererseits hätte sie auch von Hamburg aus Stunden bis nach Spiekeroog gebraucht. Susann versuchte irgendeinen klaren Gedanken zu fassen. „Danke, Felix", stieß sie schließlich hervor. „Ich glaube, du hast alles genau richtig gemacht. Ich bin dir wirklich dankbar. Danke."

Es rauschte und dann erklang am anderen Ende ein tiefes Seufzen. „Was meinst du erst, wie froh ich bin, dass wir rechtzeitig da waren. Aber eigentlich hat deine unglaubliche Schwester sich selbst gerettet. Weißt du, wie wir auf sie aufmerksam geworden sind, als wir zum Strand kamen?"

„Sie hat um Hilfe gerufen?"

„Nein, sie hat gesungen. Laut und kräftig. Ihre Stimme trug weit über das Wasser. *I will survive.*

Susann traten Tränen in die Augen. Sie wusste, wie wichtig dieser Song für Mirjam war. Denn Gloria Gaynors Lied war nicht nur die Kulthymne der Schwulenszene. Für viele Künstler war es auch das Bekenntnis für die Überwindung psychischer Probleme durch gelebte Kreativität. Und offensichtlich half es nicht nur bei psychischen Problemen.

55.

Natürlich war sie am Abend nicht mehr aus Bodrum weggekommen. Mit dem Ende der Hauptsaison waren es ohnehin nur noch wenige Maschinen, die von hier aus starteten, alle mit der Destination Istanbul. Susann sicherte sich einen Platz in der Nachmittagsmaschine des folgenden Tages. Wenn alles normal lief, würde sie in Istanbul den Anschlussflug nach Hamburg noch erreichen.

„Wir sind gerade Partner der Lufthansa geworden", klärte sie die freundliche Dame von Turkish Airlines auf. „Gehen

Sie davon aus, dass Sie noch am selben Abend in Hamburg sein werden."

Davon ging sie inzwischen nicht mehr aus. Als sie mit leichter Verspätung am Flughafen Atatürk ankam, war der Flieger nach Hamburg schon weg. Ironischerweise wurde ihr die untypische Pünktlichkeit mit einem bevorstehenden Streik erklärt. Der war dann das Einzige, was während der folgenden vierundzwanzig Stunden pünktlich war.

Susann nahm sich ein Zimmer in einem Hotel nahe des Flughafens und nutzte die Zeit zum Telefonieren. Vermutlich würde sie die kommenden Monate allein für die Rückzahlung der Roaming-Gebühren arbeiten gehen. Allein zweimal hatte sie über eine Stunde mit Mirjam gesprochen. Dann hatte sie den Inselpolizisten erreicht, der sich allerdings am Telefon sehr zugeknöpft gegeben hatte. Die Gespräche mit Mirjam hatten sie nochmals aufgewühlt. Das war ein klarer Mordversuch gewesen. Dieser Typ hatte sie umbringen wollen. Wenn Mirjam es nicht geschafft hätte, sich mit der Trippelfunktion ihres Rollis einige Meter aus dem Wasser wieder rauszuschieben und sich dann auf die abgeklappte Rückenlehne zu hieven, wäre Felix wahrscheinlich zu spät gekommen.

Nach weiteren Telefonaten mit Doro und Felix legte sich Susann erschöpft aufs Bett. Doch sie fand keine Ruhe, sie hielt ihre eigene Ohnmacht nicht aus. Schließlich setzte sie sich wieder auf und wählte die Nummer, die sie in den letzten Tagen hundertfach hatte wählen wollen.

„Berner", hörte sie seine klare Stimme.

Für einen Moment überlegte Susann, ob sie einfach wieder auflegen sollte. Aber allein sein Name machte das unmöglich. „Michael, hier ist Susann. Ich weiß, wir hatten es anders verabredet. Aber ich brauche deine Hilfe."

„Ach, unsere Verabredung oder ehrlicherweise meine Verabredung. Von der ich ohnehin nicht weiß, was sie wert ist, wenn ich trotzdem dauernd an dich denken muss."

Susann spürte, wie sich ein Gefühl von Wärme in ihr ausbreitete. „Gut zu wissen, dass ich mit dem Problem nicht allein bin. Aber jetzt geht es um etwas anderes. Ich sitze wegen eines Streiks in Istanbul fest und mache mir furchtbare Sorgen um Mirjam. Damit ich nicht durchdrehe, brauche ich deine professionelle Einschätzung."

„Was ist denn los?"

„Mirjam ist zur Zeit auf Spiekeroog. Dort ist sie gestern während eines Spaziergangs in Strandnähe von einem Fremden abgefangen worden. Er hat unentwegt auf sie eingeredet und sie dann gegen ihren Willen zum Strand runtergeschoben. Dort hat er den Rolli relativ weit ins Wasser gefahren und sie dann stehen gelassen."

„Waren denn keine anderen Menschen in der Nähe?"

„Es war schon fast dunkel und dieser Strandabschnitt ist wohl um diese Jahreszeit ohnehin nicht besonders frequentiert. Zum Glück haben Felix und die übrigen Bandmitglieder beim Abendessen Mirjams Fehlen bemerkt, sofort die Polizei verständigt und sind selbst auch auf die Suche gegangen. Sie haben sie gefunden, kurz bevor alles zu spät war."

Susann konnte am anderen Ende ein leichtes Kratzgeräusch wahrnehmen. Vermutlich schrieb Michael mit.

„Das ist ja ungeheuerlich", murmelte er dann. „Wurde der Täter schon gefasst?"

„Nein, und das ist einer der Gründe, weshalb ich mir Sorgen mache. Mirjam konnte zwar seine Kleidung beschreiben und besonders seine auffällige Sonnenbrille, die er trotz Dunkelheit trug, aber bisher ist es nicht gelungen, ihn zu fassen. Die Vorstellung, dass dieser Typ aus welchem Grund auch immer hinter Mirjam her sein könnte, macht mich wahnsinnig. Ab morgen ist sie wieder allein in ihrer Wohnung in Hamburg, während ich hier festsitze und türkischen Mokka trinken muss."

„Hat Mirjam irgendeine Freundin, bei der sie die nächsten Tage wohnen kann? Die nach ihr sieht?"

„Ich glaube, ihre Bandkollegin Anna könnte das übernehmen. Sie ist blind, aber sehr tough. Doch das eigentliche Problem ist, dass Mirjam jegliche Schutzmaßnahme und auch jede Form der Unterstützung ablehnt. Meine eingeschlossen. Sie meint, dass sie sich von diesem Typ nicht auf der besten Strecke ihres Lebens ausbremsen lässt. Ich habe sogar schon überlegt, ob ich heimlich irgendeinen Privatdetektiv als Aufpasser hinter ihr her schicken soll. Aber es ist nicht nur, dass mir das einfach fremd ist. Mirjam würde mir das auch nie verzeihen, wenn sie es rausbekommen würde. Freiheit und Leben sind für sie im Augenblick Synonyme."

Am anderen Ende der Leitung herrschte Schweigen.

Susann hörte weder Michael noch das Schaben seines Bleistifts. Sie wollte gerade nachfragen, ob er noch da war, als er unvermittelt das Wort ergriff:

„Susann, du gehst jetzt in die Hotelbar und trinkst statt einem Mokka einen dieser unaussprechlichen Rotweine aus Kappadokien", befahl er ihr mit einer Ruhe und Klarheit, die sich sofort auf sie übertrug. „Ich mache inzwischen ein paar Anrufe und fordere das Vernehmungsprotokoll aus Spiekeroog an. Wenn sich irgendetwas ergibt, melde ich mich sofort bei dir. Und wenn du etwas tun willst, dann finde unauffällig heraus, was deine Schwester in den nächsten Tagen in Hamburg vorhat. Und noch was, Susann, verlass dich auf mich. Es war gut, dass du mich angerufen hast."

Wieder hatte Susann kein anderes Wort zur Verfügung als „Danke". Aber diesmal verband es sich mit dem Gefühl von Zuversicht. Beim zweiten Glas *Kalecik Karasi* hatte sie endgültig das Thema gefunden, mit dem sie sich für einige Stunden von der Sorge um Mirjam ablenken konnte.

56. Jetzt war sie längst tot. Tod durch Erfrieren galt als sanfter Tod. Reanimierte hatten berichtet, dass es schlussendlich eher wie ein Schlaf war, den man sich herbeisehnte. Noch eine Viertelstunde und die Zivilisation wäre wieder ein Stück näher. Er hatte sich bereits ein Taxi an das Terminalgebäude bestellt. Wenn alles nach Plan verlief, würde er in Sande in den Zug steigen und noch vor 23.00 Uhr in Bremen sein. Sollte es eng werden, könnte er sich auch nach Oldenburg fahren lassen.

Kurz vor der Ankunft der Fähre begab er sich aufs Unterdeck, von dem aus die Gangway an Land geschoben werden würde. In dem kleinen Wartebereich standen schon zwei Dutzend Menschen, denen die Erholung nicht mehr anzusehen war. Die Luft wurde allmählich dünner und die beiden Besatzungsmitglieder reckten die Hälse, als suchten sie jemanden.

Als die Gangway befestigt war, lief der erste Passagier schnellen Schrittes die leichte Steigung herab. Gerade als er an Land gehen wollte, hielt ihn ein Crewmitglied an. Sie schienen sich zu kennen, denn sie wechselten ein paar Worte und gaben sich kurz die Hand. Dann ging der Mann weiter.

Sonderbarerweise blieb das kein Einzelfall. Auch die folgenden Passagiere wurden wechselweise von rechts oder links von einem Crewmitglied verabschiedet. Was sollte das?

An Bord entstand allmählich Unruhe, denn die Abfertigung ging viel zu langsam voran. Auch ihm wurden die Ostfriesen durch diese Aktion keineswegs sympathischer. War es denkbar, dass sie nach jemand bestimmtem suchten? Nach ihm vielleicht? Eigentlich war das unmöglich.

Als Vorsichtsmaßnahme hatte er seine Daunenjacke vor der Abfahrt auf links gewendet und trug nun die leuchtend grüne Innenseite außen. Jetzt zog er so unauffällig wie möglich den Siegelring vom Finger und ließ ihn in die Hosentasche gleiten. Er hatte nicht vor, sich wegen irgendwelcher Spontankontrollen an der Rückkehr in zivilisiertere Gefilde hindern zu lassen. Entsprechend verschaffte er sich in seinem unmittelbaren Umfeld Gehör: „Entschuldigen Sie bitte", sagte er auf Deutsch, aber mit einer schwedischen Satzmelodie und Intonation, die jeder IKEA-Reklame Ehre gemacht hätte, „könnten Sie mich eventuell vorlassen? Ich erreiche sonst mein Flugzeug nach Stockholm nicht rechtzeitig."

Sofort bildete sich ein kleiner Korridor des Verständnisses, gesäumt von sympathisierendem Lächeln der Mitreisenden. Auf diese Weise arbeitete er sich zur Gangway vor und erneuerte seinen Spruch, als er auf die beiden Crewmitglieder zuging. „Verzeihung. Aber ich muss mein Flugzeug nach Stockholm erreichen. Mein Taxi wartet schon."

„Sie sind Schwede?", schlussfolgerte der tumbe Ostfriese zu seiner Linken messerscharf. Er nickte nur, woraufhin ihm sogar der obligatorische Handschlag erlassen wurde.

Während er sich im Taxi durch die Dunkelheit chauffieren ließ, freute er sich auf die vor ihm liegenden Tage. Der Regen prasselte gegen die Windschutzscheibe. Vielleicht konnte er sich schon morgen bei einem kontinentalen Frühstück an der sprachlichen Kreativität der norddeutschen Gazetten weiden, die vom mysteriösen Tod einer Rollstuhlfahrerin berichten würden. Er war gespannt auf die Reaktion der schönen Schwester.

Vom Zug aus buchte er sein Hotel in Bremen. Er entschied sich für das Park Hotel. Es hatte so einen herrlich morbiden Charme. Als die Dame an der Rezeption ihn nach seinem Namen fragte, zögerte er kurz. Doch die Zeit des Versteckspiels war endgültig vorbei. Die Beschmutzung seines Namens würde schon bald für immer der Vergangenheit angehören.

„Friedrich Kahlenbaum", sagte er stolz. Sein Blick glitt über die Teichanlage vor dem Entree. Es war ganz windstill und die Wasseroberfläche lag wie eine Decke über allem, was sich darunter befand.

„Angenehmen Aufenthalt" wünschte der Empfangschef mit professionell-freundlichem Lächeln, das er gern erwiderte.

57. „Guten Morgen, Susann, bist du schon wieder am Flughafen?"

Susann war hin und her gerissen zwischen ihrem Ärger über das Chaos am Flughafen und der Freude über Michaels Anruf. „So viel Zeit hast du nicht, Michael, dass ich dir erkläre, wie Streik auf Türkisch geht", stöhnte sie. „Was ein Bummelstreik ist, kapiert man erst, wenn man das hier miterlebt. Die inländischen Passagiere sind völlig tiefenentspannt – im Gegensatz zum Rest von uns. Ich habe sogar schon überlegt, ob ich auf den Zug umsteige. Aber über Beograd, Budapest und Wien bin ich auch Tage unterwegs. Es ist zum Verzweifeln. Und wie sieht es bei dir aus?"

„Ich bin gestern Abend schon ein Stück weitergekommen. Nachdem ich erst überlegt hatte, den offiziellen Weg zu gehen, habe ich dann doch den Inselpolizisten persönlich angerufen. Ein ziemlich ausgeschlafener Typ. Neben seinem schriftlichen Bericht hat er mir detailliert sein Vorgehen geschildert und auch seine Einschätzung mitgeteilt."

Susann stand auf, um mit dem Handy am Ohr einen ruhigeren Ort zu suchen. Hoffnungslos, wenn sie nicht die überfüllte Halle verlassen und damit ihr Gepäck dem vollen Risiko aussetzen wollte. Sie konnte nur verstehen, dass Michael etwas von einem möglicherweise psychisch kranken Mann sagte, von dem aber zur Zeit jede Spur fehlte. „Es besteht also immer noch Gefahr für Mirjam?", unterbrach sie ihn, um etwas gegen ihre aufsteigende Unruhe zu unternehmen.

Für ihren Geschmack ließ Michaels Antwort zu lange warten. „Bisher geht die Staatsanwaltschaft Leer nicht unbedingt davon aus, dass der Mann es speziell auf Mirjam abgesehen hatte. Aber es ist auch nicht ganz auszuschließen, ja."

Hinter Susann ging die Doppelsirene zweier Geschwister an und übertönte jedes weitere Wort. Aber sie wusste ohnehin nicht, was sie sagen sollte. Nicht ganz auszuschließen? Was bedeutete das?

„Susann, du bist kaum zu verstehen mit dem Lärm im Hintergrund. Lass uns später telefonieren, wenn du wieder hier bist. Doro wollte dich gerne abholen."

Gleich sagt er noch: Alles wird gut! – dachte Susann. Um jeder weiteren Zwangsberuhigung zu entgehen, bat sie Michael: „Besorg uns einen Tisch für heute Abend. Und pass auf Mirjam auf."

„Geht klar", antwortete Michael. Als sie aufgelegt hatte, fiel ihr auf, wie wenig die Ausdrucksweise zu ihm passte.

58.

Noch eine weitere Nacht war Kahlenbaum in Bremen geblieben. Am ersten Tag durchforstete er beim Frühstück genüsslich die Regionalpresse. Er brannte darauf, die entsprechende Schlagzeile zu lesen. Dass es nirgends erwähnt wurde, schob er zunächst auf die ostfriesische Langsamkeit. Auch in Radio Ostfriesland hatten sie noch nichts gebracht. Immer wieder klickte er sich durchs Netz, um irgendetwas zu finden. Selbst der Mail-Account von Susann Mertén enthielt nichts Verwertbares.

Wenn das Schweigen ermittlungstaktische Gründe hatte, konnte er noch tagelang in Bremen schmoren. Als letzten Versuch rief er beim „Inselboten", dem Lokalblatt auf Spiekeroog an. Er gab sich bei der Ein-Mann-Redaktion als Kollege vom „Weserkurier" aus. Der Inselbote wusste aber auch nichts. Oder durfte nichts wissen. Kurzentschlossen nahm er den ICE nach Hamburg.

Die Auflösung des Rätsels ließ nur bis zum frühen Nachmittag auf sich warten. Er hatte in der alten Villa noch kurz die Heizung hochgestellt, bevor er den Account von Susann Mertén checkte.

„Verdammt", zischte er. Eigentlich war es völlig unmöglich, dass sie noch lebte.

Seine Hand verkrampfte sich beim Lesen immer mehr:

Liebstes Schwesterherz,

das wirklich Wichtigste zuerst: Mir geht es gut – immer noch! Und wie ich dir schon am Telefon versichert habe: Du musst dir keine Sorgen um mich machen und womöglich ein Flugzeug entführen, damit du mir schnellstmöglich Händchen halten kannst. Von meinem kleinen Zwangsabenteuer ist nichts weiter zurückgeblieben als eine fette Erkältung und eine totale Rückenverspannung, für die ich mir übermorgen schon einen Termin bei Theravitalis habe geben lassen. Und nachdem ich es der ganzen Nordsee erklärt habe, sage ich es dir auch noch mal: „I will survive."

Inzwischen sind wir wieder in Hamburg und ich in meiner Wohnung in der Peterstraße. Den Abbruch unserer Probenreise finde ich total überzogen. Dass der gestörte Typ es speziell auf mich abgesehen haben soll, hält auch die Polizei für unwahrscheinlich. Ich war wohl einfach zur falschen Zeit am falschen Ort. Egal, an diesem Punkt war mit Felix nicht zu verhandeln, und hätte ich ihn nicht eben rausgeschmissen, wäre er vermutlich die Nacht über hiergeblieben. Dabei hätte gerade Felix allen Grund gehabt, auf der Insel zu bleiben. Der Inselpolizist hat ihn ins Herz geschlossen und abends noch ein Trinkgelage veranstaltet. Felix wurde ordentlich unter den Tisch gesoffen und hat den ganzen folgenden Tag nur vor sich hin gestöhnt.

Jetzt habe ich endlich Ruhe, wenn man sie mir lässt, und kuriere vor allem meine Erkältung aus. Wenn sie dich doch noch aus der Türkei rauslassen, dann freue ich mich auf eine Einladung ins türkische Restaurant.

Sei umarmt von deiner Schwester *Mirjam*

Es knackte. Er blickte auf seine linke Hand und sah kleine rote Tropfen auf dem Mousepad. Er hatte tatsächlich die Maus zerquetscht. Ein abgebrochenes Stück Hartplastik hatte sich in seinen Handballen gebohrt. Schmerz spürte er nicht.

Aber Zorn. Zorn, dass diese kleine Spastikerin, dieser Krüppel es irgendwie doch geschafft hatte. Dass sie lebte, dass sie ihn ungestraft gestört nennen konnte. Vermutlich hatte sie nur irgendein glücklicher Zufall gerettet.

Eins stand aber fest: Der nächste Versuch würde weitaus schwieriger werden. Die Krüppelschwester und ihr überbesorgter Zwilling waren jetzt bestimmt auf der Hut. Und es war durchaus möglich, dass Mirjam Mertén ihn wiedererkannte.

Aber es war keine Option, so kurz vor dem Ziel aufzugeben. Aus der Mail war deutlich herauszuhören, wie sehr Susann Mertén bereits aus der Bahn geworfen war. Er musste es nur noch zu Ende bringen. Vielleicht konnte er sich die Anonymität der Stadt zunutze machen? Er würde ein Bewegungsprofil von Mirjam anlegen. Wann war sie wo mit wem unterwegs? Gab es potenzielle Gefahrenstellen, die sie regelmäßig bewältigen musste? Durch die Mail kannte er bereits die Straße, in der sie wohnte: Peterstraße. Außerdem wusste er, dass sie übermorgen einen Termin hatte, vermutlich bei einer Physiotherapeutin. Vielleicht ließ sich da irgendwo ansetzen.

59.

In Gesichtern zu lesen war nicht seine Stärke. Es verwirrte ihn immer wieder. Vor allem, wenn Andreas keine Verbindung erkannte – zwischen dem, was Menschen sagten, und dem Ausdruck ihrer Gesichter. Im Training hatte man ihm anhand von Fotografien Hunderte von Emotionen nähergebracht: Wie sah Wut aus? Wie Angst? Wie Freude oder Begeisterung?

Er hatte es zu lernen versucht wie Vokabeln. Aber er kam immer wieder durcheinander. Das war schon in der Schule so gewesen. Seine Lehrer erkundigten sich sorgenvoll nach ihm, ihre Augen aber strahlten Gleichgültigkeit aus. Oder er meinte, in ihren Gesichtszügen Mitleid zu erkennen, doch sie sprachen davon, dass sie ihn als Partner sahen.

Das war vielleicht auch einer der Gründe, warum er sich in Susanns Nähe so wohlfühlte. Zwischen ihrer Mimik und dem, was sie sagte, bestand kein Unterschied. Und wenn er sie fragend ansah, merkte sie sofort, dass sie sich ihm erklären musste. Ohne Überheblichkeit, ohne Besserwisserei. Sie verunsicherte ihn nicht, wie andere es oft taten. Und er kannte auch Susanns Grenzen. Hin und wieder hatte er den Eindruck, dass sie Zusammenhänge nicht so schnell begriff. Gerade jetzt.

Natürlich war ihm klar, dass er bestimmte Verbindungen besser und vor allem schneller verstand als die meisten anderen Menschen. Daher rührte vielleicht seine große Liebe zur Mathematik. Zahlen waren so eindeutig. Eine Eins war eine Eins, gleichgültig, wer sie nutzte und in welchem Land mit ihr gerechnet wurde. Zahlen waren nicht tiefgründig, sie hatten keine zweite Botschaft, nichts, was man entschlüsseln musste. Das Gleiche galt, wenn man eine Zahl mit einer anderen in Beziehung setzte. Die Beziehung musste man nicht deuten, nicht umständlich erklären. Man musste die eindeutige Beziehung nur ausführen. Man addierte, man subtrahierte, man zog Wurzeln oder bildete Potenzen. Und am Ende stand wieder ein Ergebnis, klar, nachvollziehbar, verlässlich und eindeutig.

Es war diese Einfachheit und Klarheit, die ihn schon immer fasziniert hatte. Sein Mathematiklehrer am Gymnasium hatte ihnen die Schönheit der Mathematik wieder und wieder durch Gedanken von Galilei nahebringen wollen: Die Natur sei in der Sprache der Mathematik geschrieben oder die Mathematik sei das Alphabet, mit dem Gott die Welt geschrieben habe. Aber das war Unsinn. Die Welt war mindestens genauso in Buchstaben geschrieben und die Natur in Farben, Bildern und Beziehungen. Und diese zu begreifen war oft viel wichtiger, als die Logik der Zahlen zu beherrschen.

Vielleicht verstand das kaum jemand besser als er: Er hatte mit lauter Bestnoten in Mathematik, Physik und Naturwissenschaften nach der 10. Klasse von der Schule abgehen müssen, weil ihm die Welt der Beziehungen, der Gefühle, der Sprache, der Interpretationen letztlich verschlossen geblieben war.

Er wusste, dass sie beide existierten, beide wichtig waren, die Sprache der Zahlen und die Sprache der Buchstaben. Aber er brachte sie nicht zusammen. Nicht so, dass andere ihn verstanden. Auch jetzt nicht. Warum sah Susann das Offensichtliche nicht? Er hatte sie schon ein paarmal gewarnt, dass irgendetwas nicht stimmte. Durch den sonderbaren Angriff auf Mirjam war der Tod noch dichter an sie herangerückt. Die ganze Stiftung sprach von nichts anderem als dem Anschlag. Aber offensichtlich waren alle gleichermaßen blind. Drei Menschen schreiben ein Buch. Zwei davon sterben innerhalb eines Jahres plötzlich und unerwartet. Der eine 58 Jahre alt, der andere 44. Warum spürte sie nicht, dass das ganz und gar nicht wahrscheinlich sein konnte?

Es war doch offensichtlich: Berechnete man den Mittelwert der Mortalitätswahrscheinlichkeiten für Dr. Raith und Jens, lag nach dem, was er aus der Mortalitätskurve des statistischen Bundesamtes ablesen konnte, die Wahrscheinlichkeit bei etwa 0,5 Prozent. Über den ungefähren Wert kam er nicht hinaus, da die Grafik im Netz schlecht skaliert war. Aber auch so war der Wert aufschlussreich genug.

Hinzu kam, dass beide einige Gemeinsamkeiten hatten. Sie arbeiteten bei der Stiftung und hatten in der unmittelbaren Vergangenheit zusammen an einem Projekt gearbeitet – eben jenem Buch über die Zeit des Nationalsozialismus in Alsterdorf. Und beide hatten vor ihrem Tod Kontakt mit einem oder mehreren Schweden gehabt.

Andreas wusste, dass Wahrscheinlichkeitsrechnung keine exakte Beweisführung war. Dafür fehlten ihm schlicht statistische Angaben. Und es gelang ihm nicht herauszufinden, wie oft ein Deutscher durchschnittlich Kontakt mit einem Schweden hatte. Aber Wahrscheinlichkeitsrechnung war auch alles andere als Spekulation. Wenn man zum Beispiel davon ausging, dass ein Deutscher vielleicht an zehn Tagen im Jahr unmittelbaren Kontakt mit einem oder mehreren Schweden hatte, dann läge die Wahrscheinlichkeit aufs Jahr gerechnet an jedem einzelnen Tag bei 2,74 Prozent.

Wollte man entsprechend einen Wert berechnen, der angab, wie hoch die Wahrscheinlichkeit war, dass ein Mensch in der Altersspanne von 44 bis 58 Jahren (A) in unmittelbarem zeitlichen Zusammenhang zu seinem Tod mit einem Schweden zusammen war (B), reichte eine einfache Rechnung aus, die Andreas im Kopf anstellte: A x B, also 0,005 x 0,0274 = 0,000137. Rein interessehalber rechnete er noch einmal die Wahrscheinlichkeit durch, dass unter gleichen Voraussetzungen auch noch eine dritte Person sterben würde. Selbst wenn er vernachlässigte, dass Susann den Altersdurchschnitt und damit die Mortalitätswahrscheinlichkeit senken würde, ergab sich ein unglaublich geringer Wert: 0,000001 Prozent. Irgendwo in diesem Bereich lag auch die Wahrscheinlichkeit, dass man den Jackpot beim Lotto knackte.

Aber jetzt ging es nicht um einen Lottogewinn, sondern um eine real drohende Gefahr. Andreas merkte, dass er unruhig wurde. Er musste Susann überzeugen. Mithilfe dieser Zahlen würde ihm das nicht gelingen. Susann verstand die Sprache der Zahlen nicht. Sie hatte ihm mal erzählt, dass sie im Studium fast an einem Statistikschein gescheitert wäre. Er überlegte, auf wen sie hören würde. Dann schrieb Andreas seine Berechnung mit allen Annahmen und Ergebnissen säuberlich auf zwei Bögen Papier. Die wichtigsten Zahlen unterstrich er rot. Danach stand er auf und ging hinunter zu Doro.

60.

Die Villa machte ihn melancholisch und der Zeitfaktor erdrückte ihn fast. Bis zum 10. Dezember waren es nur noch fünf Tage. Natürlich spielte das Datum an sich keine Rolle. Aber entziehen konnte er sich auch nicht. Es war das Datum ihres Umzugs gewesen. Bis dahin musste hier alles abgeschlossen sein. Er hatte sich vorgenommen, an diesem Tag das Grab seines Vaters zu besuchen. Ihm seinen besonderen Dank abzustatten. Für den kommenden Freitag hatte er deshalb die Schlüsselübergabe vereinbart. Sein Vater hatte recht gehabt: „Wir haben in Hamburg keine Heimat mehr. Verkauf das Haus und kappe die Verbindung nach Deutschland."

Lange hatte er sich gegen diese Einsicht gewehrt. Er hatte gehofft, vielleicht doch noch zurückzukehren. Es waren gute Jahre in Hamburg gewesen. Die unbeschwerte Mutter, die ihn mit viel Liebe erzogen hatte. Der Vater, dessen Insichgekehrtsein er erst Jahre später verstanden hatte. Die Erfolge einer zukunftsoffenen Kindheit: nach der Grundschule das Johanneum, der Klavierunterricht, die Kantorei, der Ruderverein.

Sein Heimweh war mit dem Wunsch verbunden gewesen, die Fäden, deren lose Enden sich in den folgenden Jahrzehnten verloren hatten, neu aufzunehmen. Sein Elternhaus hatte Vater damals verkauft, viel zu schnell und zu günstig. Er selbst hatte davon geträumt, die alte Villa seiner Großtante eines Tages wieder bewohnen zu können, den alten Steinway-Flügel zu restaurieren und bei offenen Terrassentüren selbst zu spielen. Genau wie damals am Abend vor dem 10. Dezember 1968 glaubte er, die fernen Geräusche des Hafens zu hören. Die Möbel in Alsterdorf waren gepackt gewesen und sie hatten die letzte Nacht in Hamburg bei der Großtante zugebracht. In dem Haus, das jahrzehntelang das Zuhause seiner Sehnsucht gewesen war.

Natürlich war das alles nur eine Illusion gewesen. Sein Vater hatte es lange vor ihm begriffen. Inmitten aller Rechthaberei, aller Niedertracht vermeintlicher Vergangenheitsbewältigung wäre kein Platz mehr gewesen für ihn. Die Konsequenz aus dieser Erkenntnis würde ihn um 1,4 Millionen reicher machen. Der Makler hatte ihn ermutigt, nicht das erstbeste Angebot anzunehmen. Aber um Geld ging es ihm schon lange nicht mehr, es ging um ein Versprechen. Das würde er halten.

61.

Wie immer betrat Andreas den Raum, ohne nach dem Klopfen eine Antwort abzuwarten. Es war überhaupt nicht seine normale Zeit und statt der üblichen Ordner hielt er zwei Din-A4-Blätter in der Hand. Fast sah es aus, als wolle er eine Rede halten.

Doro legte den Stift hin, wendete sich ihm zu und rollte auf ihrem alten Drehstuhl ein Stück näher an ihn heran. Sie fragte sich, ob ihm bewusst war, dass er die Kapuze seines Hoodies tief in die Stirn gezogen hatte. Was ihn ziemlich finster wirken ließ. Andreas reichte ihr die zwei Blätter: „Hier!“

Doro blickte auf die Aufzeichnungen, die die Überschrift *Wahrscheinlichkeitsberechnung* trugen. Sie hatte noch nie Handgeschriebenes von Andreas gesehen. Es waren zwei mit Bleistift eng beschriebene Seiten. Die Zahlen, wahrscheinlich Berechnungen, bildeten dichte Ziffergruppen. Und die in Druckbuchstaben geschriebenen Textpassagen wirkten fast so, als wären sie mit der Maschine geschrieben. Die Wörter und auch die Buchstaben selbst hatten, wie es schien, stets exakt den gleichen Abstand.

„Warum hast du das nicht mit dem Computer geschrieben?“, fragte Doro vorsichtig.

Andreas sah sie mit seinem starren Blick an. „Weil man Persönliches und ganz Wichtiges nicht mit dem Computer schreibt, sondern von Hand.“

Doro las die erste Zeile. *Ist es wahrscheinlich, dass Dr. Ulf Raith (58) und Jens Nord (44) im Juli und Oktober 2008 jeweils zufällig gestorben sind?*

Sie verspürte jähe Übelkeit und blickte zur Beruhigung auf die vertrauten Regale und Ordner. Worauf ließ sie sich ein, wenn sie jetzt weiterlas? Nicht nur Andreas in seinem Kapuzenpulli, seine ganz eigene Welt erschien ihr mit einem Mal irgendwie bedrohlich. Sie hatte sich erst in den letzten Tagen wieder einigermaßen berappelt und war froh gewesen, dass Else in Diahren stets für sie dagewesen war. Jetzt riss sie sich mit aller Macht zusammen und sah Andreas an. „Kann ich das überhaupt verstehen?“, fragte sie recht schroff.

„Da gibt es nichts misszuverstehen.“

Mit leichtem Widerwillen schaute Doro erneut auf die beiden Blätter. Auch die einzelnen Textteile waren mit Überschriften versehen. Die Überschrift von Abschnitt eins lautete: *Grundannahmen und außer Acht gelassene Fakten.* Es folgten acht mit Spiegelstrichen markierte Unterpunkte. Dann kamen zwei weitere, durchnummerierte Abschnitte: *Konsolidierte Mortalitätswahrscheinlichkeit* und *Begegnungswahrscheinlichkeit zwischen Deutschen und Schweden.* Der vierte Abschnitt hieß *Zusammenführende Wahrscheinlichkeitsrechnung*. Ganz am Ende war das Fazit zu lesen: *Es ist völlig unwahrscheinlich, dass die Tode von Dr. Ulf Raith und Jens Nord Zufälle ohne kausalen Zusammenhang sind.*

Doro blinzelte. Andreas war es offensichtlich vollkommen ernst. Etwas anderes war bei ihm auch kaum denkbar. Sollte sie versuchen, den Inhalt der beiden Seiten selbst zu begreifen? Zwecklos, angesichts der vielen Zahlen verschwamm ihr schon jetzt alles vor den Augen.

„Andreas, tut mir leid, aber ich brauche deine Hilfe. Ich bin nicht so schnell im Rechnen wie du. Aber mich beunruhigt, was du da geschrieben hast. Was meinst du mit Zufall? Natürlich ist es kein Zufall, wenn einer bei einem Unfall stirbt und ein anderer an einer aggressiven Lungenentzündung.“

Andreas schüttelte unruhig den Kopf. „Nein, das meine ich nicht. Ich meine, dass es völlig unwahrscheinlich ist, dass zwischen dem Tod von Dr. Raith und dem Tod von Jens kein Zusammenhang besteht. Ganz im Gegenteil – aller Wahrscheinlichkeit nach gibt es eine gemeinsame Kausalität.“

Doros Nacken versteifte sich. Sie legte den Kopf schief, bewegte ihn leicht nach rechts und nach links, aber es änderte nichts an der Verkrampfung. „Willst du damit sagen, dass etwas Bestimmtes mit dem Tod der beiden zu tun hat?“

„Genau genommen kann ich nur sagen: Es ist völlig unwahrscheinlich, dass zwei Menschen in kurzer zeitlicher Abfolge sterben, die durch mehrere Merkmale miteinander verbunden sind, *ohne* dass es einen Zusammenhang gibt."

„Ist es für deine Annahme wichtig, dass ich deine Berechnungen verstehe?"

Andreas runzelte die Stirn. „Natürlich. Wie willst du das Fazit verstehen, wenn du die Berechnungen gedanklich nicht nachvollziehst?"

„Nun, das ist mir leider nicht möglich. Aber ich glaube dir und deinen Berechnungen."

„Das ist nicht dasselbe."

„Das stimmt." Nachdenklich strich Doro über die breiten Rippen ihrer Cordhose. „Dennoch ist es, wie ich sage. Ohne es komplett verstehen zu können, denke ich, dass du recht haben könntest. Vielleicht gibt es einen Zusammenhang, den ich nicht verstehe. Den du aber siehst." Sie überlegte einen Moment, wie sie fortfahren könnte. „Du hast vorhin gesagt, wenn du etwas ganz Persönliches ausdrücken willst oder dir etwas besonders wichtig ist, dann schreibst du es mit der Hand. Was ist dir besonders wichtig?"

„Ich habe Angst um Susann", erwiderte Andreas wie aus der Pistole geschossen. „Ich habe Angst, dass sie auch sterben könnte. Durch die gleiche Ursache."

„Sprichst du etwa von Mord?"

Andreas nickte. „Es gibt ein gemeinsames Muster hinter dem Tod von Dr. Raith und Jens. Und wenn ich mich nicht täusche, ist jetzt Susann in Gefahr."

„Warum bist du dann nicht zu ihr gegangen?"

„Das habe ich doch versucht. Als sie die Einladung nach Schweden erhalten hat."

„Die was …?"

„Ja, Jens hatte eine Einladung zu einer Konferenz nach Schweden erhalten. Und die hat er an Susann weitergeleitet."

„Aber dann ist es ja keine richtige Einladung für Susann."

„Nein, aber es hat funktioniert. Sie wollte dorthin. Nach Jens' plötzlichem Tod habe ich sie gewarnt, dass sie nicht nach Schweden fahren soll. Ich habe ihr gesagt, dass es irgendeine Kohärenz gibt, die ich selbst nicht verstehe. Aber sie hat mich nur angeschrien: 'Glaubst du etwa, ich fahre ohne Jens noch nach Stockholm?!' Dabei hatte sie einen ganz seltsamen Gesichtsausdruck, den ich nicht deuten konnte."

Doro konnte sich die Szene lebhaft vorstellen. Vermutlich hatten beide aneinander vorbeikommuniziert, wie es Andreas schon tausendfach passiert war, aber eben nie oder selten bei Susann. „Jetzt könntest du ihr aber doch deine Berechnungen vorlegen, oder? Vielleicht war es damals einfach zu früh."

Andreas zog sich den zweiten Stuhl heran und setzte sich neben Doro. Er wirkte erschöpft. „Im Moment scheint sie in der Türkei festzusitzen."

„Woher weißt du *das* denn?", fragte Doro überrascht. „Hat sie dich auch angerufen?"

Sie sah, wie Andreas das Blut in den Kopf stieg. Er wurde knallrot und sein Unterkiefer begann zu zittern.

„Das sage ich nicht", murmelte er kaum hörbar.

„Du sagst es nicht? Weil du Susann schützen willst?", bohrte Doro nach. Allmählich kapierte sie gar nichts mehr.

Andreas wand sich auf seinem Stuhl hin und her, als versuchte er eine Schlange zu imitieren. Dann wurde er plötzlich ganz starr. „Ich lese den Mailverkehr von Susann", stieß er hervor. „Sie weiß das. Ich räume regelmäßig ihre Festplatte auf und ordne ihre Dateien. Besonders wenn sie auf Dienstreise ist. Heute Morgen habe ich in ihren Account geschaut. Nicht weil ich die Absicht hatte aufzuräumen, sondern weil ich nach dem Muster suche."

„Dem Muster?"

„Dem Muster, das hinter allem steht. Ich habe eine Mail von ihrer Schwester Mirjam gelesen. Und in der Stiftung wird ja sowieso über nichts anderes mehr geredet als über diesen Mann, der sie ins Wasser geschoben hat. Aber ich verstehe das nicht. Es ist ganz und gar nicht logisch."

Andreas schüttelte sich so heftig, als wollte er etwas von sich abschütteln.

„Was ist nicht logisch?", fragte Doro so ruhig wie möglich. Offenbar war Andreas ziemlich außer sich.

„Es durchbricht das Muster. Der Anschlag auf Mirjam passt nicht zum Muster. Ich muss herausfinden, warum sie angegriffen wurde und nicht Susann. Also muss ich mit Mirjam sprechen. Aber ich fürchte, das ist Susann nicht recht. Und ich will nicht, dass Susann wieder wütend auf mich wird."

Andreas' Kinnpartie zitterte, als bekäme sie leichte Stromstöße.

Doro nickte nachdenklich und eine Zeit lang schwiegen sie beide. Dann griff sich Doro einen Zettel von ihrem Schreibtisch und schrieb ihre Nummer auf. „Andreas, wir lassen Susann jetzt erst mal ganz in Ruhe und ich bitte Mirjam, sich bei dir zu melden, einverstanden? Hier ist meine Handynummer. Ruf mich an, falls dir noch irgendetwas anderes klar wird. Das ist wichtig."

War da etwas wie ein Lächeln auf Andreas' Gesicht zu erkennen? Doro war sich nicht sicher. Sie nahm seine Berechnungen, faltete die beiden Bögen zusammen und steckte sie in Ulfs alte Aktenmappe.

Andreas erhob sich und ging zur Tür.

„Andreas?", rief sie ihm hinterher. Er blieb abrupt stehen und wandte sich um. „Was willst du in dem Gespräch mit Mirjam eigentlich herausfinden?"

Wieder antwortete er, ohne eine Sekunde zu überlegen: „Ob sie in letzter Zeit Kontakt nach Schweden hatte oder einem Schweden begegnet ist."

62. Warum bloß war sie so durcheinander? Lag es daran, dass sie Andreas' These und seine Befürchtungen tatsächlich nachvollziehen konnte? Oder spiegelte ihr innerer Zustand nur das Durcheinander der Fakten, die nicht zueinanderpassten?

Doro fuhr sich mit der Hand durch ihre wirren Locken. Das alles ergab keinen Sinn. Warum sollte irgendjemand erst Ulf und dann Jens umbringen? Ein Unfall mit Fahrerflucht in Schweden, eine plötzlich auftretende tödliche Erkrankung in Hamburg – wie um Himmels willen sollte das miteinander in Verbindung stehen? Aber wenn es einen Zusammenhang gab und da auch Susann mit hineingehörte, warum war dann Mirjam und nicht ihr etwas zugestoßen? Oder war der Angriff auf sie vielleicht nur ein Zufall, der nichts mit den beiden anderen Todesfällen zu tun hatte?

Keine Frage, sie mochte Andreas. Aber Andreas war auch ein ganz besonderer Mensch. Seine für sie nicht nachvollziehbaren Berechnungen warfen noch weitere Fragen auf. Was sollte diese Sache mit dem Schwedenkontakt? Dass Ulf in Schweden gewesen war, war aus ihrer Sicht völlig unverdächtig. Natürlich war er dabei auch Schweden begegnet. Sie wusste es nicht mehr genau, aber ihrer Erinnerung nach war Ulf in den letzten zehn Jahren mindestens fünf- oder sechsmal ins Haus seiner Schwester gefahren, um dort ungestört zu arbeiten. Und Jens' Kontakt zu dem schwedischen Arzt? Auch daran war nichts Besonderes. Selbst wenn es ihr fremd war, wie Menschen heute ihre gemeinsamen Interessen über Internetkontakte auslebten. Es hätte doch genauso gut ein Tankwart aus Italien sein können, mit dem Jens auf Korsika gewandert war.

Hell is empty and all the devils are here. Sie wusste, warum ihr dieser Satz gerade jetzt in den Sinn kam. Das allererste Mal hatte sie ihn gelesen, als sie zu Beginn ihres Studiums im Seminar Shakespeares *Sturm* analysiert hatten. Jahrzehnte später war er ihr wieder eingefallen, als es auch am fünften

Tag nach ihrem Verschwinden noch immer keine Spur von Lara gab. Doro hatte geglaubt, dass sie wahnsinnig werden müsste. Es kam ihr vor, als wären alle Teufel, die man sich nur denken konnte, aus der Hölle entwichen, um das Wichtigste zu zerstören, was sie hatte. Aber wie so oft, hatte sie bei Shakespeare mit der Zeit einen tieferen Sinn entdeckt: Die Hölle ist leer. Es gibt keine Hölle. Vielleicht müssen wir uns hier mit dem Bösem herumschlagen, das wir nicht verstehen. Aber es gibt keine ewige Hölle. Daran hatte sie sich damals geklammert, als die Antworten ausblieben.

War sie jetzt an einem ähnlichen Punkt? War sie deshalb so durcheinander? Weil möglicherweise schon zum zweiten Mal ein schreckliches Verbrechen in ihr Leben getreten war?

Doro wusste, dass nichts und niemand sie je wieder so aus der Bahn werfen würde wie Laras Verschwinden. Selbst wenn sich die vermeintliche Fahrerflucht als kaltblütiger Mord herausstellen sollte und auch Jens' Tod ein Verbrechen wäre. Dennoch hatte sie das Gefühl, dass sie sich neu sortieren musste. Weiterarbeiten konnte sie jetzt nicht mehr. Also packte sie ihre Sachen zusammen. Eigentlich war es noch viel zu früh, um Feierabend zu machen.

Als sie aus der Tür nach draußen trat, traf sie der eisige Wind mit voller Wucht. Ihr Blick blieb an der Wolkenformation über ihr hängen, die sie nicht zu deuten wusste. Von den Temperaturen her könnte es vielleicht sogar den ersten Schnee geben. Sie würde den Kamin anmachen. Ulf hatte im Frühjahr die zwei alten Boxen aus seiner Studentenbude im Wintergarten aufgestellt und an seine Stereoanlage angeschlossen. Normalerweise brauchte sie keine Musik, wenn sie in den alten Hof sehen konnte. Aber heute würde sie Tschaikowski hören. Mit ihm teilte sie so vieles: nicht nur die Liebe zu Shakespeare und die völlige Ablehnung von Wagner. Mit seiner Hilfe würde sie vielleicht wieder eine Partitur, eine Ordnung in das Durcheinander ihrer Gedanken und

Gefühle bekommen. Wie damals, als sie immer wieder sein Opus 18 gehört hatte: *Der Sturm.*

Sie hatte den Parkplatz des Alsterdorfer Markts noch nicht ganz verlassen, als ihr Handy klingelte. Doro brauchte eine Weile, bis sie es aus der alten Aktenmappe herausgefischt hatte. Im Display sah sie *Michael Berner – Büro*. Doro drückte auf *Annehmen*, fuhr rechts ran und stellte den Motor ab.

63.

„Hallo Doro, Michael hier, störe ich dich gerade?“ Doro warf einen Blick in den Rückspiegel. Vermutlich war sie es, die mit ihrem großstadtfeindlichen Parkstil störte. Aber, obwohl halb vier eine beliebte Einkaufszeit war, hinter ihr hatte sich glücklicherweise noch keine Autoschlange gebildet.

„Nein, Michael, du störst nicht. Ich hätte mich sowieso spätestens morgen bei dir gemeldet. Mir geht nämlich ziemlich viel im Kopf herum und einiges davon würde ich gern mit dir besprechen. Nur wollte ich diese Gedanken zu Hause erst mal etwas vorsortieren.“

„Na, das deckt sich dann ungefähr mit dem Grund meines Anrufs. Nur ist meine Gedankenunordnung vermutlich etwas anders gelagert. Du weißt, dass Susann mich wegen ihrer Schwester angerufen hat?“

„Mhh“, stimmte Doro zu, „wir haben gestern miteinander telefoniert.“

„Mein Problem ist, dass ich momentan nicht so klar denken kann, wie ich es von mir selbst gewohnt bin. Ich versuche realistisch einzuschätzen, ob Mirjam noch immer in Gefahr sein könnte. Doch eigentlich denke ich die ganze Zeit nur an Susann, und dass ich gern bei ihr wäre, um ihr beizustehen. Und dann denke ich, ich nehme dadurch unbewusst oder eben auch mit Vorsatz die Entscheidung vorweg, die ich nicht überhastet treffen wollte. Morgen haben Nicole und ich einen Termin beim Mediator als letzten Versuch, unsere Eheprobleme in den Griff zu bekommen. Aber eigentlich will ich am liebsten sofort zu Susann fliegen."

Noch nie hatte Doro Michael in solchem Zustand erlebt. Wer hätte gedacht, dass sie ihm gegenüber mal den Part der klaren Vernunft spielen müsste. „Ich weiß nicht, ob ich dir in der Hinsicht weiterhelfen kann", sagte sie zögerlich. „Du und Susann, ihr habt ordentliche Hypotheken aus der Vergangenheit, du eine Frau und eine Tochter, Susann eine schwierige Familiensituation. Andererseits ist es ...", sie suchte nach dem richtigen Wort, „regelrecht anrührend, euch zusammen zu sehen. Aber ganz ehrlich: Ich fürchte, ich bin keine gute Ratgeberin, denn ich bin häufig mit zu viel Bauchgefühl und zu wenig Ratio bei der Sache. Doch vielleicht muss man Gefühlsdinge genau so betrachten. Was allerdings die mögliche Sorge um Mirjam betrifft, würde ich gern etwas zu deinen Überlegungen beisteuern. Ich hatte nämlich eben ein Gespräch mit Andreas, das ist der Grund für *meine* Gedankenverwirrung. Susann hat dir sicher schon von ihm erzählt."

„Ihr Computerseelsorger?"

„Ja, unter anderem." Doro musste die Hand wechseln, weil sie allmählich so kalt geworden war, wie es draußen sein musste. „Aber jetzt habe ich noch ein anderes – ganz banales – Problem: Wenn wir unser Gespräch am Telefon fortsetzen, bin ich vermutlich bald erfroren. Ich sitze nämlich im Auto und der Motor ist aus."

„Na, dann mach ich dir einen Vorschlag. Ich setz uns einen Tee auf und du machst den Motor wieder an und kommst schnell zu mir ins Büro gebraust. Bei dem Verkehr brauchst du eine halbe Stunde, in der ich noch mal kurz versuchen werde, ein bisschen was für mein Gehalt zu tun."

Doro willigte ein. Sie lenkte ihr Auto jedoch zurück auf den Parkplatz, stellte es dort ab und fuhr lieber mit der U-Bahn bis zum Stephansplatz. Sie brauchte die Zeit, um sich zu sammeln.

Doro ging denselben Weg wie früher am Wallgraben entlang. Tatsächlich fing es zu schneien an. Über Planten un Blomen legte sich eine dünne Schneeschicht. Nach einer halben Stunde betrat sie wie verabredet die Staatsanwaltschaft am Gorch-Fock-Wall. Wie man zu Michaels Büro gelangte, wusste sie nur zu gut.

Als sie sich bei der Sekretärin meldete, öffnete Michael im makellosen grauen Dreiteiler sofort seine Bürotür und winkte sie herein. Bis auf einen neuen Bildschirm konnte Doro keine Veränderung in dem Büro erkennen, das seine Einrichtung dem Geschmack der Vorgänger aus den fünfziger Jahren verdankte. Noch weitere zehn Jahre, dachte sie, und der Denkmalschutz wird auch die Abnutzungsspuren an den massiven Nussbaummöbeln unter Ensembleschutz stellen.

Doro setzte sich auf den Besucherstuhl gegenüber dem Schreibtisch. „Soll ich anfangen, Michael?"

Michael nickte, lehnte sich in seinem Stuhl zurück und führte den Zeigefinger seiner rechten Hand an seine schmalen Lippen. Die tiefen Augenringe waren nicht zu übersehen, aber zumindest in seinen Gesten war er ihr ganz vertraut.

Doro legte ihm die zwei Blätter auf den Schreibtisch, die ihr Andreas mitgegeben hatte. „Diese Berechnungen habe ich von Andreas. Ich kapiere zwar nicht, was da drin steht, aber er sieht einen Zusammenhang zwischen dem Tod von Ulf und Jens und glaubt, dass möglicherweise auch Susann in Gefahr ist. Der Anschlag auf Mirjam passt für ihn zwar nicht in sein Muster, doch er hält es für durchaus denkbar, dass Mirjam nicht einfach einem Wahnsinnigen in die Hände fiel."

Während Doro erzählte, nahm sich Michael einen Block vor und notierte mit seinem Bleistift einige Stichwörter, die er mit Linien verband.

Als Doro fertig war, legte er den Stift auf eine unsichtbare Gerade unterhalb seiner Aufzeichnungen. Dann faltete er umständlich die zwei Blätter auf und ging sie Zeile für Zeile durch. Doro beobachtete ihn, wie er mit Zeigefinger und Daumen den Sitz der Brille leicht korrigierte, um dann mit dem Mittelfinger die Falten auf seiner Stirn langsam nachzuzeichnen. Die präzisen Bewegungen waren ihr so vertraut. Schließlich blickte er hoch und sah sie an. „Ich gebe zu, was Andreas da ausgerechnet hat, verstehe ich nicht ganz. Aber es sieht sehr logisch aus."

Doro nickte erleichtert.

„Das Unbefriedigende ist nur, dass mein normales Handwerkszeug hier nicht ausreicht. Denn für einen Anfangsverdacht wirft diese Berechnung nichts ab. Um staatsanwaltschaftlich tätig zu werden, muss es einen eindeutigen Straftatbestand geben. Der liegt zwar vor, sogar in doppelter Hinsicht: Dein Mann ist Opfer eines Unfalls mit Fahrerflucht geworden. Und an Mirjam ist fraglos ein Gewaltverbrechen verübt worden. Aber wir haben keine Zuständigkeit: In dem einen Fall suchen die schwedischen Kollegen nach einem alkoholisierten Autofahrer und in dem anderen die Staatsanwaltschaft Leer nach einem vermutlich geistig verwirrten Mann, der Susanns Schwester ins Wasser geschoben hat. Bisher gibt es also aus juristischer Sicht keinen Anlass, von irgendeinem Zusammenhang auszugehen."

„Ich weiß, Michael. Und erst recht gibt es keinen nachvollziehbaren Zusammenhang zwischen Jens' Tod und einer möglichen Gefahr für Susann."

„Genau das macht die Situation unter Umständen besonders gefährlich. Vielleicht könnten wir zumindest für Mirjam Personenschutz bekommen. Allerdings ist selbst da die Begründung noch so wenig stichhaltig, dass ich möglicherweise schon beim Antrag Probleme hätte."

Mit der linken Hand fuhr sich Michael in einer langsamen Bewegung über den Kopf, was sein dichtes braunes Haar jedoch kein bisschen durcheinanderbrachte. Jegliche Unordnung an ihm war schlichtweg undenkbar. Umso erstaunlicher war der Aufruhr seiner Gefühle, den er Doro vorhin am Telefon gebeichtet hatte. „Sagst du mir noch mal, was Andreas als Nächstes tun wollte?“, fragte er jetzt nach.

„Er meinte, er würde Mirjam gern danach fragen, ob sie in letzter Zeit Kontakt zu jemandem aus Schweden gehabt hat.“

„Das wäre in der Tat eine Spur. Wenn Andreas' Theorie stimmt, müsste folgerichtig auch beim Anschlag auf Mirjam der Kontakt zu Schweden eine Rolle spielen.“

Michael blätterte in dem Block mit seinen Notizen einige Seiten nach vorne und schob ihn Doro hin. „Zwei Dinge sollten wir klären, um zu beweisen, dass an Andreas' Berechnung etwas dran ist.“ Er zeigte auf die erste Grafik. „Wenn es einen Zusammenhang zwischen Ulfs und Jens' Tod gibt, was ist dann das logische Bindeglied zu Mirjam? Warum kommt auf einmal sie ins Spiel? Welches Interesse könnte derjenige, der möglicherweise für den Tod von Jens und Ulf verantwortlich ist, daran haben, auch Mirjam umzubringen?“

Doro wurde es abwechselnd heiß und kalt. „Es ist zwar absolut irrwitzig, aber es könnte einen Sinn ergeben, wenn Andreas recht hat mit seiner Einschätzung, dass eigentlich Susann die Gefährdete ist. Du weißt, was Mirjam für Susann bedeutet. Wir beide haben an dem Abend des Konzerts erlebt, wie nah sie ihr steht. Susann liebt ihre Schwester über alles. Und vor allem: Sie glaubt immer wieder, vollständig für sie verantwortlich zu sein. Sie hat sie von Berlin nach Hamburg geholt, gegen den Willen des Vaters. Die beiden sind mehr als nur Zwillinge, die aneinander hängen.“

Michael nickte. Dann verengten sich seine Augen. „Willst du damit etwa sagen, wenn jemand Susann etwas antun wollte, dann am besten, indem er Mirjam attackiert? Das wäre absolut perfide.“

Mit einer schnellen Handbewegung zog er eine Schublade seines Schreibtischs auf und holte ein Schriftstück hervor. Hastig blätterte er darin herum, bis er eine bestimmte Stelle gefunden hatte. Dann klopfte er mit dem Zeigefinger mehrfach auf das Fragezeichen, das er am Rand vermerkt hatte. „Das gibt's doch nicht, du könntest tatsächlich recht haben. Das hier ist das Vernehmungsprotokoll von Mirjam, das ich von der Staatsanwaltschaft in Leer bekommen habe. Der Typ hat es vielleicht wirklich auf Susann abgesehen."

Als Doro ihn fragend ansah, legte Michael den Finger auf die viertunterste Zeile und las Mirjams Aussage laut vor: *Bevor er abgehauen ist, hat er noch so was gesagt wie: „Noch viel Spaß, kleine Schwester." Vielleicht hat er selbst eine kleine Schwester, die auch behindert ist und mir ähnelt."*

Michael blätterte weiter und überflog die dicht beschriebenen Seiten. Nicht zu fassen, wie schnell er das querliest, dachte Doro. Und sie hatte sich selbst immer für einen Menschen mit rascher Auffassungsgabe gehalten!

„Schau, hier", sagte Michael und deutete wieder auf eine Textstelle. „Die Staatsanwaltschaft hat diese Spur aufgenommen. Sie haben Spekulationen angestellt, ob irgendein Verrückter herumläuft, der sich aufgrund traumatisierender familiärer Erlebnisse an einer Behinderten rächen will. Sie vermuten aber auch, dass der Täter einer obskuren Sekte angehören könnte, in der die Anrede 'Schwester' oder 'Bruder' üblich ist. Aber wenn es in Wahrheit um Susann geht, hat der Typ wahrscheinlich nur darauf angespielt, dass sie Mirjams große Schwester ist. Die einfachste Erklärung ist oft die beste."

„Irgendein Zusammenhang mit Schweden wird allerdings nicht deutlich, so viel ich verstehe", gab Doro zu bedenken.

„Stimmt, in der Richtung gibt es keinerlei Hinweise im Protokoll. Aber immerhin hätten wir hier die mögliche Verbindung, nach der Andreas sucht. Mit dem Mordversuch an Mirjam wollte der Mann möglicherweise Susann schaden und die wiederum steht in enger Beziehung zu Ulf und Jens."

Doro stand auf und ging zum Fenster. Über die Straße hinweg konnte sie zu Hamburgs berühmtester Ruine, dem Fernsehturm, hinüberblicken. „Wenn er Erfolg gehabt hätte – ich mag mir gar nicht ausmalen, wie es Susann dann ergangen wäre. Wahrscheinlich würde sie es nicht überstehen. Sie ist bereits jetzt sehr labil – wegen Mirjam, wegen Ulf, aber vor allem wegen Jens' Tod." Sie drehte den Kopf und sah Michael an. „Und wegen dir wohl auch, nehme ich an. Aber was ist die zweite Sache, von der du vorhin gesprochen hast?"

Michael erhob sich ebenfalls und stellte sich vor das Flipchart, das aussah, als wäre es mit Hilfe einer Zeitmaschine in das geschlossene Milieu der Fünfziger katapultiert worden. Er schrieb die Namen *Ulf Raith, Jens Nord und Susann Mertén* untereinander, fügte eine Spalte hinter den Namen ein und überschrieb sie mit *Gemeinsamkeiten*. Darin notierte er:

Befreundet
Mitarbeiter der Stiftung Alsterdorf
Autoren von „Nie wieder"
? ? ?

„Soweit ich sehe, geben die ersten beiden Gesichtspunkte nichts her. Ihre private Freundschaft war wohl keinem ein Dorn im Auge und Susann hat nie von beruflichen Feindschaften erzählt – erst recht nicht solchen, die sich gegen alle drei gerichtet hätten. Deshalb liegt der Schlüssel vielleicht in der gemeinsamen Autorenschaft. Gibt es jemanden, der von der Publikation dieses Buches so betroffen sein könnte, dass er auf die Idee kommt, die Autoren umzubringen?"

„Wahrscheinlich existieren jede Menge potenziell Gekränkter", sagte Doro und ließ sich wieder auf ihren Stuhl fallen. „Ich habe das Buch nur oberflächlich gelesen. Es greift ehemalige Mitarbeiter an, die Nazis waren. Es werden Klienten erwähnt, die sich vielleicht nicht richtig verstanden fühlen könnten. Und es gibt zweifellos genug Rechtsradikale, die jeden Angriff auf Altnazis als Angriff auf sich selbst verstehen. Wo sollen wir da anfangen und wo aufhören?"

Michael blickte auf seine Hände. „Stimmt, das klingt nach

Sisyphusarbeit, für die wir keine Zeit haben. Und es folgen gleich die nächsten Fragen: Wer ist in der Lage, deinen Mann auf einer schwedischen Landstraße totzufahren und bei Jens eine tödliche Krankheit hervorzurufen? Ich habe keine Idee. Doch wenn Andreas' Theorie stimmen sollte, dann müssen wir genau so fragen. Wir müssen mit Mitteln der Logik herausfinden, welches kranke Hirn hinter diesen Taten steckt."

Bei den letzten beiden Sätzen war Michaels Stimme immer eindringlicher geworden. So kannte Doro ihn. Was auch seine Gefühle für Susann mit ihm machten, an seiner Professionalität und seinen beruflichen Fähigkeiten hatten sie nichts geändert. Doro wusste, er würde nicht eher ruhen, bis er auf all seine Fragen eine Antwort gefunden hatte.

„Und jetzt, Michael? Was können wir machen? Meines Wissens ist Mirjam schon wieder in Hamburg und Susann sitzt immer noch in Istanbul fest. Falls es tatsächlich diesen einen ominösen Täter gibt, läuft der jetzt irgendwo frei herum."

Michael schien für einen Moment ins Leere zu schauen. Dann ging er hinüber zum Regal und zog ein Buch heraus. Doro erkannte es sofort. Auf dem Cover waren die grauen Busse abgebildet, mit denen die Bewohner der Anstalt in den Tod gefahren worden waren. „Ich schlage vor, dass du als Erstes Andreas anrufst und ihn bittest herzukommen. Dann nimmst du dir 'Nie wieder' gründlich vor und suchst nach irgendeinem Hinweis. Ich schmeiße meinen restlichen Arbeitstag um, soweit es geht. Morgen habe ich meinen Tag bei Gericht. Ich versuche eine Verlegung hinzubekommen. Vielleicht können wir", er sah auf seine Uhr, „uns gegen 19.00 Uhr wieder zusammensetzen. Hast du Mirjams Nummer?"

Doro schüttelte ihre dunklen Locken.

„Die sollten wir unbedingt haben. Ich kümmer mich darum. Vielleicht können wir sie mit dazu bitten, wenn es sie nicht zu sehr belastet." Michael wandte sich zur Tür. „Ich überlass dir mein Büro. Wenn du telefonieren willst, vergiss die Null nicht."

64. *Kahlenbaum blickte in den Garten. In den letzten Jahren war er völlig überwuchert. Die Elbe konnte man kaum mehr sehen. Es war gar nicht lange her, da hatte er noch Pläne gemacht, wie er die alten Nadelbäume durch Nutzsträucher ersetzen würde. Aber das musste nun nicht mehr seine Sorge sein. Das Wolkenbild zeigte, dass es wahrscheinlich heute noch Niederschlag geben würde. Bei den Temperaturen würde es wahrscheinlich schneien.*

Er atmete noch einmal tief ein, schloss dann die Flügeltüren zur Terrasse und setzte sich hinter den Rechner. Er verknüpfte in seiner Suche die Stichworte „behindertengerechtes Wohnen" mit „Peterstraße, Hamburg" und bekam drei Hausnummern angegeben. Er könnte die angegebenen Häuser abgehen und auf den Klingelschildern nach ihrem Namen suchen. Aber wahrscheinlich brauchte er das gar nicht. Die Hausnummern lagen direkt nebeneinander.

Von der Adresse ausgehend legte er ein Bewegungsprofil für die Spastikerin an. Ihre Einkäufe machte sie vermutlich auf dem benachbarten Großneumarkt. Das konnte er vernachlässigen. Es würde längerer Beobachtung bedürfen, um Regelmäßigkeiten herauszufinden. Außerdem führte der Weg dorthin ausschließlich über kleine, verkehrsberuhigte Straßen.

Zu Barner 16, ihrer musikalischen „Wirkungsstätte", gelangte sie sicher mit öffentlichen Verkehrsmitteln. Wahrscheinlich stieg sie am Michel in den 37er-Bus und fuhr dann durch bis zur Friedensallee. Sämtliche Strecken, die sie von Barner aus zu möglichen Aufführungen oder zu anderen Freizeitaktivitäten zurücklegte, konnte er getrost außer Acht lassen. Sie würde sie im Regelfall nicht allein bewältigen.

Interessant war der Termin, den sie morgen im Theravitalis hatte. Wie er vermutet hatte, handelte es sich um das Therapiezentrum der Stiftung, das sich in unmittelbarer Nähe zu Susann Merténs Büro befand. Um von der Peterstraße dorthin zu kommen, fuhr man mit der U3 ab St. Pauli, stieg an der

Kellinghusenstraße in die U1 und dann bis Sengelmannstraße. Von da aus waren es fünf Minuten bis zur Stiftung.

Er beschloss, das Gefahrenpotenzial der größeren Straßen zu überprüfen, auf denen die Krüppelschwester unterwegs war, und gleichzeitig nach Möglichkeiten für einen fingierten Unfall im öffentlichen Schienennetz zu suchen. Für alle Fälle würde er seine Kamera mitnehmen.

Schon bald – da war er sich sicher – würde er wieder einen konkreten Plan haben.

65.

Das Beste an seiner Arbeit am Nachmittag war, dass ihn niemand störte. Wer reden wollte, ging zur Kaffeemaschine in die kleine Stehküche. Wer da nicht war, wurde auch nicht in sinnlose Gespräche verwickelt. Es sei denn, jemand wollte etwas Fachliches wissen.

Andreas war selten mit anderem beschäftigt als seiner Arbeit. Heute aber prüfte er die Optionen, die es gab, um Mirjam und Susann zu schützen.

Andreas starrte aus dem Fenster in Richtung Bahngleise. Noch fuhr die U-Bahn im Fünf-Minuten-Takt. Es würde ihn keine fünf Minuten kosten, um die Handlungsmöglichkeiten zu durchdenken. Angesichts der geringen Anzahl von Optionen konnte er darauf verzichten, sich Notizen zu machen.

Fraglos war es die beste Möglichkeit, die Person zu finden, die hinter alldem steckte, und sie unschädlich zu machen. Die zweitbeste Option war, das zukünftige Verhalten dieser Person vorauszusehen und dieses Verhalten nicht zuzulassen. Die drittbeste Möglichkeit war, Mirjam vor potenziell gefährlichen Situationen zu schützen. Die viertbeste bestand darin, beide Schwestern vor solchen Situationen zu schützen.

Möglichkeit eins und zwei hatten eine gemeinsame logische Voraussetzung: Man musste möglichst viel über die verantwortliche Person herausfinden, um sie zu identifizieren oder ihr Verhalten vorhersehen zu können. Die dritte und vierte Möglichkeit setzten voraus, dass man die potenziellen Gefahrensituationen im Leben von Mirjam und Susann analysierte. Auch diese Analyse wäre einfacher, wenn man begründete Annahmen treffen könnte, wozu die Person in der Lage war und wozu nicht. Die Prioritätsfolge der Möglichkeiten verhielt sich umgekehrt proportional zur Realisierungswahrscheinlichkeit.

Andreas merkte, wie seine Gedanken sich immer weiter verdichteten. Wenn man davon ausging, dass der Fahrer des Unfallwagens, der schwedische Arzt und der Verrückte auf Spiekeroog ein und dieselbe Person waren, ergaben sich daraus bereits erste Schlussfolgerungen. Die gesuchte Person war eindeutig männlich und sehr mobil. Der Mann besaß relativ viele Informationen über seine Opfer: Er kannte ihre Aufenthaltsorte (bei allen dreien) und ihre besonderen Merkmale und Vorlieben (Ulf z.B. Fahrradfahrer, Jens z.B. Freizeitsportler, Mirjam z.B. Rollstuhlfahrerin).

Der Mord, der die größten fachlichen Kenntnisse voraussetzte, war der an Jens. Mit ihm war der Mann über eine längere Zeit auf einer Wanderung zusammen gewesen. Auf irgendeine Weise musste er ihn tödlich infiziert haben. Aber offensichtlich so, dass Jens keinen Verdacht geschöpft hatte.

Die zweite Hypothese war die Verbindung des Mannes nach Schweden. Entweder war er Schwede oder er lebte dort oder er konnte glaubhaft machen, Schwede zu sein. Neben den Fragen, die er Mirjam dazu stellen wollte, würde er sich auch bei Susann oder Doro erkundigen, ob sie sonst noch irgendetwas über Jens' Reisebegleiter wussten.

Aber wie hatte der Mann sich seine Informationen besorgt? Sein Wissen über die Opfer schien zu umfassend und zu persönlich zu sein, als dass er es nur aus eigener Beobachtung oder allgemeinen Quellen erworben haben konnte. Entweder stammte er also aus dem Umfeld seiner Opfer oder er hatte sich Zugang zu persönlichen Daten verschafft. Da ihn Jens aber vor der Wanderung offenbar gar nicht gekannt hatte – das hatte ihm Susann erzählt –, blieb nur die Beschaffung persönlicher Daten, vermutlich über den einfachsten Weg: das Internet. Zumindest von Susann wusste er, wie sorglos sie mit persönlichen Mitteilungen umging.

Andreas sah auf die Uhr: 16.55. Die Bahn in Richtung Innenstadt hatte mindestens eine Minute Verspätung. Doro hatte ihn angerufen und ihm angekündigt, dass Susanns Schwester ihn um 17.30 Uhr anrufen würde. Eine gute halbe Stunde reichte für einen kurzen Check. Mit einem stummen Nicken zu den Kollegen machte er sich auf den Weg. Vier Minuten später schaltete er Susanns Rechner an, loggte sich mit ihren Zugangsdaten ein und prüfte das Eventlog. *Starte Prozess – backit* las er dort. Dieser Systemprozess war ihm bisher noch auf keinem anderen Rechner begegnet. Jetzt hieß es, schnell zu handeln. Er installierte Wireshark, um die Daten der Netzwerkverbindung aufzuzeichnen, und öffnete das Mailprogramm.

Das Ergebnis war eindeutig: Susann war gehackt worden. Jedes Mal beim Öffnen einer Mail wurde der Inhalt parallel an einen Rechner außerhalb des Firmennetzes übertragen. Doch wie kam ein Trojaner auf den Rechner von Susann? Beim regelmäßigen Check ihrer Mails waren ihm nie verdächtige Dateianhänge aufgefallen. Er ging alle Mails mit Anhängen durch, die sie in den vergangenen Wochen erhalten hatte – bis er auf Jens' weitergeleitete Konferenz-Mail aus Schweden stieß. Das Datenvolumen der Mail war für ihren Inhalt unnatürlich groß. Äußerst ärgerlich, darauf hätte er direkt kommen müssen. Eine nähere Untersuchung brachte den Trojaner – sorgfältig eingebettet in der HTML-Struktur der Mail – ans Tageslicht.

Also musste auch der Rechner von Jens infiziert gewesen sein. Um herauszufinden, wer der Empfänger der Informationen war, bemühte er selbst das Internet. Nur Minuten später wusste Andreas, dass die IP-Adresse zu einem schwedischen Server gehörte. Für weitergehende Informationen war er jedoch auf Hilfe angewiesen. Vielleicht konnte dieser Oberstaatsanwalt helfen, Dr. Michael Berner. Ein paar Mails von ihm hatte er schon auf Susanns Rechner gesehen. Sie waren eindeutig privaten Inhalts, deshalb hatte er sie nie mehr als nur überflogen. Aber in ihrem Telefonat hatte Doro gesagt, dass Dr. Berner ihn um 19.00 Uhr zu einem Gespräch mit ihm und Doro in sein Büro bat.

Wieder blickte er auf die Uhr. 17.31 Uhr. Vermutlich hatte Susanns Schwester ihn vergessen. Er brauchte die Zeit bis 19.00 Uhr, er lag im Plan bereits eine Minute zurück. 32 Minuten für den Weg nach St. Georg, dann 35 Minuten für den Anzugkauf und 23 Minuten, um von St. Georg zur Staatsanwaltschaft zu gelangen. Er wollte den Gutschein seiner Mutter bei *Policke* einlösen. „Du gehst rein, sagst Farbe und Preis. Die Größe sehen sie und zwanzig Minuten später gehst du mit einem neuen Anzug wieder raus. Es kann doch sein, dass du mal irgendwo ordentlich angezogen erscheinen musst", hatte seine Mutter gesagt. Ein Treffen mit einem Oberstaatsanwalt war zweifellos eine solche Gelegenheit. Andreas wollte gerade aufbrechen, als sein Handy klingelte. Die Nummer war bei ihm nicht eingespeichert.

66.

Ein frischer Wind zog durch den großen Salon. Kahlenbaum hatte die Flügeltüren zum Garten hin wieder geöffnet. Nach der langen Fahrt durch die halbe Stadt hatte er seinen Mantel noch nicht abgelegt. Für einen Moment genoss er die Kälte, dann ging er zum Tisch, schaltete die Schreibtischlampe ein, klappte behutsam den Laptop auf und ging seine Aufzeichnungen durch. Die Nummern bei der Analyse der Orte verwiesen auf die Fotografien, die er während der letzten Stunde gemacht hatte. Seine Recherchen lie-

ßen ein klares Ergebnis erkennen: Die Wege, die die Krüppelschwester im Alltag zurücklegte, boten an mehreren Stellen Gefahrenpotenziale. Insbesondere die große Kreuzung am U-Bahnhof St. Pauli und die Sengelmannstraße waren denkbare Ansatzpunkte für sein Vorhaben. Doch nach genauerer Prüfung favorisierte er klar den öffentlichen Nahverkehr, konkret die U-Bahn. Schon wegen seiner nostalgischen Schwärmerei für dieses Transportmittel.

Er hatte sich alle infrage kommenden Bahnhöfe im Detail angeschaut. Zum Teil hatten sie sich gegenüber der Wahrnehmung in seiner Kindheit und Jugend erheblich verändert und an Individualität und Charakter verloren, wie er bedauernd feststellte. Sie waren verwechselbarer geworden.

Ideal für seine Zwecke schien ihm die Kellinghusenstraße. Der alte Bahnhof war stark frequentiert, glücklicherweise nicht nur zu den Stoßzeiten. Ganze Schulklassen stiegen hier um oder befanden sich auf dem Weg zum Kellinghusenbad. Außerdem kreuzten sich auf den zwei Bahnsteigen die U1 und 3. Eine sekundengenaue Taktung war nicht möglich, aber im Regelfall fuhren beide Bahnen leicht zeitversetzt in gleicher Richtung ein: die U1 stadteinwärts zwischen vierzig Sekunden und zwei Minuten vor der U3. Auf den Bahnsteigen herrschte in beide Richtungen reges Treiben. Waren dies im Normalfall schon günstige Voraussetzungen, kam gegenwärtig noch hinzu, dass sich der Bahnhof in größeren Umbauarbeiten befand. Unter anderen Umständen hätte er es aus ästhetischen Gründen bedauert, dass die alten kleinen Pflastersteine durch nüchterne Betonplatten ersetzt wurden. Im Moment betrachtete er es eher als glückliche Fügung, dass mehrere Kleinbaustellen auf dem Bahnsteig den Fahrgastfluss in ein dichtes Gedränge verwandelten. Im Kampf um Minuten wurde jede Form hanseatischer Zurückhaltung komplett aufgegeben. Wie in allen anderen Metropolen wurde hier nur noch gedrängelt, geschubst und geschimpft.

Kahlenbaum hatte einige Fotos gemacht, eine Skizze angefertigt und die Abstände gemessen. Sofern man annehmen konnte, dass die Spastikerin nach dem Besuch bei Theravitalis am U-Bahnhof Sengelmannstraße auf der Höhe des Fahrstuhls in die U1 einstieg, müsste sie im zweitletzten Wagen sitzen. Damit würde sie bei ihrer Ankunft vor einer der Kleinbaustellen aussteigen. Vermutlich würde sie versuchen, diese auf dem kürzesten Weg gegen die Fahrtrichtung zu umfahren.

Kahlenbaum kennzeichnete den Punkt, an dem die Krüppelschwester auf die einfahrende U3 warten könnte, mit einem kleinen Kreuz. Der Platz war insofern gut geeignet, weil er nur etwa drei Meter vom Treppenaufgang entfernt war. Von der viert- oder fünftletzten Stufe aus konnte man mühelos sowohl das Treiben auf dem Bahnsteig als auch das Einfahren der Züge beobachten. Für den Punkt, an dem er in seiner Skizze das Kreuz gemacht hatte, errechnete er eine Zuggeschwindigkeit von 29 km/h. Zu seinem Erstaunen stellte er fest, dass die alten Silberpfeile, die auf der Linie U3 verkehrten, eine höhere Beschleunigung zu haben schienen als die neueren Zugmodelle.

Mirjam Mertén durfte sich von ihm an der Kellinghusenstraße erwartet wissen. Er würde im Bereich des Treppenaufgangs stehen und ihre Ankunft mit der U1 beobachten. Vorausgesetzt, man ließe ihr als Behinderter den Vortritt an der vermuteten Stelle, könnte er beim Einfahren des Zuges mit einer nach oben drängenden Personengruppe auf sie zugehen und kurz vor dem Erreichen ein Stolpern simulieren. Oder der Bahnsteig würde so voll sein, dass er im Gedränge unweit von ihr seinen idealen Ausgangspunkt suchen konnte. Je nach Szenario würde er sich danach unbeobachtet absentieren können oder als Unfallbeteiligter seiner Zeugenpflicht nachkommen.

Die Schwachstellen seines Plans waren ihm bewusst. Die Bahnen konnten in falscher Reihenfolge einfahren. Der Rollstuhl konnte nicht rechtzeitig an die Bahnsteigkante gelan-

gen. Er selbst konnte aufgehalten werden und nicht im richtigen Augenblick zu ihr vordringen. Er entschied sich dafür, nicht alle Eventualitäten durchzurechnen.

„Mein Junge, wenn man davon überzeugt ist, dass man etwas tun muss, dann muss man es tun. Ohne Blick nach links und nach rechts, auch wenn man anderen damit wehtut", hatte sein Vater zu ihm gesagt, als sie in den alten Mercedes stiegen, um dem Umzugswagen hinterherzufahren. Damals hatte er nur den Schmerz gespürt über das, was er verlieren würde. Heute bewunderte er die kompromisslose Stärke seines Vaters, heute verstand er ihn. Er merkte, wie die Definition des Ziels ihm Kraft gab. Diese Kraft würde er nutzen.

Der Wind hatte nachgelassen, aber der Salon war ausgekühlt. Er ging auf die Veranda zu. Der Schneefall hatte zugenommen. Gut, dachte er, alles wird plausibler, wenn es morgen glatt wird – auch auf den Bahnsteigen. Eine Zeit lang stand er in der geöffneten Tür. Seine Großtante, die Frau, der er das Haus verdankte, in dem er jetzt vielleicht zum letzten Mal schlafen würde, hatte immer nur Unverständnis für sein Interesse an der Hochbahn an den Tag gelegt. „Die U-Bahn ist eine einzige Gleichmacherei", hatte sie gewettert. „Keine Unterschiede zwischen Arbeitern und Angestellten auf dem Weg zur Arbeit. Wir machen uns ohne Not Jan und Jedermann gemein, nur um ein paar Minuten zu schinden. Schon bei der Eröffnung habe ich es genau gewusst: Es war nur eine Farce, dass man zwischen der zweiten und der dritten Klasse unterschied. Die erste Klasse sollte ja dem Kaiser vorbehalten bleiben. Und was ist davon übriggeblieben? Inzwischen fahren die Arbeiter sogar am Wochenende in dieselben Freizeitgebiete. Gleichmacherei macht eine Gesellschaft krank."

Er hatte sie immer gemocht, die alte schrullige Frau. Königstreu und konservativ, aber alles andere als dumm. Morgen würde die Gleichmacherei der Krüppelschwester zum Verhängnis werden. Er schloss die Flügeltüren.

67. Andreas ließ es dreimal klingeln. Dann tippte er auf den grünen Hörer auf dem Handydisplay. „Ja?"

„Hallo, hier Mirjam Mertén. Spreche ich mit Andreas?"

Andreas registrierte, dass sie ihn duzte, aber sich zugleich mit Vor- und Nachnamen vorstellte. Das, hatte er gelernt, war ein Zeichen dafür, dass ein Gegenüber selbst nicht wusste, ob „Du" oder „Sie" angemessen war. Ihm war es egal, aber er wusste, dass das „Du" vielen die Kommunikation leichter machte: „Ja, ich bin Andreas."

Eine Zeitlang herrschte Schweigen. Dann erklang wieder ihre helle Stimme: „Doro meinte, du willst mit mir reden?"

„Nein, ich habe momentan kein Interesse an einer Unterhaltung mit dir, ich habe nur ein paar Fragen."

„Dann schieß los", sagte Mirjam.

„Der Mann, der dich ins Wasser geschoben hat, hast du auch mit ihm gesprochen?"

„Ich habe kaum was gesagt. Aber er selbst hat viel geredet."

„Ist dir an seiner Sprache etwas aufgefallen?"

„Nein. Eigentlich nicht."

„Kein besonderer Akzent? Keine besondere Betonung? Keine ungewöhnlichen Ausdrücke?"

„Mir fällt beim besten Willen nichts ein", antwortete Mirjam nach kurzer Pause. „Er sprach wie du und ich. Vielleicht etwas gestelzter. Aufgesetzt, wenn du verstehst, was ich meine."

„Nein, ich verstehe nicht, was du meinst. Benutz doch irgendeinen Ausdruck, der das verständlich macht."

Wieder herrschte für einige Augenblicke Stille. Andreas schaute auf die Uhr. Jetzt würde dieser Anzugladen wirklich das Versprechen seiner Mutter halten müssen.

„Moment mal", meldete sich Mirjam jetzt wieder zu Wort. „Du hast mich da auf was gebracht. Vielleicht ist es ja völlig nebensächlich. Als mein Rollstuhl im Sand steckengeblieben ist, hat er ein Wort gebraucht, das mir völlig unbekannt war. Es klang so ähnlich wie 'jähwla' und hörte sich an wie ein

Fluch. Ich hab ganz vergessen, das dem netten Polizisten auf Spiekeroog zu erzählen."

„Kannst du mir das Wort buchstabieren? So, wie du es gehört hast?"

Mirjam buchstabierte ihm das Wort lautschriftlich.

„Und noch eine Frage, Mirjam: Gehst du morgen zu Theravitalis?"

Andreas konnte das Geräusch nicht einordnen, das Mirjam am anderen Ende der Leitung absonderte. War es ein Stöhnen? Oder ein Erstaunen? Egal, sie klang wieder ganz normal, als sie fragte: „Woher weißt du das? Hat dir das Susann erzählt?" Als Andreas nicht antwortete, fuhr sie fort: „Ja, stimmt, ich habe morgen um elf meinen Termin in der Physio. Soll ich vorher bei dir vorbeikommen?"

Andreas zögerte einen Augenblick. „Nein, besser nicht." Mehr wusste er nicht zu sagen. Deshalb sagte er nur kurz „Tschüss" und legte auf.

68.

Es war eine unglaubliche Befreiung, dass Susann nicht mehr jedes Mal darüber nachdenken musste, ob es okay war, wenn sie Michael kontaktierte. Die Telefonate mit ihm waren auf einmal selbstverständlich geworden. Auch wenn sie weiß Gott nicht ständig miteinander telefonierten. Natürlich mied sie die Frage nach seinen persönlichen Entscheidungen. Aber immer wieder enthielten seine Sätze kleine wichtige Nebeninformationen. „Ich würde dich gern vom Flughafen abholen, falls die Türkei dich jemals freigibt."

Und wenn er vom Mediationstreffen sprach, auf das er sich mit seiner Frau geeinigt hatte, sprach er inzwischen nur noch von der „Trennungsberatung".

Deshalb zögerte Susann auch jetzt nicht, Michael anzurufen. Als sie im Büro keinen Erfolg hatte, versuchte sie es mobil. Der Mobilbox konnte sie nur einen Teil dessen mitteilen, was sie Michael gerne gesagt hätte: „Hallo Michael, eben kam die Durchsage, dass die Streikparteien kurz vor der Einigung stehen und mit der Aufnahme des Flugverkehrs ab morgen früh gerechnet werden kann. Ich habe keine Ahnung, wie sie die ganzen wartenden Passagiere abfertigen wollen, aber ich gehe trotzdem davon aus, dass ich morgen früh eine Maschine nach Frankfurt oder Düsseldorf bekomme und mit Umsteigen spätestens mittags in Fuhlsbüttel sein werde. Ruf mich doch noch mal an, wenn du Zeit hast."

Die Antwort ließ keine Viertelstunde auf sich warten. Sie kam als SMS: *LS, bin terminlich total eingebunden, wahrscheinlich bis in die Nacht. Bitte gib mir deine Ankunft durch. Ich freue mich auf dich und auf uns. M*

Immer wieder las Susann die letzten Worte. Es war nur eine SMS, aber genau die, die sie brauchte.

69.

Andreas konnte sich nicht erinnern, jemals in seinem Leben so oft auf die Armbanduhr gesehen zu haben. 17.46 Uhr, eigentlich musste er sich schleunigst auf den Weg nach St. Georg machen. Aber jetzt wollte er Gewissheit haben. Notfalls würde er bei Dr. Berner in Jeans auftauchen.

In zwei Online-Lexika gab er *jähwla* ein. Fehlanzeige. Am einfachsten wäre es, wenn er seine Frage in einen passenden Blog einstellen würde. Doch aus Erfahrung wusste er, dass man manchmal tagelang auf eine Antwort warten musste. Dennoch, er gab die Frage auf *Schwedentor.de* ein. Vielleicht war ja jemand online.

Hi, von einem Schweden habe ich den Ausdruck „jähwla" gehört. Da ich kein Schwedisch kann, bin ich bei der Schreibweise nicht sicher. Es hat sich wie ein Fluch angehört. Kann mir jemand sagen, was das bedeutet?

Dann öffnete er *google.se* und gab den Begriff ein. Vollständig führte er nicht zu Treffern. Leider auch zu keinen

Korrekturvorschlägen. Aber ähnliche Wortstämme schien es zu geben. Vor allem *jäv-* tauchte als Grundform auf. Leider konnte er die schwedischen Erklärungen nicht verstehen. Bevor er den mühseligen Weg gehen würde, diese mittels automatisierter Programme zu übersetzen, machte er noch einen weiteren Versuch. Vielleicht hatte Mirjam recht und der Mann hatte tatsächlich geflucht. Er gab auf der deutschen Seite von Google *schwedische Flüche und Schimpfwörter* ein.

Zum Glück fand er unter *schwedisch-translator* einen Eintrag. Schon der erste Satz zeigte, dass er auf der richtigen Spur war. *In schwedischen Flüchen und Schimpfwörtern spielt der Teufel (fan, jävel) eine große Rolle.* Und ein paar Zeilen weiter stand: *Was für die Deutschen die Scheiße, ist für die Schweden der Teufel.* Er suchte in den Redewendungen die gleiche Endung. Fehlanzeige. Aber das musste nichts bedeuten. Vielleicht hatte Mirjam es nicht ganz genau verstanden.

Zur Sicherheit gab Andreas noch einmal *jävel* in sein Lexikon ein. In der Deklinationspalte fand er als dritten Begriff *jävlar.* Unbestimmter Plural von jävel. Also doch! Sie suchten nach einem zweisprachigen Schweden!

Hastig packte er seine Sachen zusammen. Es war bereits 17.58 Uhr. Er würde es trotzdem noch mit *Policke* versuchen.

70.

Zum Glück hatte er seine Icebugs aus Schweden mitgenommen. Er zog das gekreuzte Dornenband unter seine Laufschuhe. Es war 19.00 Uhr und sein Plan stand fest. Er würde morgen ab 7.30 Uhr im Wagen vor der U-Bahnstation Sengelmannstraße warten. Wahrscheinlich würde sie ihren Termin nicht vor 9.00 Uhr haben. Aber er wollte kein Risiko eingehen. Außerdem brauchte er nicht viel Schlaf.

Zum Abschluss des Tages joggte Kahlenbaum mit den gesicherten Schuhen das Falkensteiner Ufer entlang in Richtung Övelgönne. Es hatte fast aufgehört zu schneien. Er lief eine gute Stunde. Dann packte er seine Sachen zusammen und verstaute sie im Auto. Im Haus war nun nichts mehr, was an die ehemaligen Bewohner erinnerte. Die Heizung war bereits auf Frostschutz heruntergeregelt. Die kalte Dusche störte ihn nicht.

Er machte noch ein paar Dehnübungen, fühlte sich fit und durchtrainiert. Entspannt legte er sich auf seine Isomatte und kroch in seinen winterfesten Schlafsack. Er spürte, dass er schnell einschlafen würde.

71.

„Bedient euch.“ Doro stellte die belegten Brötchen auf den Tisch. Sie hatte eingekauft, als wollte sie eine halbe Armee satt machen. Vielleicht würde es ja spät werden.

Andreas hockte am äußersten Rand der Stuhlkante. Er fühlte sich sichtlich unwohl. Wahrscheinlich lag es an dem Anzug, den er trug. Offensichtlich, wie der uneingenähte Saum an den Hosenbeinen zeigte, zum ersten Mal.

„Eigentlich esse ich immer schon um 18.15 Uhr“, sagte er und nahm sich zögerlich ein Brötchen mit Fleischsalat.

„Wo wollen wir anfangen? Sollen wir zunächst zusammentragen, was wir wissen?“ Michael goss ihnen Mineralwasser in die Gläser. Ein Bier wäre Doro jetzt lieber gewesen, aber das konnte sie unmöglich sagen. Außerdem hatte der überkorrekte Michael mit Sicherheit keins in seinem Büro.

„Herr Dr. Berner“, sagte Andreas, nachdem er zwei Bissen genommen hatte, „Sie müssen sofort Personenschutz für Mirjam und Susann beantragen. In dieser Reihenfolge. Das ist das Wichtigste. Und Sie müssen die Nachverfolgung einer IP-Adresse veranlassen. Auch wenn ich vermute, dass das zu nichts führen wird. Und alles muss schnell gehen.“

Doro schaute etwas nervös zu Michael. Er war es nicht gewohnt, Anweisungen zu erhalten. Hoffentlich gerieten die beiden nicht aneinander.

„Der Personenschutz für beide ist bereits beantragt", sagte Michael ruhig. „Aber vor morgen Mittag wird nichts passieren. So ein Antrag muss leider zunächst einmal genehmigt werden. Übrigens, Doro hat mir Ihre Berechnungen gezeigt, ich würde aber gern von Ihnen persönlich hören, warum Sie glauben, dass Mirjam und Susann akut gefährdet sind."

„Der Mann, der es auf sie abgesehen hat, ist sehr gefährlich. Er ist intelligent und gut durchtrainiert. Er ist Schwede, aber zweisprachig. Wahrscheinlich ist er Arzt oder Biologe. Er weiß über seine Opfer alles, was auf ihren Festplatten zu finden ist. Er kann Auto fahren. Und die Abstände zwischen den Morden beziehunsgweise dem Mordversuch haben sich verkürzt."

Doro wurde für einen Moment schwindelig. So wie Andreas es sagte, klang das alles schrecklich real. War es wirklich so, dass der Tod stets als grausames Verbrechen in ihr Leben trat?

Michael räusperte sich und sah Andreas aufmerksam an. „Ich glaube, Sie denken anders und schneller, als ich es gewohnt bin. Bitte helfen Sie mir, Ihren Gedankengängen zu folgen. Und vielleicht auch das: Sind das Vermutungen, plausible Hypothesen oder Fakten, von denen wir ausgehen sollten?"

„Fakt ist, dass Susanns Rechner über einen Trojaner gehackt wurde, der an einer Mail aus Schweden hing", sagte Andreas ausdruckslos. „Jens hatte sie an Susann weitergeleitet. Insofern ist es gesichert, dass auch sein Rechner gehackt wurde. Ob wir Ähnliches für Dr. Raith annehmen dürfen, kann Doro am besten einschätzen."

Doro schüttelte den Kopf. „Ulf hat in der digitalen Steinzeit gelebt. Er hat nichts Privates über den PC geschickt. Insofern ist es irrelevant, ob er gehackt wurde oder nicht."

„Gut. Dann weiter." Andreas kam jetzt in Fahrt. Hilflos suchte er nach einem Ort, wo er die angebissene Brötchenhälfte zwischenlagern konnte. „Fakt ist weiterhin, dass Mirjams Angreifer zweisprachig ist. Er hat akzentfrei Deutsch gesprochen, aber auf Schwedisch geflucht."

„Davon stand nichts im Vernehmungsprotokoll, wenn ich mich recht erinnere", sagte Michael erstaunt.

„Ich habe es vorhin durch ein Telefonat mit Mirjam und eine anschließende Recherche herausgefunden. Die Details sind unwichtig. Der Mann ist Schwede oder spricht zumindest Schwedisch. Ich habe auch eben in der Bahn recherchiert. Es ist typisch, dass man in der Sprache zählt und flucht, in der man sich besonders zu Hause fühlt." Andreas schwieg einen Augenblick. Dann fuhr er etwas leiser fort: „Meine übrigen Aussagen sind Hypothesen, die sich aber unmittelbar aus den Fakten ergeben. Dass sich die Abstände zwischen den Morden verkürzen, lässt sich aufgrund der Fallzahlen nicht mit Bestimmtheit sagen."

„Damit wir keinen Denkfehler machen, was das Profil des Täters anbelangt, Herr Auris: Wir sollen also aufgrund Ihrer Berechnungen davon ausgehen, dass wir es mit einer Person zu tun haben, die alle *drei* Straftaten begangen hat?"

Andreas nickte und stopfte sich dann die restliche Brötchenhälfte auf einmal in den Mund. Unwillkürlich dachte Doro an Ulf.

„Und wie sieht es bei dir aus, Doro?", machte Michael weiter. „Hat sich bei deiner Lektüre von 'Nie wieder' irgendetwas ergeben, was Herrn Auris' Hypothesen erhärten könnte?"

„Wie ich vorhin schon vermutet habe: Es gibt leider jede Menge Personen, die sich durch die Veröffentlichung angegriffen fühlen können. Die damaligen Oberpfleger, die Oberin Maskow, einige ehrenamtliche Mitglieder aus dem damaligen Vorstand. Am schärfsten wird die damalige Anstaltsleitung kritisiert, der theologische Direktor Rante und sein ärztlicher Kollege Dr. Kahlenbaum. Aber beide müssen längst tot sein. Wie du am besten weißt, Michael, hat man schon früher versucht, die beiden juristisch zur Verantwortung zu ziehen. Ohne Erfolg. Einen durchtrainierten schwedischen Arzt oder Biologen kann ich euch leider nicht bieten."

Eine Weile herrschte Stille im Raum. Doro sah förmlich, wie es hinter Michaels Stirn arbeitete. Dann wandte er sich ihr wieder zu. „Enthält das Buch vielleicht irgendwelche neuen Fakten, die in Bansierskis Anklageschriften noch nicht erwähnt wurden?"

Wieder schüttelte Doro den Kopf.

„Wer ist Bansierski?", wollte Andreas wissen.

„Günther Bansierski war mein Vorgänger. Er hat die Ermittlungen gegen mehrere Nazigrößen in Hamburg geleitet. So auch gegen Rante und Kahlenbaum. Aber es gelang ihm mit seinen Klageverfahren nicht, deren Verbrechen gerichtsfest zu machen. Beide blieben unbescholtene Bürger. Ich glaube, so kommen wir nicht weiter."

„Doch", widersprach Andreas. „Wenn der gesuchte Mann die Autoren von 'Nie wieder' so sehr hasst, dass er sie nacheinander umgebracht hat oder umbringen will, dann könnte er unter Umständen noch viel mehr Grund haben, Günther Bansierski zu töten. Das Buch und dieser Staatsanwalt haben offenbar eine Schnittmenge – beide greifen dieselbe Personengruppe an. Was ist mit Bansierski? Lebt er noch?"

Michael stutzte. „Die Parallele verstehe ich nicht ganz", sagte er.

„Da diese Information neu für mich ist, sind meine Überlegungen dazu selbstverständlich noch nicht vollständig abgeschlossen", erklärte Andreas, wobei er nervös an den Ärmeln seines dunkelgrauen Oberhemds herumzupfte. Offenbar wollte er erreichen, dass beide Manschetten in exakt gleicher Länge unten aus den Jackettärmeln hervorlugten.

Zeit einzugreifen, dachte Doro. „Andreas, ich weiß, wie ungern du über Dinge sprichst, die du noch nicht bis zum Ende durchdacht hast oder die vielleicht nicht ganz logisch sind. Aber du hast eben selbst gesagt, dass wir schnell handeln müssen."

Wie damals, als Andreas ihr die Sache mit Susanns Mails

gebeichtet hatte, wand er sich auf seinem Stuhl hin und her. „Also", sagte er langsam, „ich habe über das Motiv nachgedacht in Kombination mit dem, was ich über den Mann weiß. Ich habe anfangen, eine Matrix zu erstellen, die die Motive nicht nach der Wahrscheinlichkeit anordnet, sondern nach der Überprüfbarkeit."

Doro kapierte kein Wort. Aber da Michael Andreas zunickte, sagte sie nichts.

„Der Täter könnte ein Nationalsozialist sein, den die Darstellung im Forschungsband 'Nie wieder' zornig gemacht hat. Ich bin kein Kriminalist, aber ich vermute, es würde Wochen oder Monate dauern, bis man unter den einschlägigen Rechtsradikalen einen möglichen Täter findet."

Michael seufzte. „Da haben Sie recht. Das würde lange dauern. Verlässliche Zahlen haben wir ohnehin nur für die verübten Straftaten. Und die Zahl Rechtsradikaler ist in den letzten Jahren deutlich gestiegen."

„Verstehe. Dann wäre der folgene Aspekt eventuell leichter zu prüfen: Da die im Buch unmittelbar angegriffenen Personen aus Altersgründen nicht als Täter infrage kommen, müsste man das Augenmerk auf Angehörige oder Freunde der vorgenannten Personen richten. Deren Motiv wäre am wahrscheinlichsten Rache. Irgendjemand ist so verletzt durch die Angriffe auf einen Verwandten oder Freund, dass …"

„Andreas", unterbrach ihn Doro, „entschuldige, aber das klingt wirklich weit hergeholt. Es bringt doch keiner gleich mehrere Menschen um, nur weil irgendwelche Nazigeschichten über seinen Großvater bekannt geworden sind."

Andreas starrte sie an. „Wie ich eben schon sagte: Ich habe meine Überlegungen noch nicht abgeschlossen, doch du hast mich selbst gebeten, sie dennoch zu äußern."

„Ich finde Ihren Gedankengang auch durchaus nachvollziehbar", schaltete Michael sich ein. „Irgendjemand könnte indirekt von dem, was im Buch steht, so betroffen sein, dass er die Autoren beseitigen will. Warum er betroffen ist, und warum nur der Tod der Autoren sein Gefühl der Kränkung wiedergutmachen kann, können wir später analysieren. Über die Nachkommen von NS-Verbrechern wissen wir noch nicht viel. Da gab es welche, die sich von den Taten ihrer Eltern deutlich abzugrenzen suchten oder sogar in den linken Terror abgewandert sind. Einige haben sich aber auch mit ihren Eltern identifiziert und sind selbst überzeugte Nationalsozialisten geworden."

Andreas klappte seinen Laptop auf und fuhr den Rechner hoch. „Ich beziehe Dr. Berners Ausführungen jetzt mal mit ein: Irgendjemand ist so zornig über das, was von seinem Vater, Onkel oder auch seiner Tante geschrieben wurde, dass er die Autoren töten will." Er tippte mit rasender Geschwindigkeit auf seiner Tastatur herum. Nach einer Weile schaute er vom Bildschirm auf. Sein Gesicht war gerötet. „Sie haben mir vorhin leider nicht geantwortet, Dr. Berner: Lebt Staatsanwalt Bansierski noch?"

„Nein, er ist vor fast zehn Jahren gestorben", erwiderte Michael in gelassenem Ton. Er war wirklich ein Naturtalent im Umgang mit Andreas, fand Doro.

„Wie?"

„Er ist während eines Senatsempfangs zu seinen Ehren an einem Infarkt verstorben."

Andreas gab erneut etwas in seinen Rechner ein. „Es könnte stimmen", sagte er, die Augen weiterhin auf den Bildschirm gerichtet. „Wenn ich keinen logischen Fehler gemacht habe."

Er drehte den Laptop um, sodass Doro und Michael den Bildschirm im Blick hatten. Doro kniff die Augen zusammen. Sie sah ein kompliziert aussehendes Schema aus Kästchen, die auf mehreren Ebenen waagrecht angeordnet waren. Es sah fast wie ein Schaltplan aus. Etwas Ähnliches war ihr bisher noch nie untergekommen, aber sie war ja auch keine Computerexpertin.

„Fangt bitte oben links an“, bat Andreas. „Dass es sich um den Sohn oder den Neffen eines Freundes handelt, würde ich als wenig wahrscheinlich einstufen. Man nimmt für gewöhnlich keine Rache für einen Freund des Vaters oder der Mutter.“

Michael und Doro nickten.

„In der nächsten Spalte“, fuhr Andreas fort, „bin ich davon ausgegangen, dass Dr. Raith, Jens und Susann in ihrem Buch irgendeinen Menschen angegriffen haben, gegen den bis dahin nichts vorlag. Dass ein enger Verwandter für diese Enthüllungen Rache genommen hat, hätte die höchste Wahrscheinlichkeit. In dem Fall suchen wir nach einem Sohn, Neffen oder nahestehenden Verwandten. Weniger wahrscheinlich sind Verwandte der darauf folgenden Generation. Ein Enkel, der Rache nimmt, scheint mir eher fernliegend. Der Abgleich mit den Nazis, gegen die auch Ihr Vorgänger vorgegangen ist, wäre dabei durchaus interessant.“

„Was meinen Sie damit?“, fragte Michael.

„Ganz einfach: Warum sollte der Täter jemanden umbringen, der Jahrzehnte später das Gleiche tut, was Bansierski bereits ungestraft getan hat. Wenn Bansierski eines natürlichen Todes gestorben ist, müssen wir nicht im Umfeld der Nazigrößen suchen, die Bansierski staatsanwaltlich verfolgt hat. Wenn er allerdings auch umgebracht wurde, läuft die Logik genau umgekehrt.“

Unvermittelt sprang Michael auf, ging zum Fenster und öffnete es sperrangelweit. Von draußen war der Verkehr zu hören, der selbst jetzt noch über den Wall brauste. Michael drehte sich um und sah Andreas an. Fast wirkte es, als spräche er zu sich selbst: „Es ergäbe eine eigene Logik, wenn der gesuchte Mann auch Bansierski umgebracht hätte. In allen bisherigen Fällen handelt es sich um Morde, die nicht als solche erkennbar waren oder sein sollten.“

Doro überlief es kalt. „Verstehe ich dich recht: Du meinst, ein Fahrradfahrer wird zufällig von einem Betrunkenen überfahren. Ein Homosexueller stirbt sozusagen völlig *normal* an Immunschwäche. Eine Behinderte kommt durch Unterkühlung um, weil sie ihre Kräfte überschätzt hat. Und jetzt denkst du, Bansierskis Infarkt war kein natürlicher Tod?"

„Herr Auris könnte recht haben, Doro", sagte Michael leise. „Wenn einer in der Lage ist, einen Menschen zu infizieren, ohne dass dieser Verdacht schöpft, dann kann er vermutlich auch einen herzkranken Mann in den Tod treiben. Unglaublich, aber es könnte so gewesen sein. Dann spricht in der Tat alles dafür, dass er, wie Sie sagten, Arzt, Biologe oder Apotheker ist. Er muss ja nicht nur etwas von Medizin verstehen, sondern auch an entsprechende Substanzen herankommen."

„Arzt ist am wahrscheinlichsten", bemerkte Andreas. „Susann hat erzählt, dass er Jens eine Spritze gesetzt hat. Doch in einer Hinsicht passt Ihr Vorgänger nicht ins Muster: In den anderen Fällen war der Mann während der Tat mit seinen Opfern allein. Bei Staatsanwalt Bansierski hat er – wenn meine Überlegungen überhaupt zutreffen – in der Öffentlichkeit zugeschlagen."

Michael presste die Lippen zusammen, bis sie jede Farbe verloren. „Ja, weil er ihn hinrichten wollte! Öffentlich. Als extreme Form der Rache. Der unerbittliche Nazijäger, der öffentliche Ankläger, wird vor aller Augen selbst zur Strecke gebracht."

Unter Doro schien sich ein tiefer Spalt aufzutun. *Hell is empty and all the devils are here.* „Eine *Hinrichtung*?", fragte sie entsetzt. „Könnte das das gemeinsame Muster sein, nach dem du die ganze Zeit suchst, Andreas? Bansierski, der öffentliche Ankläger, bricht vor Publikum tot zusammen. Ulf, der überzeugte, umweltbewusste Radfahrer, wird von einem Betrunkenen mit dem Auto zu Tode gefahren. Der homosexuelle Jens von der *Schwulenseuche* dahingerafft. Und schließlich Mirjam, der ihre körperlichen Defizite zum Verhängnis werden."

Andreas runzelte die Stirn. „Aber auf Mirjam hat der Mann es doch eigentlich nicht abgesehen. Es geht ihm um Susann. Wie passt das dazu?"

Doro überlegte. „Es könnte dennoch stimmen. Mit Michael habe ich heute Nachmittag schon darüber gesprochen. Ich bin mir ziemlich sicher, dass Susann Mirjams Tod nicht verkraften würde. Nicht in ihrem derzeitigen Zustand, nicht nach dem, was mit Jens und Ulf geschehen ist. Sie hat eine extrem enge Bindung zu ihrer Schwester. Vielleicht würde sie verrückt, vielleicht würde sie sich sogar das Leben nehmen. Und damit hätte er sein Ziel erreicht: Eine Psychologin, die in Wahnsinn oder Selbstmord getrieben wird. Ja, ich weiß selbst, das klingt ungeheuerlich."

Andreas schwieg eine Weile, dann sagte er plötzlich: „Wir denken zu langsam." Doro sah an Michaels Blick, dass er ebenso verwirrt war wie sie. Beide schauten Andreas fragend an. Andreas schlug sein rechtes Bein über und nestelte an dem offenen Saum herum. „Am besten wäre es, wenn Susann und Mirjam irgendwo in absoluter Sicherheit wären. Wann kommt Susann zurück? Und was macht Mirjam genau?"

Jetzt verstand Doro, worauf Andreas hinauswollte. „Susann sitzt noch in der Türkei fest, oder? Wahrscheinlich ist sie da nicht besonders gefährdet, denn solange der Flughafen bestreikt wird, kommt man nicht nur schlecht dort weg, sondern gelangt auch nicht dort hin?"

Michael schüttelte den Kopf. „Sie hat mir eben auf die Mailbox gesprochen, der Streik ist zu Ende. Dennoch wird sie erst morgen Mittag in Fuhlsbüttel sein. Ich habe versucht, mir die Mittagszeit morgen freizuschaufeln. Leider ohne Erfolg. Aber ich kann ihr einen Wagen schicken und sie abholen lassen. Im Übrigen kümmere ich mich um den Polizeischutz, doch das wird erfahrungsgemäß noch etwas dauern, bis der greift."

„Ich kann Susann abholen", bot Doro an. „Wenn ich weiß,

wann sie ankommt, mache ich mich auf den Weg und nehme sie am Flughafen in Empfang. Aber was Mirjam betrifft: Als ich sie gebeten habe, dich anzurufen, Andreas, habe ich auch versucht, sie für die mögliche Gefahr zu sensibilisieren, in der sie vielleicht immer noch schwebt. Sie hat sehr unwirsch reagiert, pocht auf ihre Eigenständigkeit, will sich nicht bevormunden und schon gar nicht bei ihren Aktivitäten begleiten lassen. Allerdings hörte sie sich ziemlich erkältet an. Vielleicht bewirkt das von allein, dass sie nicht groß rausgeht und sich möglichen Angriffen aussetzt." Sie zuckte hilflos mit den Schultern.

„Sie hat mich noch nie gesehen. Sie wird es auch jetzt nicht." Andreas schien mit sich selbst gesprochen zu haben. „Physio um elf."

Michael sah auf seine Uhr und schüttelte dann verärgert den Kopf. „Blöde Angewohnheit. Als wenn ich jetzt an irgendwelche Termine und Vorbereitungen denken müsste. Ich fürchte aber trotzdem, mehr können wir im Moment nicht tun. Haben wir soweit alles bedacht?"

Jetzt war es Andreas, der ihn entgeistert ansah. „Nein. Absolut nicht. Wir haben das Täterprofil nicht komplett durchdacht, das genaue Tatmotiv liegt ebenfalls im Dunkeln. Und vor allem wissen wir nicht, wo und wie wir den Mann finden können."

Zum zweiten Mal hoffte Doro, dass das Gespräch nicht entgleisen würde. Beruhigt stellte sie fest, dass Michael zustimmend nickte. „Das ist absolut korrekt. Aber heute Abend kommen wir mit den Informationen, die wir bisher zusammengetragen haben, nicht weiter."

Andreas sah auf den Boden, als wenn er etwas verloren hätte. Dann blickte er kurz hoch zu Michael. „Ich habe übrigens vorhin nicht gesagt, dass er auch Apotheker sein könnte. Aber Sie haben recht, das ist viel logischer als Biologe."

72. Andreas konnte sich nicht erinnern, wann er das letzte Mal so müde gewesen war. Keine drei Stunden hatte er geschlafen. Jetzt war es Freitagmorgen, ein Uhr. Aber der Schlaf wollte sich nicht wieder einstellen. Er wusste nicht, was er mit sich anfangen sollte. Sein Leben hatte feste Strukturen. Sie gaben ihm die Sicherheit, den Anforderungen des Alltags entsprechen zu können. Ohne die Strukturen war jeder Tag eine endlose Folge von Überforderungen.

So wie jetzt. Sollte er aufstehen, sich duschen und anziehen? Konnte er zu dieser Uhrzeit schon etwas essen? Sollte er über den Ohlsdorfer Friedhof spazieren, wie immer an seinen Sonntagen, wenn er den Plan für die bevorstehende Woche überdachte? Nein, das ging nicht, der war nachts geschlossen.

Er kannte die Gefahr, wusste, dass sich jenseits seiner Routinen und festen Abläufe jederzeit eine Unordnung breitmachen konnte, die er schließlich nicht mehr beherrschte. Er funktionierte dann einfach nicht mehr. Es ging immer damit los, dass er Fehler machte: Er verwendete unpassende Worte, die zu Missverständnissen führten; er führte Handlungen aus, die andere verunsicherten und sie zu Gegenreaktionen veranlassten; schließlich kam es zu Fehleinschätzungen, die zu verheerenden Komplikationen führten.

Als Jugendlicher hatte er in solchen Situationen manchmal um sich geschlagen, damit die anderen ihn endlich in Ruhe ließen und er sein Leben Baustein für Baustein neu ordnen konnte.

Er schlug schon lange nicht mehr um sich. Er wollte auch niemandem wehtun. Er wollte einfach nur in Ruhe gelassen werden und aus den Trümmern einer zerstörten Ordnung wieder ein neues Gerüst schaffen, in dem er anfangen konnte, sich zu Hause zu fühlen.

Andreas stand auf und schaltete in allen Zimmern das Licht an. Eigentlich waren es nur zwei. Vom Wohnzimmer ging ein kleiner Erker ab, in dem sich die Kochnische befand.

Das Bad schloss sich an den winzigen Eingangsflur an. Es maß 3,8 Quadratmeter.

Er beneidete Menschen, die ohne feste Strukturen auskamen und es liebten, wenn jeder Tag sich vom anderen unterschied; die sich auf jede neue Begegnung freuten; und die immer gut funktionierten, auch wenn sich alles um sie herum änderte. Aber er war nicht so.

Gerade jetzt merkte er das. Er beging mehr Fehler als sonst. So hatte er Dr. Berner nicht gefragt, wann genau der Personenschutz für Mirjam und Susann zeitlich greifen würde, wenn der Antrag erst einmal genehmigt wäre. Er war auch nicht auf die Idee gekommen, Mirjams Adresse zu erfragen. Und vor allem: Er hatte noch immer nicht das Muster entschlüsselt, nach dem der Mann bei seinem nächsten Mordversuch vorgehen würde.

Alle Zimmertüren in seiner kleinen Wohnung waren weit geöffnet, auch die Schiebetür zu seiner Kochnische. Er ging ans CD-Regal. Die Ordnung folgte dem Alphabet, aber nicht nach Titeln oder Künstlern sortiert. Er hatte die CDs nach Lebenssituationen geordnet. Unter dem Buchstaben S zog er das „Köln Concert“ von Keith Jarrett heraus. Die Zuordnung zur Lebenssituation Schlafstörung hatte er vorgenommen, weil der Pianist sein Konzert nach einer fast schlaflosen Nacht gegeben hatte. Nichts war für Jarrett gewesen, wie er es geplant hatte, genau wie bei ihm. Er hatte die ganze Nacht in einem Auto zubringen müssen. Und das Schlimmste: Statt einem Konzertflügel fand er nur einen Bösendorfer-Stutzflügel vor, bei dem nicht nur die Pedale klemmten, sondern der auch noch verstimmt war. Keith Jarrett hatte eigentlich direkt abreisen wollen, aber sich dann doch an den Flügel gesetzt. Aus der Tonfolge des Pausengongs der Kölner Oper hatte er ein 26-minütiges Meisterwerk entwickelt, in dem ständig Spannung aufgebaut und wieder aufgelöst wurde. Andreas aber liebte vor allem die klare Struktur. Er schaltete das Licht aus, schloss die Augen und schritt zur Musik den Grundriss seiner Wohnung ab. Immer an den Außenseiten entlang, sofern nicht die wenigen Möbel ihn von der unmittelbaren Geraden abbrachten. Schon lange stieß er bei diesem Gang nirgendwo mehr an. Er kannte die Abstände.

Als der letzte Ton verklungen war, hatte er genau zweiundfünfzig Runden absolviert. Müdigkeit verspürte er immer noch, aber seine Unruhe hatte sich gelegt. Er setzte sich an seinen Schreibtisch, schaltete das Licht ein, zog aus der zweituntersten Schublade ein Blatt Papier und notierte:

1.45 Uhr: *Duschen, Anziehen, Bett machen*
2.00 Uhr: *Halbe Portion Müsli mit Kräutertee*
2.15-5.00 Uhr: *Analyse möglicher Vorgehensweisen des Täters*
5.00 Uhr: *Planung des eigenen Vorgehens*
6.00 Uhr: *Halbe Portion Müsli mit Kaffee*
6.15 Uhr: *Umsetzung des eigenen Plans*

So müsste es gehen. Bei der vorletzten Zeile musste Andreas unwillkürlich lächeln. Eigentlich trank er morgens nie Kaffee. Aber er wusste, dass dies kein normaler Tag war.

So weit das Ergebnis seiner eigenen Planung.

73.

Gerne hätte Kahlenbaum noch irgendwo ausgiebig gefrühstückt. Mentale Vorbereitungen waren ihm vor entscheidenden Situationen immer wichtig gewesen. Einen Moment lang hatte er sogar überlegt, ob er über die bewusste Wahl des Ortes noch ein letztes Mal Verbindung zur Vergangenheit aufnehmen sollte, die er mit dem heutigen Tag endgültig hinter sich lassen würde.

Diese Möglichkeit scheiterte aber an der mangelnden Flexibilität der Gastronomie. Denn selbst wenn er nach Blankenese fuhr, er würde doch nur an den verschlossenen Teak-

holztüren der guten Kaffee- und Teehäuser scheitern. Vielleicht war es besser so.

Kahlenbaum entschied sich für die simple schwedische Variante, bröselte sich Knäckebrot in seinen fettarmen Joghurt und trank einen löslichen Kaffee. Angesichts solch kulinarischen Tiefpunkts fand er seinen Anspruch berechtigt, dass dieser Tag andere Höhepunkte für ihn bereithalten sollte.

Vor dem Verlassen des Hauses warf er noch einen letzten prüfenden Blick in den Spiegel. Er hatte einen unauffälligen schwarzen Wintermantel gewählt. Alles war Ton in Ton gehalten: leitender Mitarbeiter, Geschäftsführer oder Banker auf dem Weg zur Arbeit, keine besonderen Kennzeichen. Besonders sein Drei-Tage-Bart gefiel ihm, dessen Aussehen ihn, ehrlich gestanden, selbst überrascht hatte. Da er sich seit Jahrzehnten täglich rasierte, war ihm nie aufgefallen, dass sein Barthaar bereits stark grau meliert war. An diese Veränderung würde er sich gewöhnen müssen.

Um 6.45 Uhr fuhr er vom Falkensteiner Weg aus los. Über Nacht hatte es weiter geschneit. Zum Glück hatte er ein Auto mit Standheizung geliehen.

Die Hamburger Verkehrsverhältnisse schienen ihm den Abschied leicht machen zu wollen. Wie immer bei Schnee brach der Verkehr halb zusammen. Er brauchte eine geschlagene Stunde, um nach Alsterdorf zu fahren. Dort parkte er sein Auto auf dem Heilholtkamp, unmittelbar vor dem Stichweg, der zur U-Bahnstation Sengelmann führte, und stellte die Heizung auf 19 Grad.

7.50 Uhr. Einstweilen konnte er nur warten.

74.

Die klare Strukturierung durch den Zeitplan hatte ihm gutgetan. Vielleicht verdankte er die wiedergefundene Klarheit auch Keith Jarrett.

Es war Andreas zuwider, sich in einen Mörder hineinzuversetzen. Vielleicht war er jetzt schon in Hamburg und plante seinen nächsten Anschlag oder setzte diesen bereits um. Er war kein Mensch, der ohne genaue Vorüberlegungen einfach nur auf eine Gelegenheit wartete, da war sich Andreas sicher. Und auch wenn er auf Spiekeroog gescheitert war, er würde in jedem Fall zu Ende bringen wollen, was er begonnen hatte. Sein vornehmliches Ziel wäre also weiterhin Mirjam.

Die größte Sorge bereitete Andreas die Zeit, bis der Personenschutz für Mirjam und Susann griff. Wenn er davon ausging, dass man ab Mittag damit rechnen konnte, blieb der Zeitraum von jetzt bis ca. 14.00 Uhr, in dem Mirjam ungeschützt war. Was konnte der Mann auf Grundlage seiner Kenntnisse in diesem Zeitraum unternehmen? – Vorausgesetzt, er hielt sich an sein bisheriges Mordschema.

Da der Verdächtige genau wie er selbst den Mailverkehr von Susann verfolgt hatte, wusste er, dass Mirjam heute Vormittag einen Termin im Theravitalis hatte (der Täter kannte jedoch nicht die genaue Uhrzeit). Andreas versuchte, das Pausenzeichen aus dem „Köln Concert" nachzupfeifen und sich die Folgetöne ins Gedächtnis zu rufen. Der Schlafmangel machte sich bemerkbar und er musste sich zusammenreißen, um seine Überlegungen wiederaufzunehmen. Aus dem Vorgehen des Mannes bei den anderen Taten war abzulesen, dass er gezielt einplante, sich nach dem Geschehen unerkannt vom Tatort entfernen zu können. Er fingierte die Morde als Unfälle oder natürliche Erkrankungen, sodass gar nicht erst jemand nach einem Täter suchte. Das perfekte Verbrechen.

Bei Mirjam war der Dreh- und Angelpunkt ihre Behinderung, die sich der Täter wahrscheinlich erneut für einen inszenierten Unfall zunutze machen würde. Irgendeine steile Treppe in der Nähe ihrer Wohnung; eine Brücke, die nicht gut gesichert wäre; ein Zwischenfall im öffentlichen Nahvehrker. Die Möglichkeit, dass der Täter nochmals wie bei Dr. Raith einen Autounfall mit Personenschaden vortäuschen würde, schloss er aus. Hamburgs Straßen waren viel zu belebt. Es war zu riskant, dabei gesehen zu werden. Immer wieder kreisten Andreas' Gedanken um Mirjams Termin bei Theravitalis. Am besten wäre es natürlich, er würde sie offen begleiten. Natürlich würde Mirjam versuchen, ihn wegzuschicken. Aber sie konnte ihn nicht daran hindern, sich in ihrer Nähe aufzuhalten – und sich dabei recht auffällig zu geben, um den Mann abzuschrecken. Doch war das nicht viel zu verwegen? Vielleicht nicht so verwegen, wie aus einem Pausengong ein Meisterwerk zu improvisieren. Ihm persönlich lag Improvisation ganz und gar nicht. Aber er konnte gut analysieren, war in der Lage, sich in die verquere Logik des Täters hineinzudenken. Vielleicht konnte er ihn sogar überführen.

Andreas merkte, wie eine erneut aufkommende Unruhe seine analytischen Fähigkeiten beeinträchtigte. Er zwang sich, sich von der Gedankenwelt seines eigenen Tuns zu lösen. Es reichte aus, dass er sein Vorhaben klar definierte. Er würde Mirjams Willen respektieren und zugleich alles in seiner Macht Stehende unternehmen, um sie zu schützen.

Um 5.45 Uhr stand sein Plan fest. Er versuchte, Susann anzurufen, aber ihr Handy war ausgeschaltet. Dann wählte er Doros Nummer. „Geh ran, Doro", sagte er leise vor sich hin.

Nach dem achten Klingeln nahm jemand ab. „Ja", krächzte es durchs Handy.

„Doro, hast du die genaue Adresse von Mirjam?"

Am anderen Ende der Leitung tat sich eine Zeit lang nichts. „Bist du das, Andreas?", fragte Doro dann unsicher. „Weißt du, wie spät es ist?"

„Es ist 5 Uhr 49. Aber das ist jetzt völlig unwichtig. Ich brauche die Hausnummer von Mirjam. Bis der Personenschutz greift, werde *ich* mich in ihrer Nähe aufhalten. Aber die Peterstraße ist zu lang, um sie ganz u übersehen."

„Mirjams Hausnummer ... Die habe ich auch nicht. Ich kann aber Susann anrufen."

„Das habe ich schon versucht. In der Türkei ist es bereits 6 Uhr 49. Aber sie geht trotzdem nicht ran. Fällt dir noch eine andere Möglichkeit ein?“

Doro überlegte einen Moment. „Bei *Alsterarbeit* haben sie die Adresse natürlich auch. Vielleicht erreichen wir dort jemanden. Allerdings erst ab 8. Soll ich es versuchen?“

„Das ist mir ebenfalls zu spät.“ Andreas’ Gefühl, Mirjam beschützen zu müssen, wurde immer dringlicher.

„Ansonsten fällt mir nur noch ein, dass wir Michael anrufen könnten. Vielleicht kann er das auf dem kleinen Dienstweg rausfinden.“

„Ruf du ihn bitte an“, sagte Andreas hektisch. „Ich fahre jetzt schon los Richtung Peterstraße und erwarte deinen Anruf unterwegs. Dann bin ich in jedem Fall bereits in Mirjams Nähe.“

„Andreas, soll ich mich nicht lieber ins Auto setzen und dich unterstützen?“, bot Doro an.

„Nein. Du kannst mich nicht unterstützen. Wenn Mirjam dich sieht, ist sie vermutlich verärgert. Mich aber kennt sie gar nicht. Und der Mörder kennt mich auch nicht. Dich aber könnte er im Zusammenhang mit deinem Mann recherchiert haben.“

„Na schön“, stimmte Doro widerwillig zu. „Ich mache mir jetzt einen Kaffee und bin jederzeit für dich erreichbar. Ruf an, wenn es Probleme gibt, ok?“

„Das mache ich“, sagte Andreas und legte auf.

Er blickte auf die Uhr. Seinen Plan, um 6.00 Uhr eine halbe Portion Müsli mit Kaffee zu sich zu nehmen, würde er aufgeben müssen. Seine Unruhe war viel zu groß.

75. Kurz nach 6.30 Uhr erreichte Andreas das Museum für Hamburgische Geschichte. Er war als Kind manchmal dort gewesen. Nicht weil er oder seine Eltern so geschichtsbewusst waren. Oben unter dem Dach des Museums war eine der größten Spur-1-Modelleisenbahnen aufgebaut. Jede Menge originalgetreuer Detailnachbildungen von Zügen waren da zu finden, vor allem aus den fünfziger und sechziger Jahren. Ihn hatte aber eigentlich nur die Steuerungsanlage interessiert.

Die Möglichkeit, sofort in die Peterstraße zu gehen, verwarf er zunächst. Die Straße war schmal und nicht besonders lang. Falls der Täter ebenfalls observieren würde, konnte das gefährlich werden. Deshalb schlug er den Weg zum *Park-Café* ein. Es lag etwas erhöht, sodass er den Abzweiger zur Peterstraße von dort aus gut im Blick hatte. Um die Zeit war es geschlossen und er konnte unauffällig unter dem Vordach warten.

Er wusste so wenig über Mirjam und ihre Lebensgewohnheiten. Ihren Termin in Alsterdorf hatte sie erst um 11 Uhr. Wenn sie direkt von zu Hause aus dort hinfuhr, würde sie vielleicht erst gegen 10 aus dem Haus gehen. Was aber, wenn sie vorher noch etwas anderes unternehmen würde?

Der allmählich einsetzende Berufsverkehr auf dem Holstenwall war jetzt so laut, dass Andreas den Klingelmodus auf *Draußen* stellen musste. Um 7.13 Uhr hörte er den ungewohnten Ton.

„Hier Doro. Ich habe die genaue Adresse: Peterstraße 28."

„Danke. Dann gehe ich jetzt dorthin."

„Pass auf dich auf, Andreas. Übrigens, Michael verfolgt wohl eine Spur. Ich kenne keine Details, aber er klang ganz zuversichtlich. Soll ich dich anrufen, wenn ich was Neues von ihm höre?"

„Nein, es sei denn, er hat eine Personenbeschreibung des Täters. Ansonsten muss ich mich konzentrieren. Da würde dein Anruf nur stören."

76. Andreas überquerte den Holstenwall. Er musste das Risiko jetzt eingehen. Bevor er in die Peterstraße einbog, blickte er sich noch einmal nach allen Seiten um. Nichts. Vor ihm lag die menschenleere Straße. Die mittelalterlichen Häuser waren stilgerecht renoviert und machten dem Namen des Traditionsviertels alle Ehre. Durch den Schnee wirkte das Ganze wie eine vergessene Filmkulisse.

Zum Glück gab es einige breitstämmige Bäume, in deren Schutz er weniger auffiel. Nach einer Weile begann er, in der Peter- und der Neanderstraße auf und ab zu gehen – es war zu kalt, um stundenlang einfach nur herumzustehen und zu warten. Mit ihrem Rollstuhl würde Mirjam heute ohnehin nicht sehr schnell sein können.

Um sich zu beschäftigen, stellte Andreas sich eine neue Aufgabe. Wie konnte er den Schweden erkennen? Seine Größe und sein Alter würden keine besondere Hilfe sein: ungefähr fünfundfünfzig Jahre alt und zwischen 175 und 180 cm groß, das waren keine brauchbaren Erkennungsmerkmale im Gedränge einer Kreuzung oder einer Haltestelle. Ansonsten hatte Andreas kaum Hinweise, die sich zu einem Bild zusammensetzen ließen. Über die Kleidung des Täters konnte er nur mutmaßen. Außerdem fehlte ihm der Blick für Stil und Marken. Vielleicht würde er den Siegelring am Zeigefinger haben, der im Vernehmungsprotokoll erwähnt wurde. Aber den konnte er nicht sehen, wenn der Mann Handschuhe trug oder die Hände in den Taschen hatte. Was hatte Mirjam in der Vernehmung noch gesagt? Die markante Sonnenbrille. Aber bei dem Wetter war das eher unwahrscheinlich, damit würde er viel zu sehr auffallen.

Vielleicht könnte er auch auf den Gang achten. Der Mann musste gut durchtrainiert sein. Seine Art sich zu bewegen stand möglicherweise im Gegensatz zu seinem Alter. Aber das war in Hamburg nichts Ungewöhnliches. Wie viele Menschen trainierten mehrmals wöchentlich ihren Körper, um jünger und dynamischer auszusehen. Andreas wusste, dass er in dieser Hinsicht gut geschult war. Zu oft hatte er andere über seinen steifen Gang spotten hören. Wieder und wieder hatte er versucht, die flüssigere Schrittfolge anderer Menschen zu imitieren. Vergeblich.

Andreas hatte gerade im Kopf eine logische Reihenfolge erstellt, nach der er die Männer in Mirjams Nähe auf die ihm bekannten Merkmale hin überprüfen würde, als sich das Tor von Nummer 28 öffnete. Eine kleine zerbrechlich wirkende Figur mit schräger Kopfhaltung schob sich im Rolli durch die alte Einfahrt. Im Hintergrund konnte Andreas einen aufwendig gestalteten Innenhof erkennen, den weitere Gebäude säumten.

9.37 Uhr. Andreas war erleichtert, dass es endlich losging. Mirjam lenkte ihren Rolli die Peterstraße herunter. Vermutlich würde sie zum Bus oder, wahrscheinlicher noch, zur U-Bahnstation St. Pauli fahren. Trotz ihrer zierlichen Gestalt hatten ihre Bewegungen Kraft. Ihre Hände steckten in hellbraunen Lederhandschuhen und gaben ihrem Rollstuhl kurze Schwünge.

Bevor Andreas hinter dem Baum hervortrat, schaute er sich noch einmal sorgfältig um. Noch konnte er niemanden entdecken. Zunächst hielt er gehörigen Abstand, den er ab dem Holstenwall auf zwanzig Meter verkürzte. Er analysierte die Gefahrensituation. Auf dem Bürgersteig der Ludwig-Erhard-Straße standen die Menschen dichtgedrängt neben dem Ampelmast und warteten auf Grün. Konnte sich jemand ohne Aufsehen zu erregen hindurchdrängeln, Mirjams Rollstuhl von hinten fassen und sie auf die Straße stoßen? Ausgeschlossen war das nicht.

Andreas achtete genau darauf, wer sich ihr näherte. Er spürte eine wachsende Anspannung, wenn er jemanden erblickte, der vom Erscheinungsbild her als möglicher Täter infrage kam. Doch keiner, der an Mirjam vorbeiging, drosselte sein Tempo oder schien sich ihr mehr als notwendig zu nähern. Genau das aber würde der Mann tun müssen.

An der U-Bahnstation St. Pauli angekommen, steuerte Mirjam auf den Aufzug zu.

Andreas beschloss, die Treppe hinunterzulaufen, um den Bahnsteig in der Nähe des Aufzugs schon einmal im Vorfeld nach infrage kommenden Personen zu checken. Zufrieden stellte er fest, dass seine geistige Liste äußerlicher Erkennungsmerkmale ihm gute Dienste leistete. Natürlich bestand die Möglichkeit, dass der Mann sich bewusst anders verhalten oder geben würde. In jedem Fall aber durfte man davon ausgehen, dass er um keinen Preis auffallen wollte.

Am Bahnsteig verlief dank der üblichen Unhöflichkeit der übrigen Fahrgäste alles problemlos. Mirjam stand zurückgedrängt mindestens zwei Meter von den Gleisen entfernt, als die U3 einfuhr. Sie musste sich durchkämpfen, um überhaupt in den Wagen zu kommen. Andreas stieg eine Tür weiter vorn ein. Er mochte die Menschenfülle in der Bahn nicht und war froh, sich ganz auf seine Observation konzentrieren zu können.

Die sechs Stationen bis zum Umsteigen an der Kellinghusenstraße reichten, um die fraglichen Männer in Mirjams Umgebung zu studieren. Einer, vielleicht zwei Meter entfernt von ihr, trug eine Jacke von *Fjällräven*. Andreas war sich ziemlich sicher, dass es sich um eine skandinavische Marke handelte. Der Mann stieg jedoch bereits an der Hoheluftbrücke aus.

Auch der U-Bahnwechsel an der Kellinghusenstraße verlief unspektakulär. Der Bahnsteig war völlig überfüllt. Fast bewunderte er Mirjam, wie geschickt sie sich durch die Menschenmengen manövrierte und die Bahn erreichte, bevor das „Zurückbleiben bitte!“ ertönte.

Vermutlich waren all seine Befürchtungen grundlos. Was, wenn der Mann seine Pläne doch geändert hätte und nicht Mirjam, sondern Susann in akuter Gefahr schwebte?

Andreas begann zu schwitzen. Wo mochte Susann jetzt sein? War sie bereits auf dem Rückflug, wie Dr. Berner gestern angekündigt hatte?

Allein der Gedanke, er könnte die falsche Entscheidung getroffen haben, indem er Mirjam und nicht Susann beschützte, ließ ihn unaufmerksam werden. Erst im letzten Moment bekam er mit, dass sich Mirjam zum Aussteigen an der Sengelmannstraße fertig machte. Mit ihr verließen viele weitere Fahrgäste die Bahn und begaben sich zu den Treppen. Mirjam wartete am Bahnsteig auf den Aufzug. Als dieser endlich seine Türen öffnete, war er unbesetzt.

Andreas stieg die parallel verlaufende Treppe hinab und hielt genügend Abstand. Eigentlich konnte jetzt nichts mehr passieren. Sie mussten nur noch die Sengelmannstraße überqueren, dann hätte Mirjam auch schon fast das Gebäude von Theravitalis erreicht. Er merkte, wie seine Anspannung ein wenig nachließ. Trotzdem zitterte er am ganzen Körper. Erst jetzt bemerkte er die bläuliche Färbung seiner Hände. Er war seit Stunden draußen in der Kälte unterwegs und seine Kleidung schien dafür nicht geeignet zu sein. Er musste sich dringend aufwärmen.

77.

Nun wartete er schon fast zwei Stunden auf die Spastikerin. Ein Anwohner war bereits aus seinem Haus gekommen und hatte ihn angepöbelt: „Machen Sie endlich Ihren Kerosinbomber aus!“

Wieder ein Grund mehr, diese Stadt endgültig zu verlassen. Hoffentlich hatte die Krüppelschwester es sich nur nicht anders überlegt. Irgendeine Unpässlichkeit konnte sie davon abgehalten haben, ihren Termin wahrzunehmen. Und es war zu riskant, bei Theravitalis den genauen Termin zu erfragen. Er wollte keine Spuren hinterlassen, die aus Zufällen Absichten erkennen ließen.

Allmählich merkte Kahlenbaum, wie es ihn ermüdete, im Fünf-Minuten-Takt immer neue Menschenmengen von der U-Bahn in Richtung Stiftung gehen zu sehen. Er überlegte, ob er sich mit Radiohören ablenken sollte. Aber von der ewig gleichen Dröhnmusik der verschiedenen Sender bekam er bloß Kopfschmerzen.

Als gerade ein weiterer Schwung von vielleicht fünfundzwanzig Personen in Richtung Ampel eingebogen war und er sich schon wieder entspannen wollte, bemerkte er die Krüppelschwester in ihrem Rollstuhl. Es war dasselbe Modell, das er schon kannte. Das Salzwasser schien ihm nicht geschadet zu haben. Die Spastikerin wirkte erschöpft und kraftlos. Schon die minimale Steigung von der U-Bahnstation auf das Straßenniveau schien sie den Rest ihrer ohnehin schwachen Kräfte zu kosten. Die Physiotherapie konnte sie sich eigentlich sparen.

Hinter ihr nahm er noch eine Person wahr, die in einigem Abstand hinter ihr herlief. Der Mann ging, als hätte er irgendein Medikament genommen. Oder litt er unter einer Behinderung? Im Vergleich zu seiner beachtlichen Körpergröße schien er fast Tippelschritte zu machen. Sein Haar war wirr und ungepflegt und für die Jahreszeit war er viel zu dünn gekleidet. Aber das war vielleicht die neue Selbstbestimmung, die man Behinderten jetzt angedeihen ließ.

Er konzentrierte sich wieder auf die Krüppelschwester und sah gerade noch, wie sie sich auf den schmalen Durchgang zubewegte und beschleunigte, als die Fußgängerampel auf Grün sprang. Dann war sie außer Sichtweite.

Kahlenbaum stieg aus dem Auto und versuchte sich zu erinnern, welche Wege er hier von früher noch kannte. Der Termin bei Theravitalis dauerte mindestens eine halbe Stunde Die Zeit konnte er nutzen, um den alten Weg zur Alster neu zu entdecken.

Pünktlich um 11.30 Uhr saß Kahlenbaum wieder in seinem Wagen. Die Sonne hatte sich durch die Wolken gekämpft und der Innenraum kam auch ohne Standheizung auf eine passable Temperatur. Anders als am Morgen hoffte er, dass die Krüppelschwester sich diesmal Zeit lassen würde. Im Idealfall würde sie zwischen 12.30 und 13.00 Uhr an der Kellinghusenstraße sein. Vor seinem geistigen Auge sah er das rege Treiben auf dem Bahnsteig. Ganz kurz bedauerte er, dass voraussichtlich Kinder Zeugen des tragischen Unfalls sein würden. Aber bei ihm hatte damals auch keiner Rücksicht genommen.

Um 12.04 Uhr schob sich die Spastikerin in ihrem Rollstuhl durch den Durchlass der Schallschutzwand. Er musste sich nicht für das rechtfertigen, was vor ihm lag. Hätte er das Grundgefühl beschreiben sollen, das ihn erfüllte, wäre ihm nur ein Begriff eingefallen: Vorfreude.

78.

Nichts überforderte Doro so wie das klingelnde Handy auf dem Beifahrersitz. Sie hatte nur die Wahl zwischen schlechten Alternativen. Um das Handy bedienen zu können, musste sie die Brille abnehmen, die sie zum Autofahren brauchte. Das machte sie jedoch zum Sicherheitsrisiko im Straßenverkehr. Oder sie ließ das Handy klingeln – was sie meistens tat –, der Anrufer sprach auf die anspringende Mailbox und sie war nicht in der Lage, diese abzuhören.

Genau diesen Kommunikationsausfall konnte sie sich jetzt aber nicht leisten. Umständlich nahm sie die Brille ab, legte sie in die Mittelkonsole und versuchte gleichzeitig nach dem Handy zu greifen. Zum Glück war die Bundesstraße nach Lüneburg um diese Zeit nicht besonders befahren. Sie drückte hastig auf *Annehmen*, richtete den Blick dann wieder auf die Straße und fischte die Brille aus der Mittelkonsole.

„Doro Raith."

„Ich bin's, Michael. Bist du schon auf dem Weg?"

„Ja, ich will unbedingt rechtzeitig in Fuhlsbüttel sein. Zum einen wegen Susanns Sicherheit und zum anderen hat sie wirklich genug gewartet in den letzten Tagen."

Sie biss sich auf die Lippen. Hoffentlich fasste Michael das nicht als Kritik an sich auf.

„Unter anderen Umständen, Doro, würde ich es jetzt mit einer Retourkutsche versuchen und mich erkundigen, ob du tatsächlich ohne Freisprechanlage im Auto telefonierst. Aber ich glaube, das heben wir uns für später auf. Ich wollte dich nämlich kurz informieren, dass an der Idee mit dem sonderbaren Rachefeldzug eines Nachfahren etwas dran sein könnte. Offensichtlich ist Kahlenbaum, der in 'Nie wieder' sehr belastet wird, tatsächlich Ende der sechziger Jahre mit seiner Familie nach Schweden ausgewandert. Wir haben das nicht nachgehalten, weil fast zeitgleich das Strafverfahren gegen ihn eingestellt wurde. Er ist dann in hohem Alter verstorben, hat aber einen Sohn, auf den das geschätzte Alter zutrifft. Und ...", Michael zögerte einen Moment, „er ist auch Arzt."

„Das wäre unfasslich, wenn es wirklich so wäre. Habt ihr schon irgendwelche brauchbaren Fotos von dem Sohn?"

„Wir sind dran. Im Netz war außer einem Schülerfoto leider nichts zu finden. Aber ich rechne jeden Moment mit einer Rückmeldung der schwedischen Behörden. Doch das Wichtigste: Aufgrund der neuen Beweislage steht der Personenschutz ab 12 Uhr zur Verfügung. Die Kollegen haben schon versucht, zu Mirjam Kontakt aufzunehmen, um ihr Einverständnis einzuholen. Aber sie ist nicht erreichbar."

„Andreas passt auf sie auf. Wenn du also ein Bild von dem Arzt hast, schick es bitte sofort auf sein Handy. Ich versuche ihn anzurufen und zu informieren. Vielleicht macht es ihm Mut, dass ihr schon so nah dran seid."

Als sie aufgelegt hatten, warf Doro das Handy wieder auf den Beifahrersitz und fuhr bei der nächsten Möglichkeit rechts ran. Sie versuchte Andreas anzurufen, der jedoch nicht ranging. Also hinterließ sie ihm eine Nachricht. Beim Anfahren würgte sie den Motor ab. Sie merkte, dass die neue Gewissheit sie nur ängstlicher machte.

79.

Andreas wollte niemanden sehen. Und ebenso wenig wollte er gesehen werden. Also lief er hinunter in den Keller. Das Archiv war natürlich geschlossen. Doro war entweder in Diahren oder schon auf dem Weg zum Flughafen. Er setzte sich in den hinteren Gang in die Nähe des Heizungsraums. Die Luft war schlecht, aber wenigstens war es warm. Sobald er sich etwas aufgewärmt hatte, verspürte er bohrenden Hunger.

Er lehnte sich an die Betonwand und überdachte sein weiteres Vorgehen. Die Observation war sehr anstrengend gewesen. Vielleicht sollte er Mirjam aus Sicherheitsgründen doch davon überzeugen, seine Begleitung zu akzeptieren, bis sie Personenschutz bekäme. Wenn er bei ihr war, würde der Täter kaum das Risiko eingehen, sie anzugreifen. Doch nach allem, was er von Doro und aus den E-Mails wusste, würde Mirjam sich wahrscheinlich nicht überzeugen lassen. Das war also keine echte Option.

Dennoch: Wenn der Mann es weiterhin auf Mirjam abgesehen hatte, war sie nach wie vor in Gefahr. Er konnte jederzeit zuschlagen. Solange der Täter von unveränderten Determinanten ausging, würde er seinen Plan um jeden Preis zu Ende zu bringen wollen. Also war er wahrscheinlich der Einzige, der – bis der Personenschutz einsetzte – eine Katastrophe verhindern konnte. Allerdings schien sich Dr. Berner nicht einmal ganz sicher zu sein, ob er den Schutz wirklich durchbekommen würde.

Andreas rechnete damit, dass er dem Mann körperlich unterlegen war. Er war größer, aber er war nicht trainiert. Außerdem hatte er keinerlei Erfahrungen mit körperlichen Auseinandersetzungen. Er wusste nicht, wo man jemanden treffen musste, um ihn unschädlich zu machen. Einzig der Überraschungseffekt würde auf seiner Seite sein. Und den musste er irgendwie nutzen.

80. Mirjam wirkte entspannt, als sie vom Karl-Witte-Haus aus den Weg zur Sengelmannstraße herunterfuhr. Nie zuvor war ihm aufgefallen, wie unterschiedlich ein und derselbe Mensch sich mit seinem Rollstuhl bewegte. Mirjams Bewegungen hatten jetzt etwas ganz Leichtes. Sie schien kaum Kraft zu benötigen und nahm den Schwung ihres Gefährts, bevor dieses an Fahrt verlor, immer wieder mit einem kurzen Anstoßen der Greifreifen auf. Als wenn das Fahren ihr Spaß bereitete.

Im Gegensatz dazu spürte er, wie die Ungewissheit seine Gliedmaßen versteifte. Jeder Fluss war aus seinen Bewegungen gewichen. Fast hatte er Mühe, den Abstand zu Mirjam nicht zu groß werden zu lassen. Der Schnee auf den Wegen hatte sich längst in den üblichen Matsch verwandelt, was ihm das Gehen nicht erleichterte.

Aus dieser Richtung fiel der Weg zur U-Bahnstation leicht ab, was Mirjam zugute kam. Schnell war sie unten am Fahrstuhl, als oben die Bahn einfuhr. Doch der Aufzug fuhr so langsam, dass sie diese Bahn vermutlich nicht mehr erreichen würde.

Tatsächlich hatte der Fahrstuhl noch nicht einmal seine Tür geöffnet, als die U1 schon wieder abfuhr. Andreas wählte den zweiten Treppenaufgang, von dem aus er Mirjam gut sehen konnte. Nach Abfahrt des Zuges war der Bahnsteig ganz leer. Erst allmählich füllte er sich wieder. Andreas musterte die Wartenden. Die meisten waren allein. Nur ab und zu bildeten je drei oder vier Schüler kleinere Grüppchen.

Die Erkennungsmerkmale des Täters trafen auf zwei Männer zu. Einer mit Daunenjacke und Strickmütze auf dem Kopf hatte denselben Aufgang gewählt wie er selbst und ging nun den gesamten Bahnsteig entlang bis zum Anfangshalt des Zuges. Der andere mit grau meliertem, kurz gestutztem Bart und teuer aussehendem schwarzen Wollmantel war kurz nachdem Mirjam den Aufzug verlassen hatte am Bahnsteig aufgetaucht. Ohne nach links oder rechts zu schauen, lief er ungefähr bis zu der Stelle, wo der letzte Wagen der U1 zum Halten kommen würde. Die Entfernung beider Männer zu Mirjam war zu groß, um sie in irgendeine gefährliche Lage bringen zu können. Der bärtige Mann hatte jedoch etwas an sich, das Andreas nicht einordnen konnte. Unter den Sohlen seiner schwarzen Lederschuhe entdeckte er eine Art Spikes, die er noch nie gesehen hatte. Leider trug der Mann Lederhandschuhe, sodass er nicht feststellen konnte, ob er einen Siegelring am Zeigefinger hatte.

Als die U1 einfuhr, bewegte sich der Mann einige Meter auf Mirjam zu. Sie nahm auf der Höhe des Fahrstuhls den zweitletzten Wagen. Andreas nahm den Nachbarwagen, von dem aus er Mirjam durch die Glasscheiben gut beobachten konnte. Sie hatte sich zur gegenüberliegenden Tür geschoben. Einige Fahrgäste standen vor ihr.

Andreas postierte sich direkt neben der Tür, um beim Umsteigen einige Sekunden Vorsprung zu gewinnen. Er würde versuchen, sich einen Überblick zu verschaffen, und feststellen, ob die beiden infrage kommenden Männer ebenfalls die Bahn verließen. Allerdings war es nicht einmal sicher, ob Mirjam wirklich an der Kellinghusenstraße umsteigen würde. Sie konnte genauso gut in die Stadt fahren und sich dort mit jemandem treffen. Oder sie stieg am Jungfernstieg in die S-Bahn, um zu Barner 16 zu fahren.

Wieder begann Andreas heftig zu schwitzen. Wie immer, wenn ihm klar wurde, dass seine Überlegungen nicht bis zum Ende durchdacht waren; wenn die Angst in ihm hochstieg, dass jederzeit etwas Unvorhergesehenes passieren konnte, weil er sich nicht vorausschauend genug verhalten hatte. Das hier war zu viel für ihn. Die Parallelobservation von drei Personen überstieg seine Koordinationsfähigkeit, seine Flexibilität. Was, wenn an der Kellinghusenstraße weitere Personen hinzukämen, auf die die Erkennungsmerkmale ebenfalls zutrafen?

Andreas richtete den Blick auf den Boden. Er wollte niemanden mehr sehen und er wollte selbst nicht gesehen werden. Er traute sich nicht, seine Jacke zu öffnen, um der gestauten Hitze einen Fluchtweg zu bahnen. Die übrigen Fahrgäste könnten Anstoß an seinem Schweißgeruch nehmen. Er fand ihn selbst widerwärtig.

Vermutlich war sein ganzer Plan irrsinnig. Wieso hatte er geglaubt, Mirjam beschützen und die Muster des Täters als Einziger erkennen zu können? Hatte er ernsthaft angenommen, er könnte die Gedankengänge eines ihm völlig fremden Menschen nachvollziehen? Hatte er ausblenden wollen, was mit ihm los war? „Autist leitet sich vom griechischen Wort 'autos' ab", hatte ein Therapeut ihn einmal belehrt. „Es bedeutet 'selbst' und steht für die Kontaktunfähigkeit von Menschen, die sich in ihrer Umwelt schlecht zurechtfinden."

Andreas hatte ihn nicht gemocht, diesen Therapeuten. Er selbst glaubte, Dinge und Menschen einfach nur anders zu sehen. Aber im Grunde hatte der Therapeut recht. Und jetzt hatte er, der Autist, sich angemaßt, die Welt sogar besser verstehen zu wollen als die anderen.

Auf dem Bildschirm der Anzeigetafel wurde die nächste Station angekündigt: Kellinghusenstraße. Kurz darauf ertönte auch die Durchsage. Die Fahrgäste erhoben sich von den Sitzplätzen und drängten zu den Türen. Durch die Scheibe konnte er sehen, dass Mirjam sich ebenfalls in Position brachte.

Andreas wusste, dass ihm jetzt nichts anderes übrig blieb, als seinen einmal gefassten Plan stur weiterzuverfolgen. Als die Bahn zum Halten kam, stieg er als Erster aus. Auf dem gegenüberliegenden Gleis stand noch keine U3. Die Anzeigetafel am Bahnsteig sprang gerade um und zeigte *in 2 Minuten* an.

Die Fahrgäste strömten aus den geöffneten Türen der U1, fast der halbe Zug schien sich auf den Bahnsteig zu entleeren. Ein dichtes Gedränge entstand, als sich die Neuankömmlinge mit den bereits Wartenden mischten. Den Mann mit Daunenjacke und Strickmütze konnte Andreas nirgends entdecken, aber im Augenwinkel sah er den eleganten Graubart mit seinen Spikes zur Treppe eilen. Andreas wusste nicht, ob er froh oder traurig sein sollte, die beiden von seiner Liste der Verdächtigen streichen zu können.

Unmittelbar vor der Tür, durch die sich Mirjam als Letzte hinausschob, befand sich eine Baustelle. Offensichtlich tauschte man hier die alten Pflastersteine gegen Betonplatten aus. Inmitten von Matsch und Enge hatte Mirjam Schwierigkeiten, ihren Rollstuhl zu wenden.

Auch wenn es ihm mittlerweile absolut sinnlos erschien, suchte Andreas den Bahnsteig nach Verdächtigen ab. Er entdeckte auf Anhieb mindestens fünf Männer, deren Größe und Alter passen konnten. Aber keiner drehte sich auch nur nach Mirjam um. Offensichtlich wartete keiner auf sie.

Mirjam bemühte sich, die Baustelle rechts zu umfahren, hatte jedoch mit dem anhaltenden Gedränge zu kämpfen.

Plötzlich sprach sie ein junger Mann von hinten an. Andreas konnte nicht verstehen, was er sagte. Aber Mirjam lächelte ihm zu und nickte. Daraufhin nahm dieser die Griffe ihres Rollis und schob sie an der Baustellenabsperrung vorbei.

Ungefähr so hatte Andreas sich die Szene vorgestellt. Aber der Mann war allenfalls fünfundzwanzig, vielleicht sogar jünger. Er konnte es nicht sein. Wenn er mit seinen Berechnungen doch völlig falsch lag? Andreas folgte den beiden langsam. Der junge Mann lenkte Mirjam geschickt durch die Menge. Sie hatten die Baustelle bereits umrundet und er verschaffte ihr freien Durchgang zur Bahnsteigkante.

Andreas warf einen Blick auf die Anzeigentafel. Noch eine Minute bis zur Ankunft der U3. Der junge Mann beugte sich zu Mirjam und sagte etwas zu ihr. Sie schüttelte lächelnd den Kopf. Daraufhin salutierte er etwas albern und ging zur Treppe.

Andreas verfolgte seinen Abgang. Und glaubte seinen Augen nicht zu trauen. Da stand tatsächlich der Graubart.

Ungefähr drei oder vier Stufen unterhalb des Bahnsteigs. Mit der rechten Hand hielt er sich am metallenen Handlauf fest. Er starrte unverwandt in Mirjams Richtung. Inmitten des Gewimmels wirkte er wie eingefroren. Das musste er sein. Das *war* er. Andreas spürte fast physisch die Kraft und Konzentration, die von dem Mann ausgingen. Warum war ihm vorhin nicht aufgefallen, dass diese seltsamen Spikes überhaupt nicht zu seiner eleganten Erscheinung passten?

Mit minimalen Kopfbewegungen taxierte der Mann die drei Personen, die sich zwischen ihm und Mirjam befanden. Kaum mehr als vier Meter trennten ihn von ihrem Rollstuhl, schätzte Andreas.

Jetzt musste er handeln. Rasch brachte er sich in Position. Er wählte einen Punkt links von der Mitte der direkten Linie zwischen dem Graubart und Mirjam. Von beiden trennten ihn nun noch etwa zweieinhalb Meter.

Er hörte das Geräusch der herannahenden U3. Der Zug war ein Silberpfeil mit seinem typisch hohen Drehzahlgeräusch, begleitet vom Kreischen der zugreifenden Bremse. Der Mann ließ sich ein wenig zurückfallen und stieß sich dann mit einer kraftvollen Bewegung vom Handlauf ab. Mit der linken Hand schob er eine Frau unsanft zur Seite.

Kurz bevor er auf seiner Höhe war, warf Andreas sich einfach nach vorn. Im Fallen wollte er beide Beine des Mannes packen, erwischte jedoch nur das linke. Andreas klammerte sich daran wie an einen Rettungsanker. Der Graubart wollte sich loszureißen, strauchelte und versuchte trotzdem, sich ganz lang zu machen und den Rollstuhl auf die Schienen zu stoßen. Vergeblich. Er schlug der Länge nach hin.

Andreas sah die U3 an sich vorbeirauschen. Die silbernen Streifen wurden langsamer. Immer noch hielt er das linke Bein des Mannes krampfhaft umklammert. Dieser warf ihm einen hasserfüllten Blick zu. Er winkelte sein rechtes Bein an und trat Andreas mit Wucht gegen die Schädeldecke.

Andreas hatte das Gefühl, als ob sein Kopf explodierte. Die Spikes bohrten sich wie glühende Nägel in seinen Schädel. Er spürte seine Kräfte schwinden, griff nach dem Fuß des Mannes, umklammerte ihn mit angewinkelten Armen, fixierte ihn auf der Brust und rollte sich mit allerletzter Kraft auf die rechte Seite. Er hörte das Knacken im Fußgelenk seines Gegners und der Fuß in seinen Armen wurde augenblicklich schlaff.

„Fan!“, stieß der Mann mit wut- und schmerzverzerrtem Gesicht hervor.

Andreas verstand ihn nicht. Aber er wusste auch so, dass das Schwedisch war. Wie befreit ließ er den Fuß des Mannes los. Irritiert bemerkte er, dass er die Gesichter, die sich über ihn beugten und erregt auf ihn einredeten, nicht recht erkennen konnte. Irgendetwas lief ihm in die Augen und trübte seine Sicht. Ob es der Schneematsch vom Bahnsteig oder vielleicht Blut war, konnte er nicht sagen. In seinem Schädel hämmerte es wie verrückt.

Sein Blick fiel auf die grünen Fliesen am Treppenabgang. Der Fliesenspiegel war absolut perfekt, nur die untere Schnittkante war unsauber, verdeckt durch Fugenmasse.

Dann verlor Andreas das Bewusstsein. Die Martinshörner und Rufe der Sanitäter nahm er schon nicht mehr wahr.

EPILOG

Irgendwo hatte sie mal darüber gelesen. Das sogenannte Survivor-Syndrom. Menschen, die eine Katastrophe überlebt hatten, wurden die Angst vor dem Tod nie mehr los. Genauso wie sie ein für alle Mal in ihren sozialen Kontakte verunsichert blieben.

Während sie ihr buntes Lieblingsgeschirr auf den alten Bauerntisch stellte, dachte Doro an die nun bald anderthalb Jahre seit Ulfs Tod zurück. Irgendwie waren sie auch so etwas wie Überlebende. Überlebende einer Katastrophe – anders konnte man es kaum nennen. Sie hatte ihren Mann und einen guten Freund verloren. Susann neben ihrem besten Freund auch noch beinahe ihre geliebte Zwillingsschwester. Michael hatte herausgefunden, dass sein geschätzter Vorgänger und Mentor ermordet worden war. Und Andreas hätte die schwere Schädelfraktur, die er durch Kahlenbaums Tritt erlitten hatte, fast das Leben gekostet.

Doro deckte für die Überlebenden. Für jeden wählte sie eine besondere Farbe: Pazifikblau für Michael, Limone für Susann. Sie selbst hatte wie immer Flieder. Nur bei Andreas hatte sie länger überlegen müssen, bevor sie sich für Koralle entschied. Aus Lüneburg hatte sie einen Strauß Tulpen in den passenden Farben mitgebracht. Fast schämte sie sich, wie sehr sie sich über den Anblick der festlich gedeckten Tafel freute. Zwei Menschen aus ihrem unmittelbaren Umfeld waren gestorben. Wie konnten sie überhaupt leben und feiern ohne Ulf und Jens? Aber wahrscheinlich waren auch das die typischen Skrupel der Überlebenden.

Von der Diele her hörte sie Stimmen. Auf eine Klingel für das alte Bauernhaus hatten Ulf und sie damals verzichtet. Sie wussten ohnehin, wer sie hier draußen besuchte, und diese Menschen waren ihnen willkommen. Doro warf einen letzten Blick in den Ofen: Der Gratin brauchte noch eine Viertelstunde. Dann schaute sie kurz an sich herab. Durch den Kummer und die ganze Aufregung hatte sie drastisch abgenommen.

In der großen Diele war es kalt. Michael zog sich gerade die Wollwalkhausschuhe an. Selbst die waren elegant, was eigentlich ein Ding der Unmöglichkeit war. Doro umarmte ihn zur Begrüßung und spürte, wie sie dem Impuls widerstehen musste loszuheulen. Wahrscheinlich hatte Michael es trotzdem wahrgenommen, denn er drückte sie kräftig an sich.

Für einen kleinen Moment genoss Doro das Gefühl der Geborgenheit, bevor sie sich wieder von ihm löste. Und nun hätte sie fast einen Lachanfall bekommen: Hinter Susann, wie immer äußerst elegant in Schwarz, stand ein hilflos aussehender Andreas. Mit dem einen Arm hielt er seinen Parka vor sich gestreckt, als hätte er ihn als textilen Krankheitserreger identifiziert. Aber der eigentlich Grund für Doros Heiterkeit war sein patinagrüner Anzug mit passenden Dandyschuhen. Wie es zu diesem Outfit gekommen war, würden sie wohl nie erfahren.

Während Doro Susann herzlich in den Arm nahm und einmal mehr bewunderte, wie man Parfum so dezent dosieren konnte, starrte Andreas sie mit unergründlicher Miene an. „An deiner Garderobe ist kein Platz mehr“, stellte er fest.

Doro nahm ihm den Parka ab und berührte ihn leicht am Oberarm. „Hallo, Andreas, schön, dass du da bist. Wir finden schon ein Plätzchen für deine Jacke.“

Gemeinsam gingen sie in die Küche. Der alte Herd verströmte angenehme Wärme. Auf dem kleinen Beistelltischchen zum Wintergarten hin hatte Doro vier Sektgläser bereitgestellt. Sie hatte sie auf einen Tipp ihrer Nachbarin hin über Nacht mit Salmiak eingeweicht, um das Kristall wieder zum Glänzen zu bringen. Im Schein der wenigen Kerzen war das Resultat ganz passabel. Michael holte eine Sektflasche aus seiner Ledertasche. „Krug“ – die Marke sagte Doro nichts. Sie klang auch nicht sehr französisch, aber bei Michael zweifelte sie nicht an der Qualität.

„Das war Bansierskis Lieblings-Champagner. Von dieser Sorte gibt es bloß 500.000 Flaschen im Jahr. 'Den gibt's nur, wenn die Gerechtigkeit einen großen Sieg davongetragen hat', hat er immer gesagt, wenn er ihn spendiert hat. Also, worauf trinken wir?"

„Auf die Überlebenden", sagte Doro spontan.

„Auf neue Freundschaften", fügte Susann mit einem Lächeln hinzu.

Doro merkte, wie Andreas nach passenden Worten suchte: „In den meisten Sprachen ist der Trinkspruch ein sprachlich verkürzter Wunsch für die Anwesenden. Nur im Schwedischen steht 'skål' schlicht für das Gefäß, aus dem man trinkt."

„Na, dann bleiben wir besser bei den Wünschen. Auf die Überlebenden, die sich als Freunde gefunden haben", schlug Michael vor.

Doro genoss noch einmal die Perlen in ihrem Mund, bevor sie schluckte. „Michael, ist es jetzt wirklich vorbei?", fragte sie dann leise.

Michael sah sie lange an. Doro versuchte zu erkennen, ob er nach der richtigen Antwort oder nach den richtigen Worten suchte. „Ich finde, Kahlenbaum hat uns genug geraubt. Ich möchte nicht, dass er uns auch jetzt, nachdem er verurteilt ist, noch unsere Zeit raubt. Daher mache ich euch folgenden Vorschlag: Wenn wir die Gläser leergetrunken haben, wechseln wir für heute Abend das Thema."

„Und wer dann noch von Kahlenbaum redet, lädt die anderen zum Essen ein?", ergänzte Susann.

Die vier nickten sich zu. Sie alle wussten, dass ihr Beschluss etwas Verkrampftes an sich hatte. Seit Erhebung der Anklage hatten sie sehr häufig über den Fortgang des Prozesses und Kahlenbaums Motive gesprochen. Für Michael war das ein fast unmöglicher Spagat zwischen der verständlichen Neugierde seiner Freunde und seinen Pflichten als Staatsanwalt gewesen. Susann und Doro hatten immer wieder nachgefragt und sich gewundert, warum alles so lange dauerte. Allein bis zur Anklageerhebung waren vier Monate vergangen. Die Verhandlungen selbst hatten noch mal über sechs Monate gedauert. Bis zur heutigen Urteilsverkündigung hatte sich das Ganze insgesamt ein Jahr hingezogen.

Mit der Zeit hatte Doro verstanden, wie geschickt Michael das Gesamtverfahren gesteuert hatte. Er hatte den versuchten Mord an Mirjam ins Zentrum gestellt und das Verfahren nach Hamburg gezogen. Aufgrund Kahlenbaums deutscher Staatsbürgerschaft hatten die schwedischen Behörden erst gar nicht versucht, das Verfahren abzuziehen. Der Prozess selbst lief recht komplikationslos ab, da Kahlenbaum die drei Morde und den Mordversuch gestanden hatte. „Gestanden" traf es eigentlich nicht richtig. Er hatte seine Planungen und deren Durchführung minutiös beschrieben. Ohne jede Emotion, ohne jedes Schuldgefühl. Wann immer er nach seinen Motiven gefragt worden war, hatte er geschwiegen. Nur einmal hatte er sich auf das intensive Nachfragen des Richters zu einer Äußerung hinreißen lassen: „Ich erwarte kein Verständnis und ich werde dieses Gericht nicht durch Erklärungen aufwerten."

Sein Pflichtverteidiger hatte versucht, Kahlenbaums familiären Hintergrund zu beleuchten und seine Schuldfähigkeit anzuzweifeln. Doch Kahlenbaum hatte ihm das untersagt. Und da Michael alle Verfahren konsequent zusammengeführt hatte, wurde schließlich auch eine Gesamtstrafe für alle Straftaten verhängt.

„Kahlenbaum wird das Gefängnis in Fuhlsbüttel nach dem heutigen Urteil nicht mehr verlassen", fasste er das Ergebnis des Tages zusammen. „Vielleicht hätte er noch eine geringe Chance, in die geschlossene Psychiatrie zu kommen, aber keiner hat einen Antrag auf Klinikeinweisung gestellt."

„Ich habe in der Schule Borcherts 'Draußen vor der Tür' gelesen", meldete sich Andreas zu Wort. „Dort wird das

Gefängnis als eine der drei Endstationen im Norden Hamburgs geschildert."

Susann sah Doro mit fragendem Blick an. Doro kannte zwar die Stelle in dem Theaterstück, verstand aber trotzdem nicht, was Andreas damit meinte.

Michael hingegen nickte Andreas zu. „Ich erinnere mich. Santa Fu, die Alsterdorfer Anstalten und der Ohlsdorfer Friedhof. Welche Endstation hättest du ihm gewünscht, Andreas?"

„Den Ort, wo er am meisten leiden muss. Gerechtigkeit braucht Strafe." Andreas' Blick war starr. Doro überlief es kalt.

Michael sah Andreas aufmerksam an. „Wahrscheinlich hast du damit sogar recht, auch wenn ich es öffentlich nie zugeben würde. Aber ich glaube, bei manchen Verbrechen wird durch Strafe nur wenig Gerechtigkeit geschaffen."

„Dann wäre doch Ohlsdorf die richtige Endstation", murmelte Andreas halblaut.

„Also, bevor ihr beiden jetzt noch die Todesstrafe diskutiert ...", warf Susann scharf ein, „würde ich lieber nach wie vor mehr über sein Motiv wissen. Hat der Prozess da irgendwie Klarheit gebracht?"

„Das kann man nicht behaupten", seufzte Michael. „Wir wissen, dass der erzwungene Umzug nach Schweden für Kahlenbaum ein echter Schock gewesen sein muss. In Schweden ist er nie heimisch geworden, hat seinen deutschen Akzent nie verloren und den Traum von einer Rückkehr nach Hamburg nie richtig aufgegeben. Dazu kommen ein paar Lebenskrisen, bei denen wir aber nur Vermutungen anstellen können. Er wäre wohl gerne zum Militär gegangen, wurde aber wegen seiner deutschen Staatsbürgerschaft nicht genommen. Dann war Kahlenbaum an einem sonderbaren Forschungsprojekt beteiligt, wollte promovieren und wurde, einem ehemaligen Kollegen zufolge, Opfer von Political Correctness. Wahrscheinlich hat er diese vermeintliche Opferrolle nicht länger ertragen."

„Und er hatte anscheinend eine sehr spezielle Beziehung zu seinem Vater“, bemerkte Susann.

„Anders kann man das wohl nicht ausdrücken“, stimmte Doro zu. „Ich begreife immer noch nicht, wie man sich mit seinem Vater so identifizieren kann, dass man einen Vergeltungsfeldzug für ihn führt. Wahrscheinlich kannst du das besser erklären, Susann.“

„Ich weiß nicht, ob ich das eigentlich will. Wahrscheinlich ist Kahlenbaum emotional immer Kind geblieben. Vielleicht hat auch seine Mutter seinen Vater sehr verehrt und zum unschuldigen Opfer stilisiert. Die verlorene Welt des Vaters wurde für Kahlenbaum so immer mehr zum Paradies. Und jeder, der dies Paradies beschmutzte, zur tödlichen Bedrohung. Eine tief gehende narzisstische Persönlichkeitsstörung.“

„Ein emotionales Kind. Du könntest recht haben“, sagte Michael nachdenklich. „Während der Verhöre gab es nur einen einzigen Punkt, an dem Kahlenbaum emotional geworden ist. Ganz zu Beginn, als er noch in U-Haft saß, hat er verlangt, dass sich irgendjemand um die Tiere in seinen drei Terrarien kümmert. Als wir ihm sagten, im Augenblick hätte er ganz andere Probleme, ist er aufgesprungen und hat mich angeschrien: ‘Wollen Sie mir erklären, welches Leben schützenswert ist?’“

Doro schaute auf ihr Glas. An zwei Stellen verdichtete sich die aufsteigende Kohlensäure zu kleinen Fäden. „Terrarien. Auch kein Hobby, das man einem dreifachen Mörder spontan zutrauen würde.“

Sie wollte gerade ihr Glas leeren, als Susann ihr sanft die Hand auf den Arm legte. An Susanns Ringfinger steckte ein schlichter Weißgoldring, den Doro zuvor noch nicht gesehen hatte. „Stopp, Doro, wir haben eine Abmachung. Nach dem letzten Schluck wechseln wir das Thema. Daher noch kurz die Frage, ob ihr den Eindruck habt, dass wir die Akte Kahlenbaum jetzt auch für uns schließen können?“

Susann blickte auffordernd in die Runde. Michael und Doro nickten ihr zu. Andreas verrenkte sich den Hals, um die Balkenstruktur an der Decke besser sehen zu können. „Ich mag es nicht, dass ihr nach Motiven sucht", sagte er, den Blick weiter nach oben gerichtet. „Das tut der Gerechtigkeit Abbruch."

Doro lächelte Andreas zu. Das war seine Art, das Gespräch zu beenden. Natürlich fiel ihr Shakespeare ein: *Pardon is still the nurse of second woe.* Andreas hatte recht. Für Nachsicht und Entschuldigung war nicht die Zeit, würde es vielleicht nie sein. Aber ihr Zitat behielt sie lieber für sich.

„Also, ihr Lieben, nun reicht es", sagte sie tapfer. „Jetzt stoßen wir auf uns Überlebende an und dann reden wir nur noch davon, wie wir das weitere Leben genießen werden."

Das Klirren des alten Kristalls hatte fast etwas Sakrales, fand Doro, als sie alle vier ihre Gläser gegeneinanderstießen.

Es wurde noch ein wundervoller Abend. Einfaches Essen und exzellente Weine. Michael erzählte, dass seine Ehe schon in wenigen Wochen geschieden sein würde. Seine zukünftige Exfrau wollte das enge Reihenhäuschen in Klein-Borstel nicht haben, deshalb würden Susann und er bald dort einziehen. Susann berichtete, dass Mirjams Band nach dem großen Erfolg mit den *Wise Guys* im Frühjahr eine eigene Tournee beginnen würde. Andreas erzählte, dass er gestern die Fliesen in seiner Küche abgeschlagen hätte und ihm heute die Kündigung ins Haus geflattert sei. Worauf Michael zur Höchstform auflief und gleich eine passende Verteidigungsstrategie entwarf. Unter dem Einfluss einiger Gläser Temperanillo mutierte er vom Staatsanwalt zum Starverteidiger.

Doro genoss das muntere Gespräch, in dessen Verlauf sie selbst immer stiller wurde. Nur ihr Lachen war so laut wie schon lange nicht mehr. Sie dachte an das Survivor-Syndrom. Nein, für sie stimmte es nicht. Sie hatte Jens und vor allem Ulf verloren. Nichts konnte ihren Schmerz lindern. Aber sie vertraute weiter auf die Kraft von Beziehungen.

DANKSAGUNG

„Handicap mit Todesfolge" ist ebenso ein Produkt meiner Fantasie wie ein Gemeinschaftswerk. Sehr viel habe ich gelernt: Von Mitarbeitern und Kolleginnen in unserer Stiftung, die sich täglich für die Autonomie von Menschen mit Behinderung einsetzen. Sie werden sich im Buch nicht wiederfinden, aber ihr Engagement bildet den entscheidenden Hintergrund. Von Freunden und Verwandten habe ich Beratung eingeholt: medizinisch von Dr. Matthias Groß; Dr. Markus Kaiser hat mich bei meinem zweiten Mord unterstützt. Alles über Wahrscheinlichkeitsrechnung weiß ich von David Haas. Sarah Haas gab mir wertvolle Tipps zu Strafverfahren. In Fragen, die mein digitales Verständnis überstiegen, stand mir Jens Maitra zur Seite. Dank Euch allen, die Fehler gehen auf meine Rechnung. Das Coverfoto verdanke ich Thomas Liehr. Meine großartigen Erstlektorinnen waren meine beiden großen „Schwestern" Susanne Kaiser und Dr. Barbara Mitterer. Die harte professionelle Arbeit hat Susanne Klein übernommen. Alles aber wäre nichts ohne die langen Sofagespräche mit meiner Frau Elena über Autismus. Dass das Schreiben dieses Buches uns viele gemeinsame Stunden gekostet hat, bleibt das einzige Bedauern, welches ich mit diesem Buch verbinde.

Was die historischen Hintergründe der Stiftung in der Zeit des Nationalsozialismus und in der Nachkriegszeit angeht, verweise ich vor allem auf die beiden Bände von Michael Wunder u.a.: „Auf dieser schiefen Ebene gibt es kein Halten mehr. Die Alsterdorfer Anstalten im Nationalsozialismus", Hamburg 2002, und von Gerda Engelbracht, Andrea Hauser: „Mitten in Hamburg: Die Alsterdorfer Anstalten 1945-1979", Stuttgart 2013. Vieles aus der Geschichte bildet die Basis für die historischen Figuren meines Krimis, die ich jedoch samt ihren Biografien und Ansichten frei erfunden habe.

Last but not least: ein herzlicher Dank an Johannes Keussen, Verlagsleiter vom Friedrich Wittig Verlag. Er hat das Projekt mit viel Herzblut begleitet und die Begeisterung geteilt, dass ein Verkaufserfolg der Arbeit unserer Evangelischen Stiftung Alsterdorf zukommt.